抗战时期的西南联合大学校门

抗战时期的西南联合大学校舍

抗战时期的西南联合大学图书馆

西南联大博物馆／供图

西南联合大学校务委员会常委、清华大学校长梅贻琦

西南联合大学校务委员会常委、北京大学校长蒋梦麟

西南联合大学校务委员会常委、南开大学校长张伯苓

1943年6月，西南联合大学历史系毕业合影。前排左起第1—7人分别为：孙毓棠、郑天挺、噶邦福（俄籍）、雷海宗、吴晗、王信忠、邵循正。二排左一为何兆武

钱穆

陈寅恪

雷海宗

吴晗

郑天挺

西南联大名师课 中国历史

西南联大博物馆 编

钱穆 等 著

人民东方出版传媒
东方出版社

图书在版编目（CIP）数据

中国历史 / 西南联大博物馆编；钱穆等著 . -- 北京：东方出版社，2025.8
（西南联大名师课）
ISBN 978-7-5207-3723-4

Ⅰ. ①中… Ⅱ. ①西… ②钱… Ⅲ. ①中国历史 Ⅳ. ① K2

中国国家版本馆 CIP 数据核字（2023）第 203558 号

中国历史
ZHONGGUO LISHI

作　　　者：	西南联大博物馆编　钱穆等著
责任编辑：	陈钟华　姚　伟
责任校对：	曹楠楠
出　　版：	东方出版社
发　　行：	人民东方出版传媒有限公司
地　　址：	北京市东城区朝阳门内大街 166 号
邮　　编：	100010
印　　刷：	三河市龙大印装有限公司
版　　次：	2025 年 8 月第 1 版
印　　次：	2025 年 8 月北京第 1 次印刷
开　　本：	880 毫米 ×1230 毫米　1/32
印　　张：	11
字　　数：	224 千字
书　　号：	ISBN 978-7-5207-3723-4
定　　价：	59.80 元

发行电话：（010）85924663　85924644　85924641

版权所有，违者必究
如有印装质量问题，我社负责调换，请拨打电话：（010）85924602　85924603

丛书编委会

主　编：李红英
副主编：朱　俊　铁发宪

编　委（按姓氏笔画为序排列）：
　　马艺萌　王　欢　朱　俊　李红英　李　娅
　　张　沁　祝　牧　姚　波　铁发宪

序

致敬，怀抱薪火者

走进西南联大旧址，很多人，包括我自己，浸润其中经常是情到深处泪自流。这所在抗战烽火中诞生的高等学校，在短短的8年多时间里，创造了中国乃至世界教育史上一个苦难而又光辉的奇迹：

8年中，在战火纷飞、衣食难继的条件下，联大师生中走出了2位诺贝尔奖获得者、8位"两弹一星"功勋奖章获得者、5位国家最高科技奖获得者、175位院士、9位党和国家领导人以及大批蜚声中外的杰出人才。联大的师生经历了革命、建设、改革的各个历史时期，走过苦难却为历史留下丰碑，为今人留下启迪。

一

西南联大，为国立西南联合大学的简称，是抗战烽火中由国立北京大学、国立清华大学和私立南开大学在云南昆明合组而成的一所综合性大学。

1937年卢沟桥事变发生后，平津沦陷。为保存中国教育的火种，沦陷区高校纷纷内迁。1937年8月，上述三所高校迁至长沙，组成国立长沙临时大学。然而，日军铁蹄步步进逼，长沙很快又岌岌可危。于是，长沙临大师生又分三路奔赴昆明。其中一路由近300名师生组成的"湘黔滇旅行团"，横跨湘、黔、滇三省，历时68天，行程3500里。在这支队伍中，有黄钰生、闻一多、曾昭抡等11名教师。联大师生"刚毅坚卓"的品格，于此可见一斑！

1938年4月，师生陆续抵昆，长沙临时大学改称"国立西南联合大学"，5月4日正式开课。1946年5月4日，西南联大宣告结束，三校胜利复员北返，留师范学院在昆明独立设置，定名国立昆明师范学院，1950年改名昆明师范学院，1984年更名为云南师范大学。

这是一所在一无所有基础上结茅立舍的大学！"昆明有多大，联大就有多大"。联大教授任之恭在《一位华裔物理学家的回忆录》中写道："这个大学在昆明最初创立时，除了人，什么也没有。……过了一些时间，都有了临时的住地，或靠借、或靠租。……一旦有了土地，便修建许多茅草顶房屋，用作教室、宿舍和办公室。"

这是一所在躲空袭、"跑警报"中完成教学的战时高校！昆明虽是大后方，但1938年9月后屡遭日本飞机的空袭，"跑警报"成了联大师生的家常便饭。华罗庚在敌机轰炸中差点丧命，金岳霖在"跑警报"中丢失了几十万字的手稿。为了安全，教授们不得不疏散到昆明周边的城郊居住。

即便在如此极度简陋和艰难的环境中，西南联大师生精诚团结,和衷共济,坚持教书救国、读书报国,坚持为国育才,鼎力治学研究,服务抗战救国,引领风气之先,为赓续中华民族的文化血脉创造了中国乃至世界教育史上的奇迹。

梅贻琦、闻一多、朱自清、郑天挺、陈寅恪、钱穆、罗庸、冯友兰、潘光旦、汤用彤、沈从文、唐兰、陈梦家、叶企孙、吴有训、华罗庚、陈省身、吴大猷、王竹溪、赵忠尧、曾昭抡、施嘉炀……大师云集、名家荟萃,真可谓山河破碎时,群星正闪耀。

回望这一个个载入中国教育史、文化史、科学史的名字,他们既是有杰出学术造诣、启迪学生智慧的学问之师,更是操守高洁、能以伟岸人格力量砥砺学生心灵的品行之师。他们以杰出的学识、伟岸的人格力量,以及爱国、科学、民主的精神,影响着那些胸怀读书报国之志的年轻人:杨振宁、李政道、邓稼先、朱光亚、黄昆、郑哲敏、汪曾祺、穆旦、许渊冲、马识途……

大学之"大",在大师之"大"。西南联大的实际主持者梅贻琦先生有句名言:"所谓大学者,非谓有大楼之谓也,有大师之谓也。"西南联大秉持的正是这样的办学理念,凝聚当时的一众教育精英。大师,是大学的灵魂所在。师之所存,道之所在;道之所在,人之所向;英才聚焉,故成其大。

"多难殷忧新国运,动心忍性希前哲。"是爱国主义精神,支撑着联大师生在危难之中能够弦歌不辍,在战火之下依然桃李芬芳。

"千秋耻,终当雪。中兴业,须人杰。"是教育救国的信念,激励他们为国育才,为民族复兴治学,为后人留下了一座座不朽的科学、人文成果的丰碑。

2020年1月20日，习近平总书记考察调研西南联大旧址时指出："国难危机的时候，我们的教育精华辗转周折聚集在这里，形成精英荟萃的局面，最后在这里开花结果，又把种子播撒出去，所培养的人才在革命建设改革的各个历史时期都发挥了重要作用。"

是的，只有教育"精英荟萃"，才有科学与文化"播撒种子、开枝散叶"的可能。有了西南联大的一众名师，才有了国难当头之际，科学与文化的薪火在中华大地上传承不绝的壮观一幕！

致敬，怀抱薪火者！

二

国之大事，在祀与戎。

西南联大旧址及博物馆是西南联大在昆明办学8年的重要物质载体，蕴含着丰厚的历史文化资源，她记载着联大师生的艰难与困苦、成就与辉煌，体现着西南联大在特定的抗战历史条件下为赓续中华民族的文化血脉坚韧不屈的担当与责任。

祀，既是纪念，更要传承。

我们传承和弘扬联大精神，不仅要对西南联大历史文化遗产进行保护，更要通过展陈、宣传、教育、课堂教学等多元、立体方式还原、呈现西南联大的历史，作时代阐释。现在，呈现在读者面前的这套"西南联大名师课"丛书，就是我们整理、编纂和研究西南联大知识分子群体的作品,用各种形式传播他们在极端困难下取得的、至今仍不过时的各种成果。丛书共10册,分为《中国历史》、《中国文学》、《中国哲学》、《诸子百家》、《诗词曲赋》、《文化常识》、《人文精神》、《科学精神》、《世界文学》、《世界哲学》10个主题。编纂这套反映西南联大名师学术思想和精湛教学水平的课程讲义,是为了向大师们致敬,也是为传承和弘扬好西南联大精神,讲好西南联大教育救国故事的一个新成果。

丛书在文章编选上,遵循以下原则:

择师重"名"。丛书精选的名师有52位,他们多为影响力较大、在一个或多个学术领域中富有专长的名师,基本上代表了一个时代的学术文化高峰。

选文重"精"。为尽可能展现名师的学术风貌,丛书文章的收录范围,并不限于联大8年时间。丛书所选文章共300余篇,编辑团队用过的备选底本数量则在此10倍以上,以确保能从这些名师的著述中,筛选出具有通识性、思辨性和时代价值的经典文章。

阅读重"易"。丛书立足于让读者读得精、读得懂,尽量精选联大名师著述中通俗易懂、具有可读性和易读性的文章,让读者能获得更好的阅读体验,更加方便地受到优秀文化的滋养。

按照以上编选原则,我们在尊重并保持原作风格与面貌的基础上,进行了仔细编校,纠正了个别讹误。

历史,是最鲜活的,因为它总能给当下的人带来智慧和启迪。因此,我们认为,本丛书的编选,既是对历史的留存,也是为时代讲述。相信，本丛书的出版，能对大家感知西南联大名师课堂的魅力，感受他们的学术风范、家国情怀和人格魅力，有所助益。

是为序。

西南联大博物馆馆长 李红英

编纂说明

"西南联大名师课"丛书，是为了彰显西南联大学术成果、传承和弘扬西南联大精神而编写。在编纂宗旨上，我们借鉴西南联大"通识为本，专识为末"的教育理念，精选多位西南联大名师留下的经典名篇，编为10册，分别是《中国历史》《中国文学》《中国哲学》《诸子百家》《诗词曲赋》《文化常识》《人文精神》《科学精神》《世界文学》《世界哲学》。

何谓"名师"呢？编者认为，所谓名师，就是指在西南联大工作或学习过的"西南联大知识分子群"中比较有代表性的人物。这些人，既有在西南联大任教时，就已经是其所属学术领域的知名学者，如梅贻琦、陈寅恪、朱自清、闻一多、冯友兰等，又有在西南联大任教时间不长，但名字也保存在"国立西南联合大学教职员录"中，还包括获得西南联大聘任而未到任，但名字印刻在"国立西南联合大学教授名录"上的著名学者，如顾毓琇、胡适等。为了体现西南联大文化薪火的传承不绝，本丛书还收录了在西南联大毕业后留在西南联大任教、后来成为各自领域的名家，如历史学家丁则良、古典文学家李嘉言、哲学家任继愈、翻译家王佐良、诗人和翻译家查良铮（穆旦）等人的作品。

在编纂体例上，丛书采用专题讲述的形式。每一册根据主题分为若干篇，每篇下又分为若干讲，均围绕本篇主题讲授。

丛书所选作品有的来自作者的课堂讲义或演说（如在昆明广播电台的广播演说），有的来自作者较为经典的文章或著作。丛书统一以"课"名之，一是凸显作者的"名师"身份，二是体现本丛书所选内容比较通俗易懂，就像他们课堂授课一般娓娓道来。但不可否认，由于时代原因，文中某些字词的用法，与现今略有差异，同时，每位名师在讲述风格、行文习惯等方面，以及作品的体例、格式等方面，也有所不同。为保证本丛书的可读性、准确性和连续性，以及文字、标点符号用法的规范性，我们按照国家有关编校规程，对入选内容作了仔细编校，纠正了个别讹误，并对原文进行了统一体例的处理。

具体编校方式如下：

1. 坚持尊重原作的原则，确保编校工作只是进行技术性处理，不损害作品的原意。

2. 编者所加注释，均以脚注形式出现，并在结尾处标明"编者注"加以区分；作品的出处及参考文献，以尾注形式出现。

3. 入选的部分作品，编者进行了节选。对节选内容，均在作品标题尾部注明"（节选）"字样，加以说明。

4. 文中表示纪年的数字，皆改为阿拉伯数字。为保持全书体例一致，原作正文中表示公元纪年的名称如"西元"、"纪"、"西"、"西历"等，统一为"公元"。同时，编者对表示公元纪年的方法也进行了统一处理，皆以"公元××××年"表示。文中表示时段的数字，统一为"××××—××××年"形式。

5. 为确保作品原貌，对因语言习惯变迁造成的部分文字差异，除确为硬伤、错别字外，对不影响理解作品原意的文字、半文半白的表述中的中文数字，均未作修改，如"的"、"地"、"得"、"底"的用法，"那末"（今作"那么"）、"长三十公尺"等。

6. 作品中出现的译名，与现今通用译名有不尽一致之处，为忠实原作原貌，皆未作改动。

7. 因各年代版本的不同，有些引文与现今版本文字略有出入。在忠实于作者表述的基础上，依据权威版本进行了核对修改。

8. 为更清晰地表达文章内容，本丛书对部分作品，进行重拟标题和分节的处理。

9. 为保障读者的阅读体验，对原作中的标点符号，在不改变原作内容的前提下，本丛书根据2012年开始实施的《标点符号用法》，对部分作品的标点符号进行了规范。

总之，编者希望本丛书能让广大读者从民族危亡时期这些名师的著述中，窥见那一代学人的奋斗与风貌，传承西南联大师生们铸就的优良传统，汲取增强自身文化基础、提升自我认知水平的有益养分。

编　者

目录 | contents

第一篇 华夏溯源

中国上古史六讲

雷海宗：中国的地理与史前时代 / 003

钱　穆：虞夏大事 / 007

张荫麟：商代文化速写 / 011

雷海宗：西周封建制度与封建社会 / 021

钱　穆：齐桓晋文之霸业 / 026

张荫麟：战国时期经济的进步与战争的变质 / 033

第二篇 帝制春秋（上）

中国中古史三讲

雷海宗：皇帝制度之成立（节选）/ 041

钱　穆：汉初之兵制及民风 / 053

钱　穆：北魏均田制与西魏的府兵制 / 062

第三篇 帝制春秋（下）

中国近古史四讲

张荫麟：宋朝的开国和开国规模（节选）/ 079

吴 晗：明太祖的建国（节选）/ 091

吴 晗：东林党之争 / 103

郑天挺：清代的国家机构及其特点 / 117

第四篇 百年巨变

中国近世史五讲

钱 穆：晚清之政象与变法自强 / 135

郑天挺：中国近百年来之禁烟历程 / 144

丁则良：《天津条约》订立前后美国对中国的

　　　　侵略行动 / 148

邵循正：辛亥革命前五十年间外国侵略者和

　　　　中国买办化军阀、官僚势力的关系 / 158

雷海宗：传统政治文化之总崩溃

　　　　（1839—1912年）/ 173

第五篇 多元一体

中华民族发展史三讲

陈序经：两汉对匈奴文化的影响 / 185

钱　穆：北方之汉化与魏孝文迁都 / 197

任继愈：中华民族的生命力 / 206

第六篇 中外交流

中西交通史四讲

向　达：古代中西交通梗概 / 213

郑天挺：不断发展的丝绸之路 / 220

吴　晗：郑和（三宝太监）下西洋 / 228

陈　铨：东方文化对西方文化的影响 / 238

第七篇 成败之鉴

中国历代王朝盛衰五讲

钱　穆：如何研究中国史 / 255

雷海宗：无兵的文化（节选）/ 263

张荫麟：汉帝国的中兴与衰亡 / 279

陈寅恪：清谈与清谈误国 / 287

钱　穆：宋代兵役制度与国防弱点 / 290

第八篇 读史阅世

历史、社会与人生五讲

雷海宗：论中国社会的特质 / 301

钱　穆：历史与人生 / 307

雷海宗：君子与伪君子——一个史的观察 / 317

吴　晗：论奴才——石敬瑭父子 / 322

钱　穆：历史上的许多无名英雄 / 328

第一篇 华夏溯源
中国上古史六讲

1937—1946

1902—1962

雷海宗：中国的地理与史前时代

一、地理

中国大地上的远古人类，最早出现在黄河、长江、辽河流域和西南地区。中国位于亚洲东部，地理环境复杂多样，四境有着天然的地理屏障。西北是高寒的帕米尔高原，西南是世界上最高的喜马拉雅山，东临浩瀚的太平洋，北面有广袤无际的沙漠和草原，于是自成完整的地理区域。这种情况使得我们的远古祖先基本上走了一条独立发展的道路，创造了独特的中国史前文化。

黄河流域最早得到开发，到了春秋时代，长江流域渐渐同化。珠江流域的中国化已是秦并天下以后的事。《周礼》"夏官司马"一章可代表战国时代对于当时地势的知识，也可代表中国古今的一般知识；就是无论内容如何，形式总是非常齐整的。

《周礼》的成书年代疑为战国，大致和《禹贡》的成书时代差不多，后者被当作夏禹所定，前者被当作周公所制。书中"夏官司马"一章将天下分为九州，名称大致和《禹贡》相同，差别在于《周礼》中有幽、并二州，而《禹贡》有徐、梁二州。体例是分别叙述各州所在；列出本州"镇山"和川泽，又专列出一个"浸"，浸是有灌溉之利的水体，还列出本州特产、重要家畜和农作物。再特别指出本州人口中男女人数比例。由于它特别列出有灌溉之利的"浸",实际反映出当时已知分布于各地区的主要灌溉区。这些灌溉区所在,和其他文献记载以及后世水利发展的情况相符合。这是战国时对已发展的农田水利的简要总结,同时也反映了"大一统"思想在当时已经成形。

二、史前时代——石器时代

约两万年前,今日中国的西北与蒙古高原一带正处在旧石器时代,不过那时的中国居民是否为后代华夏民族的祖先,还是疑问。后来渐渐进到新石器时代,今日的河南、山东、陕西、甘肃、辽宁、内蒙古各地发现同样的石器遗物——有孔的石斧、石环、石刀等。此外又发现具有中国文化特征的鬲形土器,并且同时发现的人类骨骼与今日华北的人相同。所以新石器时代与后日的中国在血统与文化上大致可说是一体的。

但新石器时代又有自西来的新民族与原始的中国人混合,河南、甘肃、辽宁都发现他们带来的西方式的彩绘土器。这时许多小部落林立,除渔猎外,简单的农业已经开始。

三、史前时代——金石并用期

公元前 2000 年,中国大概仍在新石器时代。此后渐有铜器,文化进入金石并用的阶段。同时土器与骨器也很普遍。文字与历法大都是此时的产物。农业的地位日渐重要,部落间的战争与兼并也日渐严重。到公元前 1700 年左右，夏、商两部最强，当初夏尤强。最后商灭夏（约公元前 1600 年），成汤成为中原多数部落名义上的共主。

四、史前时代——宗教

在原始社会，宗教势力甚大。巫祝阶级与统治阶级地位不相上下。同时因农业与民生关系重要，各种洪水或干旱的神话也在民间流行。黄帝战蚩尤是中国上古神话的典型代表，这场战斗十分激烈，涉及风伯、雨师等天神，而风、雨、旱、雾等气象也成了相互进攻的利器。这则神话不仅涉及古代的祈雨、止雨巫术，还涉及一些具有重要文化意义的发明，内涵较为丰富。大禹治水的传说正是古代先民与洪水斗争的反映。

五、史前时代——文化程度之不齐

交通不便，各地开化的先后不一。开化的人占领平原，自称华夏。华夏民族已进入铜器时代，仍有一部落伍的人散居山林，只知使用石器。华夏人称他们为蛮夷戎狄。东方曰夷，南方曰蛮，西方曰戎，北方曰狄。直到春秋时代仍有这种情形。至于两种人在血统上的异同，现在无从追考。

夷分布在今山东、安徽、江苏北部一带。莱夷在齐的东面，淮夷分布在淮河中下游。诸夷中以淮夷最为强大。

北戎、山戎分布在今河北和辽宁等地；姜戎、陆浑之戎本在今甘肃一带，后来被迫迁徙到今豫西。尽管戎狄和华夏在文明程度上有差距，但这对彼此交往并无太大妨碍，如周王曾娶狄女为后，晋献公、文公也曾娶戎族女子为妻。

群蛮和百濮居于楚之南。春秋时，楚与晋战于鄢陵，蛮人也出兵随楚。濮在江汉之南，或说在今云南一带。

狄分为白狄、赤狄和长狄。白狄在今陕西一带。赤狄分布在今晋东南一带。长狄之名见于《左传》，具体情况不详。

戎和狄主要分布在今黄河流域或更北和西北地区。据古书记载，戎狄多为"披发左衽"。

（本文原为雷海宗20世纪30年代执教清华大学时的"中国通史"课程讲义。标题为编者所加）

1895—1990

钱穆：虞夏大事

虞、夏大事最要者，厥为舜、禹与苗族之斗争。

舜、禹征三苗，屡见《尚书》（《尧典》、《皋陶谟》、《禹贡》、《吕刑》皆言之）、《战国策》（《秦策》一见，《魏策》二见）、《墨子》（二见）、《荀子》（二见）、《韩非子》、《贾子新书》、《淮南子》（三见）、《盐铁论》、《说苑》诸书，必为古代一大事。旧说三苗为九黎蚩尤氏之后（《尚书·吕刑》及《国语·楚语》）。又谓三苗、九黎皆颛顼之后（《山海经·大荒北经》）。若然，则三苗与虞、夏为同族相争矣。《史记》谓：昌意取蜀山氏女而生颛顼。蜀山殆即涿鹿之山，涿鹿又即蚩尤故国，然则虞、夏与三苗之争，正犹黄帝与蚩尤之争，皆近在今河南西境北及山西两省黄河中游之两岸也。《魏策》吴起之言曰："昔三苗之居，左彭蠡之波，右洞庭之水，汶山在其南，衡山在其北。"后世误谓在湖湘之间。唯洞庭、彭蠡地位既左右互易，又古衡山不指湖南，且不当在三苗北。古河域亦有名彭蠡者（见《吕氏春秋·爱类》、《淮南·人间训》）。江北汉水流域亦有名洞庭者（《楚辞》所咏洞庭是也）。春秋河东有茅戎，又有陆浑蛮氏，亦称戎蛮子。杜《注》云："在河南新城县。"苗与茅、蛮同声。古三苗疆域大率南北以此为度，正与虞、夏壤地杂处。舜、禹驱逼苗民，渐迁而西,所谓"窜三苗于三危,以变西戎"也。若三苗在湖湘间,不应驱至今甘肃境。旧说又谓:三苗,姜姓之别。《尚书·吕刑》言及苗民制刑,吕国河南南阳,正古代四岳姜姓居地,本古昔苗土,故引以为戒耳。(范氏《后汉书·西羌传》:"西羌之本出自三苗,姜姓之别,其国近南岳。"汉人多指南阳衡山为南岳也。)

又有禹、启与有扈之战事。

启伐有扈,见《尚书·甘誓》、《吕览·先己》诸篇。郑玄以为在魏。大战于甘,即《左氏》王子带邑也(见僖二十四年)。地在今洛阳东南。《尚书·甘誓》,《墨子》引作《禹誓》,《庄子·人间世》亦云:"禹攻有扈。"《吕氏·召类》云:"禹攻曹魏、屈骜、有扈以行其教。"是禹时势力东侵已及于扈。《汉书·地理志》:右扶风户县,古有扈国。特以同音说之,恐不如郑玄以为在东者为信。(高诱注:"有扈乃夏启庶兄,以尧、舜举贤,禹独与子,故伐启。"则与墨子、庄子均不合,恐出后人臆说。)是舜、禹、启以来,虞、夏氏族驱逐苗民以固西陲,又攻略有扈以扩东土也。

大抵夏人先起今河南嵩山山脉中,在伊、洛上流,其势力逐次沿伊、洛向东北下游而移殖。一方自河南省西部北渡黄河而达今山西省之南部,东及太行山南端尽头之迤西。

故其地皆称大夏。《史记》言:"禹凿龙门,通大夏。"又云:"齐桓公伐大夏。"《左传》祝佗曰:"唐叔封于夏墟。"昔人又谓禹都安邑,皆指山西南部中条山以南沿河一带言之。

又一方则沿河南岸东下,渐次达于今山东、河北境,遂与东方黄河下游诸民族势力相接触。

此可以后羿、寒浞与少康中兴之事说之（此事见《左传·襄公四年》、《哀公元年》）。后羿本国在锄（《史记正义》引《括地志》："故锄城在滑州卫城县东十里。"即今滑县东十五里之钽城），入为夏朝之卿士而迁有穷。（《史记正义》引《晋地记》："河南有穷谷，本有穷氏所迁。"《左传·定公七年》，"单武公、刘桓公败尹氏于穷谷"，《文选·洛神赋》注引华延《洛阳记》，"城南五十里有通谷"，即其地，后人因"穷"名不美而易之。）因太康之败于洛表（水内为汭，外为表。洛表，洛之南），拒太康而入居斟寻。[《史记·夏本纪正义》引臣瓒汉书音义："斟寻在河南。"《竹书纪年》："太康居斟寻，羿亦居之，桀又居之。"《左传》（昭二十三年），"郊、寻溃"，杜注："巩县西南有地名郏中。"《张仪列传》正义引《括地志》："巩县西南五十八里故郏城。"] 代夏为王，又为其臣寒浞所灭。寒国名，本在东方。（杜预云："北海平寿县东有寒亭。"今山东潍县东北五十里。）浞既代羿，又灭夏之斟灌。["斟灌"殆即"武观"，夏后相（太康子）为羿所逼，出依斟灌，见《吴世家·集解》，及《左传·哀公元年》疏引贾逵说。观临河津，故亦曰"观津"。为斟姓之墟，故曰"斟观"。在今山东曹县西故观城。即春秋卫地。其时夏都盖自斟寻东北退至斟灌。] 使其二子浇处过，豷处戈。（"斟灌"或作"斟戈"，则"戈"即"灌"也。则"过"或即是"郏"。盖寒浞灭此二邑而分使二子处之。）而夏后相之子少康出奔有虞（在河南。《左传》杜注："梁国有虞县。"），夏臣伯靡自有鬲氏（《水经注》:"大河故渎西流经平原鬲县故城西。"《地理志》曰:"鬲津,故有穷后羿国。")杀寒浞,而少康自纶(《汉书·续志》:"梁国虞有纶城,少康邑。"在今归德)复国。(少康灭浇于过,至其子杼又灭豷于戈,寒氏遂亡。)此一事见夏代国家规模已颇扩大。有共主、属邑、分国、敌国等等关系,不得仅以游牧部落看待。而其间自太康失国迄于少康复国,绵历数十年,战争蔓延及于大河南北两岸,诚古代一大事也。(此事《史记·夏本纪》失载,而旁见于《吴世家》。又楚辞《离骚》、《天问》亦言之。)又有夏人与东夷之交涉(见《后汉书·东夷传》引《竹书纪年》)。夏之放武观(见《竹书纪年》及《逸周书》),灭寒浞,逐东夷,皆见其势力之逐步东伸。

商民族亦在东方,初似服属于夏人势力之下,继则起而革命,遂代夏为当时之王朝而称商代。[古史已难详论,然夏、商两代就文化大体言之,似是一系相承,并无甚大显著之不同,则夏、商殆我汉民族之两支,而非两民族也。唯严格言,中国民族之抟成,当在春秋乃至先秦。若言夏国、商国,则此时政治组织尚未臻十分凝定。若言夏氏族、商氏族,或夏部族、商部族,则似含义又过狭小。姑以民族称之,以指当时之两种结集,如云"夏人"、"殷人",可勿以严正的异民族视之。(下言周民族亦然。)]若以虞夏时代为中国上古史之第一期(以其始建君位世袭之王朝),则殷商可谓中国上古史之第二期。(以其在近代已有直接史料发现,较虞、夏之纯为传说追记者更进一层。)

[原载钱穆:《国史大纲》(上),九州出版社2011年版]

1905—1942

张荫麟：商代文化速写

商朝在最后的二百七十多年间，定都于殷，即今河南安阳，故此商朝又名殷朝。我们称这二百七十多年为商朝的后期，我们所以确知商朝已有文字记录乃因为公元1899年以来殷都遗址——即所谓殷墟——的发现和发掘。

殷墟出土的遗物，除了大批的铜器、陶器、骨器、石器外，最引史家注意的是无数刻有文字的龟甲和兽骨（至少有十万片以上）。这些甲骨差不多全是占卜所用的，乃王室卜人所保存的档案。原来商人要预测未来的吉凶，或探问鬼神的意旨，便拿一块龟腹甲（间有用背甲的）或牛肩胛骨（间有用肋骨的），在一面加以钻凿，却不令穿透，然后在钻凿处灼火，另一面便现出裂纹，这叫作"兆"。卜人看兆而断定鬼神或一种神妙的势力对于所问的反应。所问的事情，有时连日后的"应验"，就刻在兆的旁边，这可称为卜辞。卜辞的内容以关于祖先的祭祀的为最多，如卜祭祀的日期、用牲的种类、用牲的数目等；有关于气象的，如卜雨、晴、风、雪等；有关于岁收的丰歉的；有关于征伐、渔猎和出行涉川之利否的；有关于疾病、胎孕和梦征的；有所谓卜旬和卜夕的，即于一旬之末卜下一旬有无灾害，和于日间卜是夕有无灾害的。还有别的事项这里不能尽举。卜辞以外，甲骨文书中也有少数短短的记事，例如记颁发矛若干，某人取贝若干，某日某人入觐之类。又有田猎获兽的记录，刻在兽头骨上的。甲骨文书全是商朝后期的遗物。根据甲骨文书、甲骨文字的分析、其他商代的遗物遗迹和后人关于商朝的记载，我们可作一商代的文化的速写如下。

商人是以农业为主要的生产方法。农作物有黍、稷、稻、麦、蚕桑。卜辞中"卜黍年"、"贞（卜问）我受黍年"、"贞其登黍"的记录很多，而此等处的黍字从未见有用别的植物名来替代的，可知黍为商人主要的农作物。帛、巾、幕等字和若干从"糸"的字的存在，证明丝织工艺的发达。有酒，以黍酿造。耕种全用人力。农具有耒耜。原始的耒耜，盖全以木为之。耒是一根拗曲的木棒，下端歧而为二，歧头上安一横木，以便脚踏。这是起土用的。耜和耒的分别是下端斜锐而不分歧，利于刺地而不利于起土，大约过于坚实的土，耒不能起便先用耜去刺松。耒当是利用树桠做成。商人是否已用铜做耒耜的下部，不得而确知。

渔猎和畜牧也是商人的盛大的生产副业。鱼的种类不见于卜辞。猎品，除野猪、鹿、狼、兕、兔、雉外，还有象。商王田猎的记录中，获鹿有一次三百八十四头的，获猪有一次一百一十三头的，获狼有一次四十一头的。可见殷都附近的开辟程度。供食的家畜，除牛、羊、鸡、豕外，还有狗。牧畜业之盛从王室祭祀用牲之多可见，每有一次用牛羊三四百头的。驯役的动物除牛（旱牛和水牛）、马、犬外，还有象。至迟在商朝末年，商人并且曾利用象去作战。

商人已有铸造青铜（**铜锡合金**）器的工艺，铸造工场的遗物曾在殷墟找得，有可容铜液十二三公斤的陶制炼锅，有铜制的型范，有铜矿石，有炼渣。商人的兵器及工具大部分已用铜制，但也有一部分仍用石或骨角制。殷墟遗物中有铜制的戈头、矛头、瞿、箭镞、锛、小刀、针；石制的矛头、枪头、箭镞、刀、斧、粟凿；牛角或鹿角制的矛头、箭镞和骨锥。骨角制的兵器也许是仅作明器用的。

商人铸铜技术之最高的造就，乃在王宫和宗庙里所陈列的供饮食和盛载用的种种器皿，如尊、卣（**盛酒用**）、爵（**酌酒用**）、觚（**饮器**）、罍、方彝、巨鼎（**盛食物用**），等等，都是具有很缛丽的花纹的。可惜写此段时，殷墟的铜器，作者尚无缘寓目。兹根据他人参观［民二十六年（1937年）夏教育部第二次全国美术展会所陈列者］的报告，略记二器，以见一斑。一为提梁卣：器分三层，上层为一盖，以练系于梁间，下层为卣的本体，中层搁上是　盖，取下来却是一觚，提梁的两端，各有一生动的兔形的兽头，全器周围是细致的花纹。一为盂形的器：当中有一柱，柱顶成莲花形，其旁四龙拱绕，两龙锐角，两龙钝角，四龙相连，可以环柱为轴而旋转，盂身和柱周围也是细致的花纹。

此外殷墟铜器之可注意的有盘、壶、铲、勺、漏勺、筷子等，还有战士戴的盔。

殷墟的陶器包括种类繁多的饮器、食器、盛器和烹饪器，其质地有灰色、红色的粗陶，黑色、白色的细陶和一种经高度烧加釉的陶；其纹饰多数是刻画的。细陶的纹饰极复杂，其母题有动物形，几何图案和图案化的动物形。

商人牙、骨、玉、石雕刻工艺在殷墟的遗迹也很丰富，举其特别可注意的：有镶嵌绿松石的象牙鸥尊；有一种雕纹的（也有绘纹的）骨制玩器，仿佛后世"如意"一类的东西，长形略曲，其花纹为龙、凤或蝉形，偶或嵌着绿松石；有各种式的佩玉，或作圆圈，或作半圆，或作长筒，或双龙相对成一圆形，或两鱼相对成一半圆，或状人物、人面、兽头、虎、兔、象、鸮、燕、鸽、鱼、蛙、蝉、长尾鸟、蝙蝠等；又有巨大的大理石的立体雕刻品，状人物、虎、龟、鸮、蟾、双兽等，以供陈设之用的。

从状人物的雕刻品和其他遗物，我们知道商人是席地而坐的；知道当时一部分人的服装是交领、右衽、短衣、短裙、束带、其鞋翘尖；知道当时女人脸上涂朱；头饰极复杂，左右两鬓或额间的头巾上缀一绿松石砌成的圆形物；头发中间束一骨圈；发上戴雕纹嵌绿松石的象牙梳；又簪骨制或玉制的笄，小的一两枝，多的几十枝；笄头雕各式各样的（现已发现四五十种）兽头和花纹；她的头饰比头还高。

关于商人的居室，我们也有一些推想的根据。有殷墟曾发现版筑的遗迹，那是房屋的基址。有一处基址作长方形，四围有许多大石卵，其相互间的距离，大略相等。这些石卵大约就是柱础，原来上面是安柱的。有一基址长三十公尺，宽九公尺，石柱础之外，并有铜柱础十个。殷墟绝无砖瓦，房顶想必是用茅草编成的。古人所谓"茅茨土阶"，大约就是商朝宫殿的写照。又发现一座纯黄土筑成的大台基，面向正南，与罗盘所指的完全相合。台基前十几公尺，也有大石卵，排成弓背形。台基的四周，遗下好些整副的野猪骨，可见这建筑必是和祭祀有关的。又掘出若干长方的坎穴，有阶级可上下，中有破陶片牛骨狗骨之类。坎穴内周围用硬土筑成，铁一般坚固。有些坎穴之下又套一个坎穴。这些坎穴是否与上说的版筑柱础同时，不能确定。但我们知道，远距商朝亡后三四百年，还有贵族的地下宫室见于记载（《左传》），则商朝后期之有这种穴居是很可能的。殷墟又掘出一些商王的陵墓。从墓室的情形可以推知王宫内部的情形。墓室一律作亚字形，原是木构，木料已腐化无存，却剩下木构上所装的各种立体石雕，作兽头、双面、牛头、鸟、兽等形的。又从墓中的遗迹推之，可知原来墙壁的内面是嵌镶着许多纹饰和涂着红色的。

商人的交通用具，有牛、马或象驾的车。除普通的车外，又有兵车，其形式大略是舆作半圆形，由后升降，一辕驾四马，两服两骖，与后来周朝的兵车无多差异；这是从殷墟发现的铜质车饰推知的。据卜辞的记载，商人出征有时远行至三四十日。

上面讲的是商人的"物质文明"。其次要讲他们的社会组织，可惜后者的资料远不如前者的详晰。

商人是普遍地聚族而居的，而且每族自成为一社会的单位。每族有一名号，即所谓"氏"。所以后来商朝亡后，新朝把商遗民分派给新封的诸侯都是整族整族地分派的：例如以条氏、徐氏、萧氏、索氏、长勺氏、尾勺氏等六族分给鲁国；以陶氏、施氏、繁氏、锜氏、樊氏、饥氏、终葵氏等七族分给卫国。卜辞记商人用兵，每有派某一族或某些族的人去作战的；例如"令斿族寇周"，"令多（众）子族从犬侯寇周"，"命五族伐羌"等。姓和氏的分别，商朝当已有之。姓是旧有的族号，氏是比较后起的族号。因为族人的繁衍，一族可以分成许多族，而散居异地。同源异流的众族保留其旧有共同的族号，谓之姓。同时各有其特殊的族号，谓之氏。姓字甲骨文及周金文皆作生，不从女。以生为姓者，溯生之所从来也。（古人名与姓氏不并举，因为在比较原始的社会里，互相接触的人，以同姓氏为常，自无以姓氏冠其名上之必要。此种习惯直至春秋时代犹然。以姓氏冠名乃是有了五方杂处的大都市以后的事。）

商民族以一个王室和它的都邑为核心。这都邑商人自称"天邑商"。在商朝六百年间，这"天邑商"曾经六次迁徙，最初是在亳，即今河南商丘北四十里；中间五迁皆不出今山东的南半和河南的东半；最后的二百七十余年是在殷，即安阳的殷墟。商王统属着许多部族的君长，即他的"诸侯"。原则上他们对商王的主要义务，是当他需要时，派兵去助他或替他征战，此外也许还有定期的贡献。这些诸侯的来源，大抵是本来独立部族的君长，为商王所征服的，或震于商朝的威势而自愿归服的；似乎还有一部分是商王把田邑分给自己的臣下或亲族而建立的。商王对各诸侯的控制能力并不一致，诸侯对商朝也叛服不常，他们彼此间也不永远是和平的友侣。卜辞里每有商王命这个诸侯去伐那个诸侯的记载。诸侯领土与王畿之间，民族和文化的关系疏密不一。有些诸侯所领的部族与王畿的人民是属同一民族，或原来虽不属同一民族，而已经与商人同化的，这些可以概称为商人；但也有些诸侯所领的部族在语言习惯上皆与商人相异，而始终对商人保存着"非我族类"之感的，例如当商朝末年居于泾渭流域的周人。

商朝王位的继承，自第二传以下，以兄终弟及为原则。王子无嫡庶之分，皆有继位的资格。至无弟可传，然后传子。但传末弟之子抑传其先兄之子，似无定制；多数是传末弟之子，但有不少例外。每因堂兄弟争位酿成王室的大乱。最后的四传皆是以子继父，似乎已鉴于旧制的不善而有意把它改革了。诸侯的继承法是否也以兄终弟及为原则，无从知道，但至少有例外，如"周侯"的继承，始终是以子继父的。

在商朝的势力范围以内和以外散布着许多文化远较商人落后的游牧民族，不时寇略商朝或其诸侯的领域。商朝后期的最大外敌是西北的鬼方（其根据地盖在山西北部及陕西的北部和西部）。历史上记载商王武丁曾对他用兵至三年之久。此外卜辞所记商人的外敌还有好些，但其中除羌人外都与后来的历史失了联络。卜辞所记商人对外战争，用兵至多不过四千、五千，俘虏至多不过十五、十六，但这些似乎不能作代表的例，因为卜辞曾记一次杀敌二千六百五十六人。

战争所获的俘虏，当有一部分是用作祭祀的牺牲，卜辞中屡有人祭的记录。但那不是常见的事。大多数俘虏当是用作奴隶。卜辞中有奴、奚、臣、仆等字皆是奴隶之称。奴隶除用执贱役外，当亦用于战争，卜辞中有"呼多臣"伐某方的记录，似是其证。又有所谓"耤臣"和"小耤臣"，似是奴隶之用于耕作的。

商人的商业已发展到使用货币的阶段，他们的货币以一种咸水贝为之，小块的玉器似乎也用为货币。从殷墟的遗物可以推知殷都一带商业之盛。铜器、玉器和绿松石饰品的原料都非近地所有；占卜用的消费量甚大的龟也是异地所产；咸水贝也是如此。特别是玉和贝必定是从远方辗转贩运而来的。

关于商人的社会状况，我们所知仅此。其次要估量他们表现于生产方法以外的智力。

甲骨文书包含单字约五千，可识的约一半。这些文字虽然形体上与今字大异，但已识的字都可依照一定规则译成今字。其意义及用法大体上与今字不殊，习惯的保守性真是可惊的。除形体外，甲骨文字与今字的差异有两点可注意：（一）带有图像性的字无论物体的写生或动作形态的喻示，每随意描写，但求肖似，没有定构。例如龟字，或画正面，或画侧面，或画尾，或不画尾，或画两足，或画一足。又如渔字，或画一鱼、一网、一手，或只画一鱼、一手，或画四鱼在水中，或画一鱼傍水。（二）在意义的分别上，有好些地方比今字为详细。例如驾驭之驭，或从马，或从象，因所驭不同而异字；又如牧字，或从牛，或从羊，因所牧不同而异字；又如一兽的雌雄，各有异名；牝牡二字原指牛的两性，此外马、羊、豕、犬、鹿等，各于本字的边旁或底下加匕或土，以别雌雄。

现存商人的文书只有契刻的甲骨文书。但商人所有的文书不只此种。甲骨文书是先写而后刻的。这从甲骨上一些写而漏刻的朱墨迹可以推知。殷墟又发现一块白陶上写着字。从这些字迹可以推知毛笔的存在。又甲骨文中有册字，像竹简汇集之形。既有笔又有简册，可知当有写在简册上的文书。现存汇聚上古文件的《尚书》中，传说为商朝遗文的有五篇。其中比较可信为真出商人手笔的是《盘庚》三篇，那是记商王盘庚迁都（*自奄，即今山东曲阜，迁殷*）前后对臣民三次训话的。

古代记载原有"商人尚鬼"的话，证以卜辞而知其确切。在商人看来，神鬼的世界是和有形的世界同样地实在，而且这两个世界关系极密切。鬼神充斥于他们的四周，预知他们自身及其环境的一切变动，操纵着他们的一切利害吉凶祸福，需要他们不断的馈飨和贿赂。他们在日常生活中每遇有可容犹豫的事情或不能解答的疑问，照例要听命于龟壳和牛骨。神鬼世界的主要成分是他们的祖先。王室对祖先的祭祀，其名目之众多，次数之频繁，供献之丰盛都非我们所能想象。用牲的数目有多至一次五十羊、三百牛，或四百牛的。用牲的方法，除置俎中蒸熟或当场生宰以供陈列外，有以火焚烧，或沉于水中，或埋入土中的。祭祀的时日，用牲的种类、数目、方法，有时连牝牡、毛色，都要凭卜人预先向所祀的祖先请示。商人心目中死鬼与现世的关系，从盘庚迁都前对臣民的第二次训词（*即《盘庚》中篇所记*）很可以看出。兹将其中一段的大意，译白如下："我念着先王为你们的先人劳碌，就关心你们，要保育你们。我若有失政，先王就要重责我说：为什么虐待我的子民？你们若不知去求安乐的生活，不与我同心，先王便要责罚你们；为什么不和我的幼孙和好？……你们若立心不良，先王便要革了你们的先祖先父在天的职位。你们的先祖先父受了你们的牵累就要弃绝你们，不救你们的死亡了。我有了这样乱政的臣民，只得拿贝和玉去祈祷。你们的先祖先父便会告诉先王：惩罚我的子孙罢！于是先王便大大地降下不祥来了！"祖先而外，商人的神祇，以现在所知，有主土壤的社神，有山川之神，有风雨之神，有蚕神，还有主宰百神的"帝"，即上帝。风神就是上帝的使者，他是凤鸟。卜辞中风与凤同字。

商人不知有没有占星术，但他们已会观察天象而定历法。他们的历法大致与旧时的阴历相同：一年为十二月，月有大小，大月三十日，小月二十九日；有闰月，置于年终，称为十三月。

商人的乐器有磬、埙（有石制、陶制、骨制三种）、鼓、铙（形如铃铎而无舌，持以敲击，大小三枚为一套）、龢（笙之小者）。又卜辞中有从丝从木的樂（乐）字，可见琴瑟之类当时亦已存在。

商代文化的速写止此。

（原载张荫麟：《中国史纲》，青年书店 1941 年版。标题为编者所加）

1902—1962

雷海宗：西周封建制度与封建社会

一、封建政治

公元前1027年，周灭殷，又用三年时间平定各地的叛乱，接着，大封子弟功臣，以姬姓贵族为主。最重要的封国有：卫，武王弟康叔的封国，都朝歌（今河南汲县北）；齐，太公姜尚的封国，都营丘（今山东临淄）；鲁，周公旦的封国，周公旦在周室辅政，他的儿子伯禽就国，都奄（今山东曲阜）；宋，归顺的殷贵族、商纣异母兄弟微子启的封国，都商丘；燕，召公奭的封国，都蓟（今北京）；晋，成王弟唐叔虞的封国，都唐（今山西翼城西）。分封诸侯，加上制定礼乐制度，协调了贵族中的等级关系，社会得以稳定，国家由半封建的殷商部落王朝进化到纯封建的成周邦国王朝。

此时周朝政治的组织较以前复杂，王的地位在理论上极高，在事实上也较殷王重要。殷商是一个宗族国家，以宗族体系为基础，殷王是诸侯之长，相当于联盟的盟主，但这个联盟是松散的和不稳定的，殷王的权力大小也视其实力而定。到了周朝，王权得到了强化，周王的地位及其控制天下的能力显著提高。周王又称"天子"，意即天帝之子，在周人看来，他秉承天意君临天下。基于这种认识，周王的地位至高无上，"普天之下，莫非王土；率土之滨，莫非王臣"。周王被视为天下的共主。

从外部形势来看，王朝与王畿的制度日趋周密。诸侯大都是姬姓，与王室有着天然的血缘，异姓诸侯则多是周王室的姻亲功臣，他们名义上都受王封，并须经过固定的封建仪式，表示他们为天子的屏藩。天子与诸侯的关系，最少在理论上，有很清楚的规定。

二、贵族生活

西周社会与商朝一样，仍是由贵族、平民、奴隶三大阶级构成的。与商代不同的是，西周各阶级内部有更细的等级划分，等级制度的色彩尤其明显。

西周的贵族包括周王、诸侯和卿大夫等。卿大夫是对从政贵族的统称，卿和大夫有别，执掌军政事务的贵族称为卿，一般的从政者则称为大夫。

西周是宗族统治的鼎盛时期，宗族体系十分发达，整个社会如同一个大家族，通过分封制的形式建立起来，以宗法制作为维系的纽带。天子的权力是上天授予的，诸侯国是由天子分封的，卿大夫的采邑则是由诸侯分封的，天子、诸侯、卿大夫之间有天然的血缘联系和政治婚姻关系，既是亲戚又是君臣，自然就形成了下级贵族臣服上级贵族、全体贵族臣服天子的政治隶属关系，表现出鲜明的等级色彩。

贵族的生活是当时生活的重心。诸侯公卿向天子、卿大夫向诸侯，以及家臣向卿大夫表示敬意的朝会礼节，占贵族生活很重要的一部分，团体的意识一部分由此造成。

此外贵族最喜欢战争，这些场景在《诗经》都有反映。不打仗时，就猎兽或行射礼。两者可说是战戏。

斯文一点的生活是宴会，虽然宴时的情形并不一定很斯文。宴饮的场面，在《诗经》中多有描写，以《小雅·宾之初筵》之一章最为生动，诗的大意是：宾客就席，揖拜有礼；笾豆成行，佳肴丰盛；酒醇且甘，饮而舒心；悬钟设鼓，献酬频频。箭靶张立，弓已满弦；对手赛射，比试高低；中者为胜，败者罚饮。艺术地呈现了宴饮之礼。当时，除咏战争、田猎、射礼、宴会的诗歌外，最普通的就是情诗与时事诗。

三、封建社会——庶民

封建时代，除少数的权力阶级外，大多数都是被统治的庶民。他们几乎都是佃奴或佃农，农业是当时政治社会的基础。庶民中的少数经营商业与工业。庶民的生活不是个人的，甚至也不是家族的，而是集团的。这一点，从《诗经·豳风·七月》中可以窥见：农奴一年到头辛苦劳作，上头又有田官监督、公子剥削；收获了粮食，要聚集起来送到贵族的仓库；农事既毕，还要为贵族统治者猎取野兽，经办酒宴；当这些劳役完成后，他们才能聚在一起享受难得的欢娱。

庶民的婚姻也有集团的性质。《周礼·地官司徒》载:"媒氏,掌万民之判。凡男女自成名以上,皆书年月日名焉。令男三十而娶,女二十而嫁。……中春之月,令会男女……若无故而不用令者,罚之。"由此可见社会生活也受官家的管制。

四、封建社会——士族

权力阶级称"士"或士族。士为官,称"贵";并且也只有士族能贵,庶民永远是贱的,被统治的。士族有姓,表示他们的尊贵;有氏,表示他们的政治地位。战国前,贵族才有姓氏,贵族男子称氏,女子称姓。因为"姓所以别婚姻","氏所以别贵贱"。贵者称氏,贱者则以职业概括之。如庖丁、匠石、优孟,这些职业名后来才成了姓。当时只是通称。

氏同姓不同者,婚姻可通;姓同氏不同者,婚姻不可通。"礼不娶同姓","父母同姓,其出不蕃"。因为"姓"起着"别婚姻"的作用,贵族男子又不称姓,故女子称姓特别重要,为了给待嫁或已嫁的同姓女子加以区别,就形成了对女子的特殊称呼:或是在姓前加排行,如孟姜、伯姬、叔隗;或是以夫家的采邑、谥号为前缀,如晋姬、武姜、文嬴。

士族的生活由"礼"支配,不似庶民的只有"俗"。男女婚姻、生子女等,都有固定的礼法。士族子弟受教育,礼也是很重要的课程,如"七年(岁)男女不同席,不共食","八年(岁),出入门户及即席饮食,必后长者,始教之让","十有三年(十三岁),学乐诵诗，学射御"（《礼记·内则》）。成年加冠，有冠礼。女子受各种妇礼的教育，成年后并行笄礼。成年的士族有享受一切政治权利的机会。除少数由王侯受封土的之外，很大一部分士人都能谋得官职。至于士人死后的丧礼与祭礼，尤其繁复隆重，他所享受的丧葬规格要与他的身份相适应。士族由生至死都受礼的支配。

（本文原为雷海宗20世纪30年代执教清华大学时的"中国通史"课程讲义。标题为编者所加）

钱穆：齐桓晋文之霸业

霸者标义，大别有四。

一、尊王。《穀梁传》葵丘之盟，"壹明天子之禁"。当时霸者号令，即替代已衰之王权也。周王使宰孔赐齐侯胙，命"无下拜"，齐侯卒为下拜（僖九年）。管仲平戎于王，"王以上卿礼飨之，仲辞，受下卿之礼而还。"（僖十二年）此皆当时齐桓、管仲竭力尊王之表示。

二、攘夷。

三、禁抑篡弑。凡某国遇篡弑，同盟诸国互不承认，并出兵平乱，另立新君。葵丘盟辞，"毋易树子，毋以妾为妻，毋使妇人与国事"，皆为此发。

四、裁制兼并。凡在同盟，互不侵犯，有争端，请于盟主，公断。某国遇外寇，同盟诸国出兵相救。葵丘盟辞，"毋壅泉，毋遏籴"，皆为此发。

正为针对上列时代病之特效药。

自周室东迁，西周封建一统之重心顿失，诸侯如纲解纽，内（篡弑）外（兼并掠夺）多事，岌岌不可终日。自有霸政，而封建残喘再得苟延。霸政可以说是变相的封建中心。其事创始于齐（其霸业之大者，为伐山戎、救燕、存邢卫、伐楚、盟于召陵，定襄王之位），赞助于宋，而完成于晋。[其霸业之大者，为纳襄王、杀王子带（召狄攻周者）、救宋、败楚城濮、召周天子盟于践土。]

齐桓会诸侯十五次，宋每次必预。其次为鲁、郑、陈三国，各得十次。又次为卫，得九次。又次为曹、许，各得七次。其间尤以齐、鲁、卫、曹、郑、宋六国，可谓诸夏之基本结合。此为诸夏结合之第一期，大率在东部与中部，乃黄河下流东部一带及黄河中游南岸之结合也。晋自曲沃篡位，专务侵吞（其实平王之东，晋已开始为兼并之野心企图。曲沃篡位，正从晋人向外作非义之兼并所引起）。齐桓会盟，晋人不预。然晋国内部争篡迭起，晋公子重耳逃亡在外，遍历齐、宋、曹、卫、郑诸国，南至楚，西至秦，而返国得位。其在外及见齐桓、宋襄，既熟知天下大势，返国后乃一变晋国以前之态度（晋灭同姓国极多，然皆在献公前），参加诸夏集团，而为齐、宋霸政之代兴。自是霸业常在晋。[由襄（御秦、侵郑，又败狄）、灵、成、景（为楚败于邲）、厉（胜楚鄢陵），而至悼，抗楚和戎，复霸。平公立，与楚平，弭兵。]此为诸夏结合之第二期，东部、中部之外，又加入中北部，即黄河中游之北岸也。

齐在临淄（太公封营丘，六世徙薄姑，七世徙临淄，地望皆近，即今山东临淄县也），东负海，鱼盐蚕桑，已树富强之基。唯西南适值鲁、卫诸邦，为姬姓主要国家，文化既较高，与齐关系亦密，齐于道义及势力两方，皆无法并吞。（齐孝公伐鲁，鲁使展喜犒师，曰："鲁人何恃？"曰："恃先王之命。昔周公、太公股肱周室，夹辅成王，盟曰：'世世子孙，无相害。'恃此不恐。"齐竟回师。柯之盟,曹沫劫桓公反鲁侵地,桓公亦卒听管仲谏许之。周天子以南阳赐晋,阳樊不服,围之,或呼曰:"此谁非王之亲姻,其俘之耶?"乃出其民。此可见当时诸夏间之关系。唯楚曰,"我蛮夷也",坦白主兼并,到底因此失诸夏同情,不能心服,而楚之势力亦终难北进。)齐桓既于国内篡弑纷乱中得国,故转而创建霸业。宋为周室之宾,先朝胜国,其势最孤,又处四战之地,入春秋以来,内乱外患更迭相乘,无时或息,故赞助齐桓,独出诚意。齐桓亦属其太子孝公焉。唯宋国四围,无可发展,其势本弱,故谋霸不成,为楚所败。晋人自称,"居深山之中,戎狄之与邻",灭国既多,国力已强。然重耳出奔,狄人势力已弥漫于晋之四周。(晋文公初居蒲,又从狄君田渭滨,是"奔狄"在晋西。在狄十二年,去狄,行过卫,是"去狄"在晋东。晋国不啻在狄怀抱。)其所至如齐桓、宋襄,优礼有加者,皆有志挟结诸夏以成霸业者也。如卫、曹、郑诸国,凡不礼于重耳者,皆目光短浅,唯力是从者也。楚既野心勃勃,秦亦刻意东伸。韩原之败,秦始征晋河东(《左传》)。楚之围宋,曹、卫、郑诸国皆已折而入于楚矣。晋非图霸,亦几不能自全。(图霸则可挟诸夏之力以抑楚、秦,而吞狄自广也。)

唯齐桓仅能阻止狄势不侵入大河之南岸。(孔子曰:"微管仲,吾其披发左衽矣!"其时苟非诸夏之大团结,则狄患不可设想。管仲告桓公:"戎狄豺狼,不可厌也;诸夏亲昵,不可弃也。"实为当时一最重要之观念,可以使历史命运为之转变,故孔子力称管仲之仁。)

北岸自邢、卫沦陷，诸夏势力竟难复兴，而晋、狄斗争，遂为当时一要事。

僖二十七年，晋人作三行以御狄。（此在胜城濮后，以狄皆步卒，便于山险，故晋亦编练步军也。）三十三年，狄伐晋，晋侯（惠公）获白狄子。（此在文公死之翌年，晋虽幸胜，而元帅先轸死之。）宣十一年，郤成子求成于众狄，众狄疾赤狄之役，遂服于晋。（据此狄人虽各分部落，而亦戴共主，别成系统，故得与诸夏抗衡。此下狄势遂衰。）十五、六年，晋景公灭赤狄（潞氏、甲氏及留吁）。成三年，伐廧咎如。自是上党为晋有。襄四年，晋悼公和诸戎。（魏绛谓："戎狄荐居，贵货易土。"可见其时戎狄尚是游牧，而其势犹强，故绛曰："戎狄事晋，四邻震动。"）是后有肥、鲜虞、鼓、中山，皆为晋所逐灭。（昭十二年晋伐鲜虞，入昔阳。灭肥。又十五年，伐鲜虞，围鼓。二十二年，灭鼓。杜注："乐平沾县东有昔阳城。昔阳，鼓都。""巨鹿下曲阳县西有肥累城，今正定东。"）此诸狄包赤狄之北（旧说谓是白狄，因前赤狄已灭，而推测言之。唯狄是否只分赤、白，殊无据），在太行山东麓平地，且亦俨然渐趋于城郭耕稼化矣。晋既廓土于群狄，其势力日渐东伸，遂与齐接壤，而以前邢、卫故土沦没于戎者，至是乃重归诸夏之统治。

大体西自河、渭之间，东达太行山两麓，黄河北岸，皆为顽强之群狄所出没，其势又时时越大河而南。诸夏得齐桓、晋文之霸政而稍稍抑其凶焰，实为春秋时期华、戎交斗一极剧烈之战阵。

晋人所以能胜此廓清群狄之重任者,一则因久为诸夏盟主(自文公至平公,凡八世),多得贡赋,国力充盈。

参加联盟诸国,在内可保持政府之安宁,乱臣贼子有所顾忌,不敢轻行篡弑。在外可保国际之平衡,相互间不得轻启衅端,有事付之仲裁,以和平为职志。是为联盟国应得之权利。其义务则如国际间之服役,一国有寇患,各国在霸主领导下会师戍守,或助城筑,及共同作战。每逢盟主出师,例得向同盟国乞师。平时则需对盟主纳相当之贡币。诸侯官受方物(诸侯官司各于齐受其方所当贡天子之物,齐桓责楚,"尔贡包茅不入",即责其贡周天子以方物也),始见于僖七年齐桓宁母之盟。"黄人不归楚贡,楚伐之。"(僖十一年)其后诸夏亦以贡币输盟主。晋文、襄之伯,令诸侯:"三岁而聘,五岁而朝,有事而会,不协而盟。"(昭三年郑子太叔语)其后朝、聘弥数,故乃"岁一聘,间岁一朝,再朝一会,再会一盟"(昭十三晋叔向语)。朝、聘既数,而币亦日重。晋范宣子为政,子产寓书告以币重(襄八年)。平丘之会,子产争贡赋多寡,自日中至于昏(昭十三年)。鲁之于晋,"职贡不乏,玩好时至,府无虚月"(襄二十九年女叔侯语)。子产谓:"用币必百辆,百辆必千人。"(昭十年)此其大概也。

一则晋自献公以来,即不畜群公子。(献公听士蒍说,尽诛群公子。在惠王八年。)故晋大夫多用异姓,得因材器使,较之鲁、卫、齐、宋诸邦多用宗臣者为优。

晋文公以下，诸卿位次屡有更易，故其臣各务于以事功显。唯自厉公见弑以后，大夫渐强（《史记·赵世家》），平公后益甚。韩、赵、魏、范、中行、知氏称"六卿"，皆非公室也。

一面北方的狄患逐次解除，一面南方的楚人亦逐渐觉悟（亦可说是逐渐同化），改变其以前极端的武力兼并主义（即"我蛮夷也"的主义），而渐次要求加入诸夏之集团。

楚庄王灭陈县之，以申叔时谏，乃复陈。既克郑，亦退而与之平。既败晋于邲，其围宋，宋人告以"易子而食，析骸而爨"之实况，亦退师与盟而反。其时楚人意态已与前不同。

宋向戌提倡弭兵，晋、楚交欢，城郭诸邦的和平联盟益形扩大。

此可谓诸夏结合之第三期，于东、中、北三部以外，又加入中南部，即南方之中部，江、汉流域之楚国也。自有此弭兵之会（在襄二十七年），而诸夏得一相当时期之和平。宋自襄十二年（楚公子贞侵宋）至定十五年（郑罕达伐宋），凡六十五年。鲁自襄二十五年（齐崔杼伐北鄙）至定七年（齐国夏伐西鄙），凡四十五年。卫自襄二十三年（齐侯伐卫）至定七年（齐侵卫），凡四十七年。曹自襄十七年（卫石买伐曹）至定十二年（卫公孟彄伐曹），凡五十九年。郑自襄二十六年（楚子、蔡侯、卫侯伐郑）至定六年

（鲁定公侵郑），凡四十三年。均不被兵。

总观当时霸政，有二大要义：

一则为诸夏耕稼民族之城市联盟，以抵抗北方游牧部落之侵略，因此得保持城市文化，使不致沦亡于游牧之蛮族。

二则诸夏和平结合以抵抗南方楚国（西方秦国）帝国主义者之武力兼并，因此得保持封建文化，使不致即进为郡县的国家。

其大势为文化先进诸国逐次结合，而为文化后进诸国逐次征服。（如晋代齐，楚代晋，吴、越代楚，最后统一于秦。）

同时文化后进诸国，虽逐次征服先进诸国，而亦逐次为先进诸国所同化。（此为第二种冲突之消解。）

其文化落伍诸部族，则逐次消灭，或逐次驱斥。（此为第一种冲突之消解。）

在此进展中，诸夏结合之团体亦遂逐次扩大，为中国逐次形成中央大一统郡县国家之酝酿，而上古史亦逐次宣告结束。（第一、第二、第三期结合已于前言之，第四期则加入吴、越。吴、越本东南方小蛮夷，武力既胜，转慕文事，亦争为诸夏盟主，于东、中、南、北诸部外又加入东南部，即长江下流是也。自战国秦孝公后，秦人又渐次加入诸夏团体，为第五期；又加入西中部，即河、渭流域是也。）

［原载钱穆：《国史大纲》（上），九州出版社2011年版］

1905—1942

张荫麟：战国时期经济的进步与战争的变质

三晋建侯和商鞅之死，是世变程途中的两大块"记里石"。环这两大事件的一世纪左右（约公元前420至前320年）是一个大转捩的时期。在我国史上，恐怕只有从鸦片战争到现在的一段可以和它相比。不独春秋的四霸在这时期里先后蜕去封建的组织而变成君主集权的七雄；其他好些在春秋末叶已发端的趋势，如工商业的发达，都市的扩大，战争的剧烈化，新知识阶级的兴起，思想的解放等等，从这时期以下，都加倍显著。

在春秋末叶，虽然已有和小封君一般阔绰的商人，但似乎还没有用奴隶和佣力支持的大企业。但在战国时代这种企业却出现了。以现在所知，和商鞅同时而稍后的，有一个洛阳大实业家白圭，"能薄饮食，忍嗜欲，节食服，与用事僮仆同苦乐"；他"趋时若猛兽鸷鸟之发"。他自己说："吾治生产，犹伊尹、吕尚之谋，孙、吴用兵，商鞅行法。"白圭不独是后世言治生术的始祖，并做过魏惠王的大臣，受过封邑，提倡过"二十而税一"的制度，又以善治水筑堤著名，自言"丹（白圭本名）治水也愈于禹"，他俨然是一个战国时代的张南通。可惜关于他的史料太缺乏了。白圭所经营的主要是谷米和丝漆业。此后战国时代见于记载的大企业家,有以制盐起家的猗顿,有铁冶成业的邯郸郭纵(二人的正确年世不详),皆是富埒王者;有"畜牧大王"乌氏倮,他的牛马多至不能以头数,而用山谷量,他因此得到秦王政的优礼,地位侔于封君,岁时和列臣同赴朝请;又有巴蜀寡妇清,承受了擅利数世的丹穴,而能保守财富和贞操,因此得到秦王政的敬仰,为筑"女怀清台"。与工商业的发展相偕的是货币的进步,和都市的扩大。铜钱的制造,不知始于何时,它的普遍的使用,和多量通流当是春秋战国之交的事。文化较落后的秦国到前 336 年(商鞅死后二年)才开始行钱。黄金用作货币最早亦当在战国初年。终春秋时代,国际间的贿赂以及君主对臣下的大宗赏赐没有用黄金的;但在战国时代此等贿赂和赏赐则用黄金为常了。当春秋晚年,除国都外,"千室之邑"已是标准的大邑,其时任何国都的人口虽不见于记载,我们即使算头等国的国都都比标准的大邑大十倍,也不过有一万户。但入战国时代,"万家之邑"已很普通。而齐的临淄,约在商鞅死后不久,人口已上七万户。"其民无不吹竽鼓瑟,弹琴击筑,六博蹋鞠者。临菑之途车毂击,人肩摩,连衽成帷,举袂成幕。……"洛阳在战国末年户数在十万以上。都市中物质文明的进步,从贵豪家的生活可见。《楚辞》中的《招魂》一篇(一说屈原作,一说屈原的弟子宋玉作),于楚国贵豪的生活有一段极精致的描写,引录于下:

　　高堂邃宇,槛层轩些。层台累榭,临高山些。网户朱缀,刻方连些。冬有突夏,夏室寒些。川谷径复,流潺湲些。光风转蕙,氾崇兰些。经堂入奥，朱尘筵些。砥室翠翘，挂曲琼些。翡翠珠被，烂齐光些。蒻阿拂壁，罗帱张些。纂组绮缟，结琦璜些。……红壁沙版，玄玉梁些。仰观刻桷，画龙蛇些。坐堂伏槛，临曲池些。芙蓉始发，杂芰荷些。紫茎屏风，文缘波些。文异豹饰，侍陂陀些。轩辌既低，步骑罗些。兰薄户树，琼木篱些。……室家遂宗，食多方些。稻粢穱麦，挐黄粱些。大苦咸酸，辛甘行些。肥牛之腱，臑若芳些。和酸若苦，陈吴羹些。濡鳖炮羔，有柘浆些。鹄酸臇凫，煎鸿鸧些。露鸡臛蠵，厉而不爽些。粔籹蜜饵，有餦餭些。瑶浆蜜勺，实羽觞些。挫糟冻饮，酎清凉些。华酌既陈，有琼浆些。……肴羞未通，女乐罗些。陈钟按鼓，造新歌些。涉江采菱，发扬荷些。美人既醉，朱颜酡些。嬉光眇视，目层波些。被文服纤，丽而不奇些。长发曼鬋，艳陆离些。二八齐容，起郑舞些。衽若交竿，抚案下些。竽瑟狂会，搷鸣鼓些。宫庭震惊，发激楚些。吴歈蔡讴，奏大吕些。

我们若拿这一段和同一时期李悝关于农民的描写并读，便看见人间的天堂和地狱。

与都市的繁荣相副的是交通的进步。当孔子之世，从吴都往郏国至快的行军要走三个月。但当战国初年，从鲁都往楚都郢，个人的旅行，十昼夜便可抵达。这种进步似乎不由于运输工具上的新发明，而由于道路的开辟。而道路的修治多半由于军事上的需要。我们可以推想当春秋战国之际，我国在交通上曾起过一次大革命：许多国家，为侵略用兵的便利，都"堑山填谷"，以修筑新道路。此事虽然史无明文，但我们从下引战国人所传的两件故事可以得到一点消息：（一）中山国（在今滹沱河以北）有一部落叫作夙繇，智伯想灭掉它，却无路可通。于是铸了一个大钟，用两辆骈列的大车载着，要送给夙繇的君长。这君长于是"堑岸堙谷"，开路迎钟。智伯的军队却跟在大钟后面，把夙繇灭掉。（二）秦惠王想灭蜀，但山路险阻，兵路不通。于是雕了一只大石牛，每天派人秘密在它后面放一堆黄金，扬言石牛便金。他把这异宝赠给蜀侯。蜀侯于是"堑山填谷"，开路以迎石牛。秦惠王的军队，却跟在石牛后面，把蜀灭掉。这两件故事虽然未必全真，至少反映战国人对军事影响交通的认识。

顾名思义，战国时代的特色乃在战争。这时代的战争，在质量上都大变春秋的旧样。第一，直至春秋末年，最大的晋、楚两国，其兵力不过四千乘左右，以一乘战士十人计算，也不过四万人，再加一倍也不过十万人；而战国的七雄中秦、楚、齐、赵，各有"带甲百万"以上；韩、魏、燕的兵力也不下六十万。第二，春秋时代的国防，其初只注意首都，后来才陆续给近边冲要的邑筑城。但除了少数有城的都邑外，其余的地方，敌国的军队可以随时通过，如入无人之境。但在战国时代，各国当敌的边境都筑起长城和堡垒，这表明国际的生存竞争已到了丝毫不能放松的地步了。第三，在春秋时代，征战的目的以取俘夺货，屈敌行成为常例；以占夺土地，残杀敌人为例外。在战国时代，则征战的目的以占夺土地残杀敌人为常例，而仅只取俘夺货，屈敌行成为例外。国家对兵士，以首级论功，每次战争动辄斩首十万八万，甚至二十万，甚至一坑四十万。我们的辞典中最凶残的"屠城"一词是在战国时代出现的（见《荀子·议兵》篇）。"师之所处必生荆棘"，"大兵之后必有凶年"，都是这时代人形容战祸的实话。第四，战争工具在这时代也大有进步。以前的兵器全是用铜的，此时已渐渐的代以铁和钢；以前纯用车战，只适宜于平原，而不适宜于山险，调动也很迟缓，此时则济以骑兵和步卒。此外攻城有"云梯"的器械，舟战有"钩拒"的器械，都是战国初年，鲁国一个大工匠公输般所发明的。第五，战争的技术在战国时代日益专门化了。当春秋之世，各国的军事领袖都是兼管民政的封君，纯粹的武将是没有的。战国初期大政治家像李悝、吴起、商鞅……都是能带兵出阵的，但自此时以降，文武渐渐分途。专门的名将如孙膑、穰苴、白起、王翦、廉颇、李牧等相继出现。专门化的趋势并且及至少一部分常备的兵士。他们合格的标准已被提高。他们所受的训练，也更加繁重。他们和临时征发农民充当的兵卒已有天渊之别。因为统治者对军士的重视，民间也开始有结合团体，专习武技或兵法以供统治者选用的。这类团体中最著名的是墨翟所领导的"墨者"们。军事专门化之另一表征是兵书的撰著。我国重要的"武经"，如吴起的《吴子》、孙武的《孙子》、穰苴的《司马法》、墨家的《备城门》等四篇，和尉缭的《尉缭子》全是战国时代的产品。

（原载张荫麟：《中国史纲》，青年书店 1941 年版。标题为编者所加）

民合大学

第二篇 帝制春秋(上)
中国中古史三讲

1937—1946

1937—1946

1902—1962

雷海宗：皇帝制度之成立（节选）

秦始皇对于他自己的新地位的见解很值得玩味。据《史记·秦始皇本纪》，公元前221年令丞相御史议称号：

寡人以眇眇之身，兴兵诛暴乱。赖宗庙之灵，六王咸伏其辜，天下大定。今名号不更，无以称成功传后世。其议帝号！

"其议帝号"一句话很可注意。当时秦尚未正式称帝，然而正式的令文中居然有这种语气，有两种可能的解释。一是帝本是公认为"王天下者"的称号，现在秦并六国，当然是帝。第二种解释就是七十年前秦称西帝，始终未正式取消，所以"帝号"一词并无足怪。现在秦王为帝已由理想变成事实，只剩正式规定帝的称号。

始皇与臣下计议的结果，名号制度焕然一新。君称"皇帝"，自称"朕"，普遍的行郡县制与流官制，划一度量衡，书同文，车同轨，缴天下械，治驰道，徙富豪于咸阳。凡此种种，可归纳为两条原则。（一）天下现在已经统一，一切制度文物都归一律。（二）政权完全统一，并且操于皇帝一人之手。从此以后，皇帝就是国家，国家就是皇帝。这种政治的独裁在战国时已很明显。只因那时列国并立，诸王不得不对文人政客有相当的敬礼与牢笼。现在皇帝不只不再需要敬畏政客文人,并且极需避免他们的操纵捣乱。当初大家虽都"五帝三王"、"王天下"不离口,但他们并没有梦想到天下真正统一后的情势到底如何。现在他们的理想一旦实现,他们反倒大失所望,认为还是列国并立的局面对他们有利。同时六国的王孙遗臣也很自然地希望推翻秦帝,恢复旧日的地方自由。所以文人政客个人自由的欲望与六国遗人地方独立的欲望两相混合,可说是亡秦的主要势力。焚书坑儒就是秦始皇对付反动的文人政客的方法。张良与高渐离(《史记》卷五十五《留侯世家》,卷八十六《刺客列传》)可代表六国遗人力谋恢复的企图。在历史上,第一个统一的伟人或朝代似乎总是敌不过旧势力的反动,总是失败的。统一地中海世界的凯撒为旧党所刺杀,西方的天下又经过十几年的大乱才又统一。统一中国的秦朝也遭同样的命运。一度大乱之后,汉朝出现,天下才最后真正统一。

秦亡的代价非常重大。秦朝代表有传统政治经验与政治习惯的古国,方才一统的天下极需善政,正需要有政治经验习惯的统治者。并且秦国的政治在七国中最为优美,是战国时的人已经承认的。(《荀子·强国》篇)反动的势力把秦推翻,结果而有布衣天子的汉室出现。汉高是大流氓,一般佐命的人多为无政治经验的流氓小吏出身。所以天下又经过六十年的混乱方才真正安定下去。到汉武帝时(公元前140—前87年)政治才又略具规模,汉室的政治训练才算成熟。

汉室的成立是天下统一必然性的又一明证。楚汉竞争的时期形式上是又恢复了战国时代列国并立的局面,义帝只是昙花一现的傀傀。项羽灭后，在理论上除汉以外还有许多别的国，不过是汉的与国而已，并非都是属国。但列国居然与汉王上表劝进：

> 楚王韩信，韩王信，淮南王英布，梁王彭越，故衡山王吴芮，赵王张敖，燕王臧荼，昧死再拜言，大王陛下！先时秦为亡道，天下诛之。大王先得秦，王定关中，于天下功最多。存亡定危，救败继绝，以安万民，功盛德厚。又加惠于诸侯王有功者，使得立社稷。地分已定，而位号比拟，亡上下之分：大王功德之著于后世不宣。昧死再拜上皇帝尊号！（《汉书》卷一《高帝纪下》）

细想起来，这个劝进表殊不可解。这是一群王自动公认另一王为帝，正与五十年前鲁仲连所反对的帝秦议性质相同。我们即或承认这是诸王受汉王暗示所上的表，事情仍属奇异。各人起兵时本是以恢复六国推翻秦帝为口号。现在秦帝已经推翻，六国也可说已经恢复，问题已经解决，天下从此可以太平无事；最少列国相互间可以再随意战争，自由捣乱，不受任何外力的拘束。谁料一帝方倒，他们就又另外自立一帝。即或有汉王的暗示，当时汉王绝无实力勉强诸王接受他的暗示。所以无论内幕如何，我们仍可说这个劝进表是出于自动的，最少不是与诸王的意见相反的。这最足以证明当时的人都感觉到一统是解决天下问题的唯一方法，除此之外，并无第二条出路。第二条路是死路，就是无止期的战乱。从此以后，中国的历史只有这两条路可走：可说不是民不聊生的战国，就是一人独裁的秦汉。永远一治一乱循环不已。

汉室虽是平民出身，皇帝的尊严并不因之减少，反而日趋神秘。秦汉都采用当初齐国人的宣传，行封禅，并按五德终始说自定受命之德。(《史记》卷二十八《封禅书》,《汉书》卷二十五《郊祀志》)皇帝的地位日愈崇高，日愈神秘，到汉代皇帝不只是政治的独裁元首，并且天下公然变成他个人的私产。未央宫造成之后（公元前198年）：

高祖大朝诸侯群臣，置酒未央前殿。高祖奉玉卮，起为太上皇寿曰："始大人常以臣无赖，不能治产业，不如仲力。今某之业，所就孰与仲多？"殿上群臣皆呼万岁，大笑为乐。(《史记》卷八《高祖本纪》)

由此可见皇帝视天下为私产，臣民亦承认天下为其私产而不以为怪，反呼万岁，大笑为乐。这与战国时代孟子所倡的民贵社稷次君轻的思想，及春秋时代以君为守社稷的人而非社稷的私有者的见解是两种完全不同的政治空气。

哀帝（公元前二五至公元一年）宠董贤，酒醉后（公元前一年），从容视贤笑曰："吾欲法尧禅舜何如？"

中常侍王闳反对：

天下乃高皇帝天下，非陛下之有也。陛下承宗庙，当传子孙于

亡穷。统业至重，天子亡戏言！（《汉书》卷十一《哀帝纪》，卷九十三《董贤传》）

皇帝看天下为自己的私产，可私相授受。臣下认天下为皇室的家产，不可当作儿戏。两种观点虽不完全相同，性质却一样，没有人认为一般臣民或臣民中任何一部分对天下的命运有支配的权力。

天下为皇帝的私产，寄生于皇帝私产上的人民当然就都是他的奴婢臣妾。奴婢虽或有高低，但都是奴婢；由尊贵无比的皇帝看来，奴婢间的等级分别可说是不存在的。最贵的丞相与无立锥之地的小民在皇帝前是同样的卑微，并无高下之分。当时的人并非不知道这种新的现象。贾谊对此有极沉痛的陈述：

人主之尊譬如堂，群臣如陛，众庶如地。故陛九级上，廉远地，则堂高。陛无级，廉近地，则堂卑。高者难攀，卑者易陵，理势然也，故古者圣王制为等列，内有公卿大夫士，外有公侯伯子男，然后有官师小吏，延及庶人。等级分明，而天子加焉，故其尊不可及也。

里谚曰："欲投鼠而忌器。"此善论也。鼠近于器，尚惮不投，恐伤其器，况于贵臣之近主乎？廉耻节礼以治君子，故有赐死而亡戮辱。是以黥劓之罪不及大夫，以其离主上不远也。

礼不敢齿君之路马，蹴其刍者有罚。见君之几杖则起，遭君之乘车则下，入正门则趋。君之宠臣虽或有过，刑戮之罪不加其身者，尊君之故也。此所以为主上豫远不敬也，所以体貌大臣而厉其节也。今自王侯三公之贵，皆天子之所改容而礼之也，古天子之所谓伯父、伯舅也，而今与众庶同黥劓髡刖笞弃市之法，然则堂不亡陛乎，被戮辱者不泰迫乎？廉耻不行，大臣无乃握重权，大官而有徒隶亡耻之心乎？夫望夷之事，二世见当以重法者，投鼠而不忌器之习也。臣闻之，履虽鲜不加于枕，冠虽敝不以苴履。夫尝已在贵宠之位，天子改容而体貌之矣，吏民尝俯伏以敬畏之矣；今而有过，帝令废之可也，退之可也，赐之死可也，灭之可也。若夫束缚之，系继之，输之司寇，编之徒官，司寇小吏詈骂而榜笞之，殆非所以令众庶见也。夫卑贱者习知尊贵者之一旦吾亦乃可以加此也，非所以习天下也，非尊尊贵贵之化也。夫天子之所尝敬，众庶之所尝宠，死而死耳，贱人安宜得如此而顿辱之哉？（《汉书》卷四十八《贾谊传》）

当时因为丞相绛侯周勃被告谋反，收狱严治，最后证明为诬告，方才释出。这件事（公元前176年）是贾谊发牢骚的引线。贾谊对于这种事实认得很清楚，但对它的意义并未明了。他所用的比喻也不妥当。皇帝的堂并不因没有陛级而降低，他的堂实在是一座万丈高台，臣民都俯伏在台下。皇帝的地位较前提高，臣民的地位较前降低，贾谊所说的古代与汉代的分别，实在就是阶级政治与个人政治的分别。先秦君主对于大臣的尊敬是因为大臣属于特殊的权利阶级。阶级有相当的势力，不是君主所能随意支配。到秦汉时代真正的特权阶级已完全消灭，人民虽富贵贫贱不同，但没有一个人是属于一个有法律或政治保障的固定权利阶级的。由此点看，战国时代可说是一个过渡时代。在性质上，战国时代已演化到君国独裁的个人政治的阶段。但一方面因为春秋时代的传统残余，一方面因为列国竞争下人才的居奇，所以君主对臣下仍有相当的敬意。但这种尊敬只能说是手段，并不是分所当然的事。秦汉统一，情势大变，君主无须再存客气，天下万民的生命财产在皇帝前都无保障。由人类开化以来，古有阶级分明的权利政治与全民平等的独裁政治，此外，除于理想家的想象中，人类并未发现第三种可能的政治。一切宪法的歧异与政体的花样不过都是门面与装饰品而已。换句话说，政治社会生活总逃不出多数（平民）为少数（特权阶级）所统治或全体人民为一人所统治的两种方式。至于孰好孰坏，只能让理想家去解决。

皇帝既然如此崇高，臣民既然如此卑微，两者几乎可说不属于同一物类。臣民若属人类，皇帝就必属神类。汉代的皇帝以至后妃都立庙祭祀。高帝时令诸侯王国京都皆立太上皇庙（《汉书》卷七十三《韦玄成传》）。高帝死后惠帝令郡国诸侯各立高祖庙，以岁时祠（《史记·高祖本纪》）。惠帝尊高祖庙为太祖庙，景帝尊文帝庙为太宗庙，行所尝幸郡国各立太祖太宗庙。宣帝又尊武帝庙为世宗庙，行所巡狩皆立世宗庙。至西汉末年，祖宗庙在六十八郡国中共一百六十七所。长安自高祖至宣帝以及太上皇悼皇考（宣帝父）各自居陵立庙旁，与郡国庙合为一百七十六所。又园中各有寝便殿。日祭于寝，月祭于庙，时祭于便殿。寝，每日上食四次。庙，每年祭祀二十五次。便殿，每年祠四次。此外又有皇后太子庙三十所。总计每岁的祭祀，上食二万四千四百五十五份，用卫士四万五千一百二十九人，祝宰乐人一万二千一百四十七人（《汉书》卷七十三《韦玄成传》）。皇帝皇室的神化可谓达于极点！

不只已死的皇帝为神，皇帝生时已经成神，各自立庙，使人崇拜。文帝自立庙，称顾成庙。景帝自立庙，为德阳。武帝生庙为龙渊，昭帝生庙为徘徊，宣帝生庙为乐游，元帝生庙为长寿，成帝生庙为阳池（《汉书·文帝纪》四年注）。

皇帝皇室的庙不只多，并且祭祀的礼节也非常繁重，连专司宗庙的官往往也弄不清，因而获罪（《汉书》卷七十三《韦玄成传》）。繁重的详情已不可考，但由上列的统计数目也可想见一个大概。这种神化政策，当时很遭反对。详情我们虽然不知，反对的人大概不是儒家根据古礼而反对，就是一般人不愿拿人当神看待而反对。所以"高后时患臣下妄，非议先帝宗庙寝园官，故定著令，敢有擅议者弃市"（《汉书》卷七十三《韦玄成传》）。这种严厉的禁令直到元帝毁庙时方才取消。

这种生时立庙遍地立庙的现象，当然是一种政策，与宗教本身关系甚少。古代的政治社会完全崩溃，皇帝是新局面下唯一维系天下的势力。没有真正阶级分别的民众必定是一盘散沙，团结力日渐减少以至于消灭。命定论变成人心普遍的信仰，富贵贫贱都听天命，算命看相升到哲学的地位。（王充《论衡》：《逢遇》篇、《累害》篇、《命禄》篇、《偶会》篇、《治期》篇、《命义》篇、《骨相》篇、《初禀》篇；王符《潜夫论》：《巫列》篇、《相列》篇；荀悦《申鉴·俗嫌》篇。）这样的民族是最自私自利、最不进取的。别人的痛苦与自己无关，团体的利害更无人顾及，一切都由命去摆布。像墨子那样极力非命的积极人生观已经消灭，现在只有消极怠惰的放任主义。汉代兵制之由半征兵制而募兵制，由募兵以至于无兵而专靠羌胡①兵（《汉书·高帝纪下》注，《昭帝纪》注；《后汉书·光武帝纪下》建武七年正文及注，卷五十三《窦宪传》），是人民日渐散漫，自私自利心发达，命定论胜利的铁证。现在只剩皇帝一人为民众间的唯一连〔链〕锁，并且民众间是离心力日盛、向心力日衰的，所以连〔链〕锁必须非常坚强才能胜任。以皇帝为神，甚至生时即为神，就是加强他的维系力的方法。天下如此之大，而皇帝只有一人，所以皇帝皇室的庙布满各地是震慑人心的一个巧妙办法。经过西汉二百年的训练，一般人民对于皇帝的态度真与敬鬼神的心理相同。皇帝的崇拜根深蒂固，经过长期的锻炼，单一的连〔链〕锁已成纯钢，内在的势力绝无把它折断的可能。若无外力的强烈压迫，这种皇帝政治是永久不变的。

不过这种制度不是皇帝一人所能建立，多数人民如果反对，他必难成功。但这些消极的人民即或不拥护，最少也都默认。五德终始说与封禅主义是一种历史定命论。到汉代这种信仰的势力愈大，大家也都感觉到别无办法，只有拥戴一个独裁的皇帝是无办法中的办法。他们可说都自愿地认皇帝为天命的统治者。后代真龙天子与《推背图》的信仰由汉代的谶纬都可看出（《汉书·王莽传》，《后汉

---

① 我国古时以"胡"、"蛮"、"夷"、"异族"、"外族"等来称呼少数民族，有其时代局限性。本书尊重作者表述，此类问题不一一指出，请读者审慎看待。——编者注

书·光武帝纪》)。所以皇帝的制度可说是由皇帝的积极建设与人民的消极拥护所造成的。

到西汉末年，繁重不堪的立庙制度已无存在的必要，因为它的目的已经达到。况且儒家对于宗庙本有定制，虽有汉初的严厉禁令，儒家对这完全不合古礼的庙制终久必提出抗议。所以元帝时（公元前48—前33年）贡禹就提议：

古者天子七庙。今孝惠孝景庙皆亲尽宜毁。及郡国庙不应古礼，宜正定。(《汉书》卷七十三《韦玄成传》)

永光四年（公元前40年）元帝下诏，先议罢郡国庙：

朕闻明王之御世也，遭时为法，因事制宜。往者天下初定，远方未宾，因尝所亲以立宗庙。盖建威销萌，一民之至权也。今赖天地之灵，宗庙之福，四方同轨，蛮貊贡职；久遵而不定，令疏远卑贱共承尊祀，殆非皇天祖宗之意。朕甚惧焉！传不云乎："吾不与祭，如不祭。"其与将军列侯中二千石诸大夫博士议郎议！(《汉书》卷七十三《韦玄成传》)

由这道诏命我们可见当初的广建宗庙是一种提高巩固帝权的方策，并且这种方策到公元前40年左右大致已经成功，已没有继续维持的必要。诸臣计议，大多主张废除，遂罢郡国庙及皇后太子庙。同年又下诏议京师亲庙制。大臣议论纷纷，莫衷一是，此事遂暂停顿。此后二年间（公元前39—前38年）经过往返论议，宗庙大事整理，一部分废罢，大致遵古代儒家所倡的宗庙昭穆制。（详情见《汉书》卷九《元帝纪》及卷七十三《韦玄成传》）

毁庙之后，元帝又怕祖宗震怒，后来（公元前34年）果然生病，"梦祖宗谴罢郡国庙"，并且皇弟楚孝王所梦相同。丞相匡衡虽向祖宗哀祷，并愿独负一切毁庙的责任，元帝仍是不见痊可。结果二年间（公元前34—前33年）把所废的庙又大多恢复，只有郡国庙废罢仍旧。元帝一病不起（公元前33年），所恢复的庙又毁。（《汉书》卷九《元帝纪》及卷七十三《韦玄成传》）自此以后，或罢或复，至西汉末不定。（《汉书》卷二十五下《郊祀志下》）但郡国庙总未恢复。

光武中兴，因为中间经过王莽的新朝，一切汉制多无形消灭。东汉时代，除西京原有之高祖庙外，在东京另立高庙。此外别无他庙，西汉诸帝都合祭于高庙。光武崩后，明帝为在东京立庙，号为世祖庙。此后东汉诸帝未另立庙，只藏神主于世祖庙。所以东汉宗庙制可说较儒家所传的古礼尚为简单。（《后汉书》卷十九《祭祀志下》）

这种简单的庙制，正如上面所说，证明当初的政策已经成功，皇帝的地位已无摇撼的危险。在一般人心理中，皇帝真与神明无异，所以繁复的祭祀反倒不再需要。因为皇帝的制度已经确定稳固，所以皇帝本人的智愚或皇朝地位的强弱反倒是无关紧要的事。和帝（公元89—105年）并非英明的皇帝，当时外戚宦官已开始活跃，汉室以至中国的大崩溃也见萌芽，适逢外戚窦宪利用羌胡兵击破北匈奴，为大将军，威震天下。当时一般官僚自尚书以下"议欲拜之，伏称万岁"，只有尚书令韩棱正色反对：

> 夫上交不谄，下交不黩。礼无人臣称万岁之制！议者皆惭而止。（《后汉书》卷四十五《韩棱传》）

这虽是小掌故，最可指出皇帝的地位已经崇高到如何的程度。"万岁"或"万寿"本是古代任人可用的敬祝词，《诗经》中极为普通。汉代对于与皇帝有关的事物，虽有种种的专名（蔡邕《独断》），一如秦始皇所定的"朕"之类，但从未定"万岁"为对皇帝的专用颂词。所以韩棱所谓"礼无人臣称万岁之制"实在没有根据，然而"议者皆惭而止"，可见当时一般的心理以为凡是过于崇高的名词只能适用于皇帝，他人不得僭妄擅用。礼制有否明文并无关系。

此后二千年间皇帝个人或各朝的命运与盛衰虽各不同，然而皇帝的制度始终未变。汉末、魏晋南北朝时代皇帝实权削弱，隋唐复盛，宋以下皇帝的地位更为尊崇。到明代以下人民与皇帝真可说是两种物类了，不只皇帝自己是神，通俗小说中甚至认为皇帝有封奇人或妖物为神的能力。这虽是平民的迷信，却是由秦汉所建立的神化皇帝制度产生出来的，并非偶然。这也或者是人民散漫的程度逐代加深的证据。不过这些都是程度深浅的身外问题，皇帝制度本身到西汉末年可说已经完全成立，制度的本质与特性永未变更。

（原载《清华学报》第 9 卷第 4 期，1934 年 10 月）

钱穆：汉初之兵制及民风

然自来一文化较高之民族，人口众，物产富，而为少数贫穷之蛮族所征服者，历史不乏其例。汉武功绩，不得纯以文化经济为量。盖汉初之兵制及民风，亦足为扬威边外一要因也。

汉之兵制，尚沿战国以来兵民不分之旧。汉高帝纪二年五月，"萧何发关中老弱未傅者悉诣军"。孟康曰：

古者二十而傅，三年耕有一年储，故二十三而后役之。

如淳曰：

律年二十三傅之畴官，名从其父畴学之。高不满六尺二寸以下为罢癃，《汉仪》注云："民年二十三为正，一岁为卫士，一岁为材官骑士，习射御骑驰战阵。"又曰："年五十六衰老，乃得免为庶民，就田里。"

又《王制正义》引许慎《五经异义》，亦云：

汉承百王，而制二十三而役，五十六而免。

其间以一年为卫士，一年为材官骑士。材官骑士者，《汉书·刑法志》云："汉兴，踵秦而置材官于郡国。"《后汉书·光武纪》注引《汉官仪》云：

高祖命天下郡国选能引关蹶张、材力武猛者，以为轻车骑士、材官、楼船。常以立秋后讲肄，课试。各有员数，平地用车骑，山阻用材官，水泉用楼船。

盖三者之兵种，各随其地势所宜。考之汉史，大抵巴、蜀、三河、颍川诸郡止有材官，上郡、北地、陇西诸郡止有车骑，而庐江、浔阳、会稽诸郡止有楼船。材官即步兵，最为普通，故以材官统言车骑、楼船也。此为汉之地方军备。

又有卫士，为中央之卫军。《百官表》，"卫尉，掌宫门卫屯兵"，即所谓"南军"也。复有"北军"，掌京城门内之兵。《百官表》"中尉，秦官，掌徼循京师"是也。南北军皆为中央军备，其人则皆由地方调发而来。南军调之于郡国，北军调之于三辅。（左扶风，右冯翊及京兆称三辅。）《冯唐传》：唐告文帝，魏尚为云中守，帅车骑击匈奴，谓"士卒尽家人子，起田中从军，安知尺籍伍符？"是边郡车骑来自田间也。《王尊传》："汉帝以正月行幸曲台，临飨罢卫士。"《盖宽饶传》："岁尽交代，上临飨罢卫卒。卫卒数千人请愿复留一年。"《汉旧仪》："正月五日，大置酒飨卫士。"《后汉书·礼仪志》："毕飨，作乐，乐阕罢遣，劝以农桑。"是南军卫士亦来自田间也。《黄霸传》："霸为京兆尹，坐发骑士诣北军，马不适士，劾乏军兴。"则北军卫兵亦更番征发于民也。高帝十一年黥布反，发上郡、北地、陇西车骑，巴、蜀材官，及中尉卒三万人为皇太子卫，军霸上。孝惠七年，发车骑、材官诣荥阳，太尉灌婴将。高后五年，发河东、上党骑屯北地。孝文三年，匈奴入寇，发中尉、材官属卫将军，军长安。又发边吏车骑八万诣高奴（上郡之县）。景帝后二年，匈奴入雁门，发车骑、材官屯。武帝时，王恢马邑之谋，伏兵车骑、材官三十余万，匿马邑旁谷中。又《严助传》：淮南王长发楼船卒击南海。（《严安传》：秦皇帝使尉屠睢将楼船之士攻越，则楼船亦秦制。《刑法志》谓至武帝有楼船，不可据。）汉之有事，临时征兵郡国，以虎符调发。武帝建元三年，东瓯告急，上曰："吾新即位，不欲出虎符召兵郡国。"乃遣严助以节发兵会稽（《严助传》）是也。事已则复其初，高祖五年克项羽，五月兵皆罢归家（《高帝纪》）是也。

汉之兵制，盖亦仍袭秦旧。史称韩信定兵法，此与萧何律令，张苍章程，大体皆袭秦制耳。秦于战国尤尚武力，故其制兵民不分。有事则人尽可兵，事已即兵尽还民。汉初，吴王濞作乱，下令国中，曰："寡人年六十二，身自将。少子年十四，亦为士卒先。诸年上与寡人同，下与少子等，皆发。"发二十余万人。知当时平民实人人有兵役之义务，亦人人有军事之素习。（西汉京师、郡国并有都试。都，大也。大会武士而试之，于每年之九月。京师都试掌于大将军，郎、羽林及诸校尉皆会。郡国都试掌于都尉，而试于太守之治。令、长、丞、尉毕会。光武中兴，省都尉，而都试事亦遂寝。）故吴王得尽发其民以为卒。即上至列侯封君，亦复有从军义务。故《货殖传》称吴、楚兵起,"长安中列侯封君行从军旅,赍贷子钱家"。又《盖宽饶传》言其"身为司隶,子常步行自戍北边"。如淳云:"虽丞相子亦在戍边之调。"宽饶虽贫,不至不能为其子雇人取代。亦见当时尚武之风未衰,故虽以司隶之子,犹肯步行戍边也。又汉之郎官,皆上直,执戟宿卫,出充车骑。卫绾以戏车为郎。张释之以訾为骑郎。冯唐以孝著,为郎中署长。司马相如以訾为郎。东方朔为中郎,陛戟殿下。其后汉名臣从郎官出身者极多。郎官乃武士侍从,出则成军,而当时以二千石以上子弟及明经、孝廉、射策甲科、博士弟子高第及尚书奏赋军功良家子充之。又可见时人尚武习军事之风矣。

《汉书·刑法志》又云:"武帝平百粤,内增七校。"盖武帝用兵四夷,发中尉之卒(北军)远击南粤。恐内无重兵,或致生变,于是创置七校尉。七校尉者:

中垒校尉,掌北军垒门外,又外掌西域。

屯骑校尉,掌骑士。

步兵校尉,掌上林苑内屯兵。

越骑校尉,掌越骑。(如淳曰:"越人内附,以为骑也。")

长水校尉,掌长水、宣曲胡骑。(长水,胡名。宣曲,观名,胡骑屯所)

胡骑校尉,掌池阳胡骑,不常置。

射声校尉,掌待诏射声者。(服虔曰:"工射者,冥冥中闻声则中之,故名。")

虎贲校尉，掌轻车。

凡八校尉。中垒校尉掌北军垒门，又掌西域，不领兵，故但云七校（沈钦韩说）。其间越骑、长水、胡骑三校，为由编制外籍夷蛮成军者。其事在先亦已有之。六国、楚汉之交，有编楼烦为军者（《日知录》卷二十九）。晁错上疏言兵事，亦谓："今降胡义渠蛮夷之属来归谊者，其众数千。饮食长技，与匈奴同。可赐之坚甲絮衣，劲弓利矢，益以边郡之良骑。"（《晁错传》）即主张编制外籍军也。武帝时又有属国骑。《张骞传》："武帝遣赵破奴将属国骑及郡兵数万击胡。"又《李广利传》："太初元年，发属国六千骑，期至贰师取善马。"属国骑盖亦与胡、越骑性质相近。唯此由临时征调，与七校之为募致者不同耳。又元鼎五年征越，发夜郎兵，此亦以属国兵为用也。

武帝于北军增设七校，又于南军增期门、羽林。期门者，《东方朔传》云：

建元三年，微行始出。常用八九月中，与侍中、常侍、武骑，及待诏陇西、北地良家子能骑射者，期诸殿门。故有"期门"之号，自此始。

《地理志》又云：

天水、陇西及安定、北地、上郡、西河，皆迫近戎狄，修习战备,高上气力,以射猎为先。汉兴,六郡良家子选给羽林、期门,以材力为官,名将多出焉。

良家子者,如淳云:"医、商贾、百工不得豫也。"六郡良家子,即晁错"益以边郡良骑"之意也。羽林者,武帝太初元年初置,名曰"建章营骑",后更名"羽林骑"。又取从军死事之子孙养羽林,官教以五兵,号曰"羽林孤儿"(《百官表》)。少壮,令从军(见《宣纪》注)。期门亦父死子代。盖七校乃募兵之始,羽林期门则长从之始。汉初军制,至武帝时而渐变矣。

武帝于南北军,既增置七校及期门、羽林,以募兵、长从渐易以前之更番代上。而于郡国经制之兵,亦患其不敷征调,而常有发谪徒之制。其前唯高帝十一年征英布,赦天下死罪令从军。及武帝时,元狩三年,发谪吏穿昆明池。元鼎五年,越王吕嘉反,遣伏波将军路博德等分兵三道,皆将罪人。又越人驰义侯遗别将巴蜀罪人,咸会番禺。元封二年,募天下死罪击朝鲜。元封六年,昆明反,赦京师亡命令从军。太初元年,发天下谪民西征大宛。(《李广利传》又云:"发恶少年"。)天汉元年,发谪戍屯五原。四年,发天下七科谪及勇敢士出朔方。此皆在武帝元狩以后,盖皆出正兵之外。良以"兵革数动,民多买复,征发之士益鲜"(语见《食货志下》)。于是乃发及谪徒。而至于七科谪,则俨然为亡秦之续矣。则郡国地方兵制,亦至武帝而乱也。

屯田之制,亦创自武帝。于朔方、西河、河西开田官,斥塞,卒六十万人戍田之。事在元鼎中。其议亦始起于晁错。及昭、宣以后而其效大著。亦汉武开边一极有关系之事也。

要之汉人去古未远，兵、农犹未分途。全国壮丁，皆有从军之义务。而其尚武进取之风，亦似远较后代为胜。故汉廷所发军队，即系谪徒、亡命、恶少年未经正式训练者，亦往往立奇功。而同时出使绝域立节不屈者，尤指不胜屈。即此一点，亦见当时民气豪健可用之一斑。赵瓯北氏《廿二史札记》有一节论其事，云：

苏武使匈奴，守节不屈，十九年始得归，人皆知之。然是时守节绝域，或归或不得归，不止武一人也。先是长史任敞使匈奴，欲令单于为外臣。单于怒，留敞不遣。又郭吉讽单于，单于亦留吉，辱之于北海上。路充国为单于所留，且鞮侯单于立，始得归。是诸人皆在武之先。又《匈奴传》："匈奴欲和亲，先归苏武、马宏等以通善意。"马宏者，前副光禄任忠使西域，为匈奴所遮。忠战死，宏被擒，不肯降，至是得归。是武之外尚有马宏也。赵破奴以浚稽将军与匈奴战，为所得，在匈奴中十年，与其子定国逃归。是破奴亦守节不屈者也。张骞先使月氏，道半为匈奴所得。留十年，持汉节不失，后乃逃出，由大宛、康居至月氏、大夏。从羌中归，又为匈奴所得。岁余，乘其国内乱，乃脱归。是骞之崎岖险阻，更甚于武也。即与武同时出使者，有中郎将张胜及假吏常惠等，后胜为匈奴所杀，惠仍在匈奴，教汉使言天子在上林射，得雁足书，知武等所在。故武得归。是惠在匈奴亦十九年也。同时随武还者九人，见于《武传》者，常惠、徐圣、赵终根。然至今但称武而已。惠后以军功封长罗侯，尚在人耳目间。圣、终根虽附书于传，已莫有知之者。其余尚有六人，并名氏亦不载。则同一使也，而传不传亦有命。又况是时二十余年间，汉留匈奴使，匈奴亦留汉使以相当，前后凡十余辈。则其中守节不屈者，亦必有人；而皆不见于史籍。则有幸不幸，岂不重可叹哉！（卷二"与苏武同出使者"条）

今按：当时使节，实多危道。张骞初使西域，行者百余人，去十三岁，唯二人得还。然其后奋发求使绝远者益出。此等好奇冒险无畏之风，决不能全以妄言无行之徒目之。即贾谊在文帝时，已上疏自陈："陛下何不试以臣为属国之官，以主匈奴，行臣之计，请必系单于之颈而制其命。"终军在武帝朝，亦自请使匈奴。后使南越，自请"愿受长缨，必羁南越王致之阙下"。终、贾皆文人，其慷慨激发如此。可知汉之使节，跨穷漠，逾葱岭，崎岖万里外绝域之邦，往往得其所欲而归，非偶然也。

其时军人亦壮烈多可称道。著者如李广及子敢，孙陵，皆奇才。而李陵将勇敢五千人屯边，陵称其皆"荆楚勇士，奇才剑客"。（《史记》作丹阳楚人，当今安徽。）徒步出居延北千余里，独当单于八万骑。转战八日，杀伤过当。及陵降，而陇西之士居门下者皆用为耻。其时陵副韩延年战死，军人脱归塞者亦四百余人。李陵之才气，及其全军之勇决，令千载下读史者为之想慕不已。

武帝时大将最著者莫如霍去病。去病以皇后姊子，少贵，年十八为侍中。初从大将军卫青出塞，为票姚校尉。与轻勇骑八百，直弃大军数百里赴利，斩捕首虏过当，遂以封侯。时为元朔六年，去病年二十三。其后屡以敢深入建奇功。匈奴西方浑邪王与休屠王等谋欲降汉，武帝恐其以诈袭边，去病将兵往迎之。去病渡河，与浑邪众相望。浑邪见汉军而多欲不降者，颇遁去。去病乃驰入匈奴军，得与浑邪王相见。斩其欲亡者八千人，独遣浑邪王乘传先诣行在所，尽将其众渡河，降者四万余。时为元狩二年，去病年二十五。史称去病为人少言不泄，有气敢往。上尝欲教之孙、吴兵法，对曰："顾方略何如耳，不至学古兵法。"上为治第，令视之，曰："匈奴未灭，无以家为也。"其卒在武帝元狩六年，年二十九。后世谓汉武三大将，卫青、霍去病、李广利，皆由女宠（详赵氏《廿二史札记》）。然去病实亦当时一奇才，卫青已非其比，李广利更无论也。去病死，匈奴已衰，汉亦不复能大惩创之矣。去病能将善战之功，实不可没。即以女宠言，彼等既已进身，而重以建功绝域自显，亦见当时人意气，确乎有一种进取勇决无畏之风，与后世不同。唯当时军人中，豪杰与近宠判为两党。卫、霍、李广利之属，名位虽盛，豪杰从军者贱之如粪土。李广父子愈摈抑，而豪杰愈宗之。史公亲罹李氏之祸，故其为《史记》，于两党瑕瑜，抑扬甚显。今平心论之，则两党中亦各有奇才，惜乎武帝之未能以公心善用之耳。

（原载钱穆:《秦汉史》，九州出版社 2011 年版）

钱穆：北魏均田制与西魏的府兵制

一、北魏均田制

最重要的是北魏的"均田"制度。其议起于李安世。（太祖天兴元年、太宗永兴五年，皆有"计口授田"之诏。高祖太和元年，诏："敕在所督课田农，一夫制治田四十亩，中男二十亩，无令人有余力，地有遗利。"此皆北魏均田先声。）

史称："时民困饥流散，豪右多有占夺，安世上疏云：'井税之兴，其来日久。盖欲使雄擅之家，不独膏腴之美；单陋之夫，亦有顷亩之分。所以恤彼贫微，抑兹贪欲，同富约之不均，一齐民于编户。窃见州郡之民，或因年俭流移，弃卖田宅，漂居异乡，事涉数世。三长既立，始返旧墟，庐井荒毁，桑榆改植。事已历远，易生假冒。强宗豪族，肆其侵凌。远认魏晋之家，近引亲旧之验。群证虽多，莫可取据。今虽桑井难复，宜更均量，审其径术，令细民获资生之利，豪右靡余地之盈。所争之田，宜限年断，事久难明，悉属今主。然后虚妄之民，绝望于觊觎；守分之士，永免于凌夺矣。'帝深纳之。"均田之议起于此。今按：李疏云"三长既立，始返旧墟"，则应在十年立三长后，而均田诏尚在九年。据《魏书》，立三长同时定"调"法，"调"法正须与均田相附而行，则九年有均田诏，信矣。盖均田非一年可成，李安世亦恐不止一疏（《通典》、《通考》、《玉海》皆以李安世上疏在太和元年，亦因有诏均田也。然恐非此疏），上引则似确在立三长后也。（刘道元曰："刘、石、苻、姚丧乱之后，土田无主，悉为公田。除兼并大族外，贫民往往无田可耕，故孝文分官田以给之。"今按：李疏正为豪右冒认此项田亩而发，则明在推行均田以后。）

均田诏在孝文太和九年十月。（诏首即云："朕承乾在位，十有五年。"是时孝文尚未亲政。可知北朝政治走上汉化之路，并不自孝文始。）

大意谓：富强者并兼山泽，贫弱者望绝一廛，致令地有遗利，民无余财。今遣使者循行州郡，与牧守均给天下之田，还受以生死为断。

要行均田，必先审正户籍。十年二月，遂立党、里、邻三长，定民户籍。此议本于李冲。

未立三长前，民多隐冒，五十、三十家方为一户，谓之"荫附"。荫附者皆无官役，豪强征敛，倍于公赋。韩卓疏谓，"百姓迭相荫冒，或百室合户，或千丁共籍"，是也。

五家一邻长，复一夫。五邻一里长，复二夫。五里一党长，复三夫。

时群臣多不赞同。太后曰："立三长，则包荫之户可出，侥幸之人可止，何为不可？"

翌年京都大饥，韩麒麟表陈时务，又乞"制天下男女，计口受田"（可证均田制推行尚有在后）。

均田制的大概如次：

诸男夫十五以上，受"露田"四十亩，妇人二十亩，奴婢依良。丁牛一头（犊及老牛不得援例），受田三十亩，限止四牛（一本作"四年"）。

所授之田率倍之，三易之田再倍之，以供耕休及还受之盈缩。民年及课则受田，老免及身没则还田。奴婢、牛随有无以还受。

诸"桑田"不在还受之限，但通入"倍田"分。（谓桑田有盈，即充在倍田内。）诸受田者，男夫一人给田二十亩。课时余，种桑五十树，枣五株，榆三根。奴各依良（亦得给桑田）。

诸应还之田，不得种桑、榆、枣果。

诸"桑田"皆为世业，身终不还。有盈者，无受无还；不足者，受种如法。盈者得卖其盈，不足者得买所不足。不得卖其分，亦不得买过所足。

此制用意并不在求田亩之绝对均给，只求富者稍有一限度，贫者亦有一最低之水准。

丁牛有限，而奴婢无限；又授田率一倍、再倍。若以一夫一妇十奴四牛计，其田已在千亩外。（若丁牛限四年，则并牛亦无限矣。）又北齐河清三年诏："奴婢受田，亲王限三百人，嗣王二百人。第二品嗣王以下及庶姓王一百五十人。正三品以上及皇宗一百人，七品以上八十人，八品以下至庶人六十人。"据北齐以推元魏，可见奴婢受田之多。（北齐尚有限，元魏并限无之。）又《魏书·源贺传》有云："主将参僚，专擅腴美；瘠土荒畴给百姓。"《北史·常爽传》谓："三长皆豪门多丁为之。"然此等皆不足为此制深病，治史者当就大体着眼也。

尤要者则在绝其荫冒，使租收尽归公上。

还受之田，旧说以不栽树故曰"露"（见杜佑《通典》注）。恐露是"荫冒"之反义，以其属诸公上，故曰"露"。以其为露田，故须还受。以其须还受，故不得树桑榆；并不以其不树桑榆，始称"露田"。（时有"露户役民"，正对复荫之家而言。）均田制之最高意义，还是要将豪强荫冒一切出豁，还是与西晋"户调"用意略似，依然是中央政府与豪强争夺民众之继续表演。

而且在北朝的三长与均田制，更有一层重要的意义。北魏本以部落封建制立国，逮三长、均田制行，则政体上逐渐从氏族封建变为郡县一统，而胡、汉势力亦因此逐渐倒转。

北魏宗室封郡为王公，部落大人降附者封县为列侯。宗室封者先后共九十余人，部落大人封者则达一百八十余人。此等世袭封爵，为封建意味之割裂。至三长、均田制行，则渐次形成中央一统之郡县制。魏立三长之年，即议定民官依户给俸［高闾云："惧蒸民之奸宄，置邻以牧之。究庶官之勤剧，班俸爵以优之。"盖民田租收既归公上，则百官自应给俸。当时对百官给俸制甚多反对，此与反对立三长制用意正同，亦赖文明太后力持而定。又按：《北史》

太和八年诏:"朕顾宪章旧典,始班俸禄,罢诸商人,以简民事。"可见其前商人皆隶属官府,如《崔宽传》:"其治弘农,往来贩卖漆蜡竹木致富。"今百官班俸,则隶官商人可罢,而民间自由商业亦因此再兴。北方社会重行使用货币,亦在此后也。(又孝明帝时张普惠上疏:"州郡一匹之滥,一斤之恶,则鞭户主,连及三长。百官请俸,人乐长阔,并欲厚重,无复准极。"亦可见立三长与班禄制两者间之关系)];是年又分置州郡(凡三十八州,二十五在河南,十三在河北,盖河北尚多部落势力也),是其证。自是中国士族逐渐得势(因其多为中央统一政府下之官吏),而诸胡部落大人逐渐失其地位(因其均为封建小主)。此后魏孝文命鲜卑氏族全改汉姓,正以氏族之优越地位早已在政治上消灭也。

南方屡唱土断侨寓及厘正谱籍,然他们始终要在保全士族的特权下剥下益上,不如北方政治理论之公平。因此北方的均田制可以做成一规模,而南方的黄籍积弊,终难清理。这可为北胜于南之显例。

其次再论均田制下之租额。

据《魏书·食货志》,李冲上言立三长,并定"调"法。

其民调,一夫一妇帛一匹,粟二石。民年十五以上未娶者,四人出一夫一妇之调。奴任耕、婢任绩者,八口当未娶者四。耕牛二十头,当奴婢八。

此所谓"调",即包举田租在内。一夫一妇六十亩(倍田不计),纳粟二石;以亩收一石计,六十石收二石,便是汉代三十税一之制。若以当时税收惯例，百亩收六十斛比论，相差已到十八倍。

旧调，户以九品混通，户调帛二匹，絮二斤，丝一斤，粟二十石；又入帛一匹二丈，供调外费。较现行调法亦大重。然三十、五十家方为一户，其荫冒者皆归私门。

此层在农民实为甚大惠泽，因此易见推行。

李冲求立三长，与新制调法同时推行，谓："若不因调时，百姓徒知立长校户之勤，未见均徭省赋之益，心必生怨。宜及课调之月，令知赋税之均。既识其事，又得其利，因民之欲，为之易行。"初百姓咸以为不若循常，豪富并兼者尤弗愿。事施行后，计省昔十有余倍，海内安之。此与南朝因检定黄籍至激起民间变乱者迥不侔矣。

在豪强方面，亦仍有优假。

奴婢受田与良民等，而所调甚少，八奴婢始当一夫一妇之调。此乃魏廷故意优假豪族，已夺其荫冒，不可不稍与宽纵也。

唯在国库则课调骤减，一时颇感其窘。

太和十一年韩麒麟即表陈"税赋轻少，不可长久"。（韩表："往者校比户贯，租赋轻少。虽于民为利，而不可长久。"此谓"校比户贯"，即指立三长、出荫附而言。此谓"租赋轻少"，即指新定调法而言。）十二年因大旱，用李彪议，仍取州郡户十分一为屯田，一夫岁责六十斛。唯蠲其正课、征戍及杂役。孝昌二年，税京师田租，亩五升；借赁公田者，亩一斗。亩五升，以一夫一妇受田六十亩计，则为三石，较孝文定制增一石。亩一斗，则六十亩须六石，然亦不过什一之税。

然豪强荫附,一切归公,政府到底并不吃亏。所以此制直到北齐、北周,依然沿袭。北齐制,人一床(一夫一妇)垦租二石,义租五斗。(奴婢准半,牛租一斗,义米五升。)于正租外又加"义租"。正租入中央国库,义租纳郡县,备水旱灾。(设仓名"富人仓"。)于政府收入外,再注意到平民灾歉救济之准备,这一个制度亦为将来隋、唐所取法。

隋文帝开皇五年,工部尚书长孙平奏请"诸州百姓及军人,劝课当社,共立义仓。收获之日,随其所得,劝课出粟及麦,于当社造仓窖贮之"。十六年,诏社仓准上、中、下三等税,上户不过一石,中户不过七斗,下户不过四斗。唐太宗时,诏:"亩税二升粟、麦、秔、稻,随土地所宜。商贾无田者,以其户为九等出粟,自五石至五斗为差。"天宝中,天下诸色米积九千六百余万石,而义仓得六千三百余万石。义租、义仓,与汉代"常平"不同者,常平由官籴,义租由民输,其为留意民食之良政则一。又按:其制亦先起于魏之李彪。《魏书·释老志》有"僧祇户"、"僧祇粟",于俭岁赈给饥民,意亦略同。

并因租税轻减,社会经济向荣,民间学术文化事业得有长足之进展。

《北齐书·儒林传》:"北齐引进名儒,授皇太子诸王经术。然爱自始基,暨于季世,惟济南之在储宫,颇自砥砺,以成其美;余多骄恣傲狠,动违礼度。世胄之门,罕闻强学。胄子以通经仕者,惟博陵崔子发、广平宋游卿而已。幸朝章宽简，政纲疏阔，游手浮惰，十室而九。故横经受业之侣，遍于乡邑；负笈从宦之徒，不远千里。入闾里之内，乞食为资；憩桑梓之阴，动逾千数。燕、赵之俗，此众尤甚。"

北周租额，较之元魏、北齐皆稍重。

周制："司均掌田里之政令。凡人口十以上，宅五亩；七以上，宅四亩；五以上，三亩。有室者田百四十亩，丁者田百亩。司赋掌赋均之政令。凡人自十八至六十四，与轻疾者，皆赋之。有室者岁不过绢一匹，绵八两，粟五斛。丁者半之。"今按：有室者授田百四十亩，即魏制露田男四十、妇人二十，倍受共一百二十亩，又桑田二十亩也。魏调二石，今五斛，为已重矣。

然上比晋代，尚轻减十余倍。（比古制什一之税，亦轻至四、五倍。）

而主其事者苏绰，常引为憾事。至其子苏威，卒能干父之蛊，助成隋代之郅治。

《北史·苏威传》称："威父绰在魏，以国用不足，为征税法，颇称为重。既而叹曰：'所为正如张弓，非平世法也。后之君子，谁能弛乎？'威闻其言，每以为己任。至隋文帝时，奏减赋役，务从轻典，帝悉从之。"按：隋制，丁男一床租粟三石。此其证。唐"租庸调"制租粟二石，则仍依北魏也。又按：史称："江表自东晋以来，刑法疏缓，世族凌驾寒门。隋平陈后，牧民者尽变更之。苏威又作五教，使民无长幼悉诵。民间讹言，隋欲徙之入关，陈故境大抵皆反。"此江南世族不惯北朝制度也。南北社会不同，于此可见。

这一种政治道德的自觉，在南朝亦复少见。

继均田而起的新制度有"府兵"。自行"均田"而农民始有乐生之意；自行"府兵"，而农民始无迫死之感。（不教民战，是谓弃之。临时抽丁，皆弃之也。）必待下层农民稍有人生意味而后世运可转。隋、唐复兴，大体即建基于均田、府兵的两个柱石上。

二、西魏的府兵制

北朝军队，一样以鲜卑种人为主体。羽林、虎贲为中央宿卫，六镇将卒为边境防戍，皆系代北部落之苗裔。

其他胡人亦多充兵役，而汉人则务耕种。太武太平真君十一年南伐，围盱眙，遗臧质书："吾今所遣斗兵，尽非我国人，城东北是丁零与胡，南是氐、羌，卿杀之无所不利。"延兴三年将南讨，诏，"州郡十丁取一充行"，然此出非常。故高欢据边镇为变，每语鲜卑，犹谓："汉民是汝奴，夫为汝耕，妇为汝织，输汝粟帛，令汝温饱，何为陵之？"其语华人则曰："鲜卑是汝作客，得汝一斛粟、一匹绢，为汝击贼，令汝安宁，何为疾之？"

及孝文南迁，军士自代来者皆为羽林、虎贲。（事在太和二十年冬十月。）而又诏选天下勇士十五万人为羽林、虎贲，充宿卫。（事在太和十九年秋八月。）是当时羽林宿卫中，已有非鲜卑人甚多。至北齐则兵队主体渐渐转移到汉人身上。

齐文宣受禅，六坊之内徙者，更加简练，每一人必当百人，任其临阵必死，然后取之，谓之"百保鲜卑"。又简华人之勇力绝伦者，谓之"勇士"，以备边要。是齐兵亦不复专仗胡人。至河清定制，男子十八受田，输租调，二十充兵，六十免力役，六十六退田免租调，此则俨然已是两汉的全民兵役制。又按：傅奕云："周、齐每以骑战，驱夏人为肉篱，诧曰：'当剉汉狗饲马，刀刈汉狗头，不可刈草也。'然高敖曹在军，高欢为之华言。欢尝以敖曹所将皆汉兵，欲割鲜卑兵千余相杂。敖曹曰：'所将前后格斗，不减鲜卑，不烦更配。'"要之，齐、周时华人已不可侮，傅言正可见其转变前之情态。

魏武西迁，六坊之众从而西者，不能万人，余皆北徙。

西魏立国，本依关陇汉人为基本，其军队主体早属汉人。

其先贺拔岳辅尔朱天光入关，众不满二千。其后战胜降服，大率以西人为主。宇文泰接统岳军，知其部下主力，皆西土关陇人矣。魏武西奔，特为客寄，且其禁兵，皆由宇文泰诸婿分掌。如李远子基、李弼子晖、于谨子翼，皆汉族也。时西魏宗室凋零，泰遂以其部下诸将改赐胡姓。洪迈曰："西魏以中原故家易赐番姓，著者如李弼、赵肃、赵贵、刘亮、杨忠、王雄、李虎、辛威、田弘、耿豪、杨绍、侯植、窦炽、李穆、陆通、杨纂、寇隽、段永、韩褒、裴文举、陈忻、樊深。"可知宇文虽胡族，而其势力实依汉人，不如高欢以汉族而实依仗胡人。故北周汉化，北齐胡化，风尚之异，亦由其立国基础而判也。

宇文泰用苏绰言，创为"府兵"，籍六等之民，择魁健材力之士以充之。(民户分九等，六等乃中等以上之家，凡有三丁者选材力一人。)合为百府，每府一郎将主之。分属二十四军，开府各领一军。大将军凡十二人。每一将军统二开府，一柱国主二大将，将复加持节都督以统焉。凡柱国六员，众不满五万人。

按：苏绰卒在大统十二年，六柱国李弼、独孤信拜于十四年，于谨、赵贵、侯莫陈崇在十五年（另有李虎）。绰传谓绰"置屯田以资军国"，此即府兵也。唯府兵之统于六柱国，则为绰卒后事，可见此制亦非一时完成。

自相督率，不编户贯，尽蠲租调。有事出征，无事则岁役一月。

十五日上，则门栏陛戟，警昼巡夜；十五日下，则教旗习战，无他赋役。此后隋唐府兵，则仅役二十日。

其甲槊弓弩，并资官给。

遇出征，衣驮牛驴及糗粮，皆由公备。

这即是府兵制之大概。

府兵制长处，只在有挑选、有教训；而更重要的，在对兵士有善意，有较优的待遇。将此等兵队与临时的发奴为兵、谪役为兵，以及抽丁为兵相敌，自然可得胜利。古人所谓"仁者无敌"，府兵制度的长处，只在对自己的农民已表现了些人道意味。(史称"抚养训导有如子弟，故能以寡克众"是也。)

从此军人在国家重新有其地位，不是临时的捉派与惩罚。

府兵制另一个意义在把北方相沿胡人当兵、汉人种田的界线打破了。中国农民开始正式再武装起来。

《周书·文帝纪》："西魏大统九年，广募关陇豪右，以增军旅。"按：此云"豪右"，即六等之民，下户三等不得与，亦三国壮者补兵之意也。又《隋书·食货志》："周武帝建德二年（《周书》在三年），改军士为侍官，募百姓充之，除其县籍。是后夏人半为兵矣。"此皆周代兵制多征汉人之证。又元魏本属部族军队制，史称魏初"统国三十六，大姓九十九"，至西魏时多绝灭。恭帝元年，宇文泰以诸将功高者为三十六国后，次者为九十九姓后，所统军人亦改从其姓。及大定元年下令，前赐姓皆复旧。是先以汉军功赐为胡贵族，后则并去胡复汉。此处正可看出当时胡、汉势力之推移。此下恭帝三年，即正式行"六官"之制。自鲜卑旧制贵族国姓一变而为六官，此尤政治组织之一大进步也。

从此北齐、北周东西两方的汉人，均代替到鲜卑族的武装与兵权。

北齐是全农皆兵，北周是选农训兵，此为二者间之不同。

所以自行"均田"，而经济上贵族与庶民的不平等取消；自行"府兵"，而种族上胡人与汉人的隔阂取消。北方社会上两大问题，皆有了较合理的解决。中国的农民，开始再有其地位，而北周亦遂以此完成其统一复兴的大任务。

一种合理的政治制度的产生，必有一种合理的政治思想为之渊泉。北朝政治渐上轨道，不能不说是北方士大夫对政治观念较为正确之故。《周书·文帝纪》魏大统十一年春三月令："古之帝王所以建诸侯、立百官，非欲富贵其身而尊荣之，盖以天下至广，非一人所能独治,是以博访贤才,助己为治。若知其贤,则以礼命之。其人闻命之日,则惨然曰:'凡受人之事,任人之劳,何舍己而从人?'又自勉曰:'天生俊士,所以利时。彼人主欲与我共为治,安可苟辞?'于是降心受命。其居官也,不惶恤其私而忧其家,故妻子或有饥寒之弊而不顾。于是人主赐以俸禄、尊以轩冕而不以为惠,贤臣受之亦不以为德。为君者诚能以此道授官,为臣者诚能以此情受位,则天下之大,可不言而治。后世衰微,以官职为私恩,爵禄为荣惠。君之命官,亲则授之,爱则任之。臣之受位,可以尊身而润屋者,则迂道而求之。至公之道没,而奸诈之萌生。天下不治,正为此矣。今圣主中兴,思去浇伪。在朝之士,当念职事之艰难。才堪者审己而当,不堪者收短而避。使天官不妄加,王爵不虚受,则淳素之风庶几可返。"按:大统十年秋七月,魏帝以宇文泰前后所上二十四条及十二条新制,方为中兴永式,乃命尚书苏绰更损益之,总为五卷,班于天下。于是搜简贤才,以为牧守令长,皆依新制而遣焉。则是令乃苏绰笔也。《魏书·道武纪》天兴三年十二月乙未《天命诏》、丙申《官号诏》,陈义皆至高卓。《官号诏》云:"官无常名,而任有定分。桀纣南面,虽高可薄;姬旦为下,虽卑可尊。一官可以效智,筚门可以垂范。故量己者,令终而义全;昧利者,身陷而名灭。故道义,治之本;名爵,治之末。名不本于道,不可以为宜;爵无补于时,不可以为用。"此等语殆是崔宏笔。北朝士大夫对于政治见解远胜南士,于此可征。周武帝保定二年诏:"树之元首,君临海内,本乎宣明教化,亭毒黔黎;

岂惟尊贵其身，侈富其位？是以唐尧疏葛之衣，粗粝之食，尚临汾阳而永叹，登姑射而兴想。况无圣人之德，而嗜欲过之，何以克厌众心，处于尊位？朕甚恶焉。"此等皆辞旨深醇，不愧两汉。马周之告唐太宗曰："自魏晋以还，降及周隋，多者不过六十年，少者才二三十年而亡，良由创业之君不务广恩化，当时仅能自守，后无遗德可思，故传嗣之主政教少衰，一夫大呼而天下土崩矣。"此等意境，直逊北朝诸儒远矣。

[原载钱穆：《国史大纲》（上），九州出版社2011年版]

華西協合大學

第三篇
帝制春秋（下）
中国近古史四讲

1937—1946

1937—1946

1905—1942

张荫麟：宋朝的开国和开国规模（节选）

一

宋太祖既统一了后周的领土，进一步便着手统一中国。是时在中国境内割据自主的区域，除宋以外，大小有八。兹按其后来归入宋朝的次序，列表如下：

区域	今地	统治者名义	入宋年
荆南	湖北江陵以西及四川峡道	宋荆南节度使	963
湖南	略当湖南省	宋武平节度使	963
蜀	四川省除峡道	称帝	965
南汉	两广全部及湖南一部分	称帝	966
南唐	苏皖的长江以南区，湖北东南部（包武昌），江西全部及福建西部	称唐国主奉宋正朔	975
闽南	福建漳泉一带	唐清源节度使	978
吴越	浙江全部，福建东北部及江苏苏松区	称吴越王奉宋正朔	978
北汉	山西全省，除东南隅及雁门关以北	称帝	979

太祖的统一工作，大致上遵守着"图难于其易"的原则。荆南、湖南皆地狭兵寡，不足以抗拒北朝，过去只因中原多故，或因北朝把它们置作后图，所以暂得苟全。太祖却首先向它们下手。他乘湖南内乱，遣军假道荆南去讨伐。宋军既到了荆南，却先把它灭掉，然后下湖南。既定两湖，便西溯长江，南下阁道，两路取蜀。蜀主孟昶是一纨绔少年，他的溺器也用七宝装成。他的命运，可用他的一个爱妃（花蕊夫人）的一首诗来交代：

君王城上竖降旗，妾在深宫那得知！
十四万人齐解甲，宁无一个是男儿？

这些解甲的军士中，至少有二万七千被屠，而宋兵入蜀的只有三万。次取南汉。南汉主刘铱比孟昶更糟，是一变态的糊涂虫，成日家只在后宫同波斯女之类胡缠。国事委托给宦官，仅有的一二忠臣良将，因随便的几句逸言，便重则族诛，轻则赐死。他最后的办法是把珍宝和妃嫔载入巨舶，准备浮海。这些巨舶却给宦官盗走，他只得素衣白马，叩首乞降。次合吴越夹攻南唐。南唐主李煜是一绝世的艺术天才，在中国文学史中，五代是词的时代，而李煜（即李后主）的词，凄清婉丽，纯粹自然，为五代冠。读者在任何词的选本中都可以碰到他的作品。他不独爱文学，也爱音乐、书画以及其他一切雅玩，也爱佛理，更爱女人。在一切这些爱好的沉溺中，军事、政治、俗务的照顾，只是他的余力之余了。他遇着宋太祖，正是秀才遇着兵，其命运无待龟蓍。以下是他在被俘入汴途中所作的词：

> 帘外雨潺潺，春意阑珊。罗衾不耐五更寒。
> 梦里不知身是客，一晌贪欢。
> 独自莫凭栏！无限江山，别时容易见时难。
> 流水落花春去也，天上人间！

和李煜的文雅相称，宋军在南唐也最文明，至少在它的都城（今南京）是如此。"曹彬下江南，不妄杀一人"，历史上传为美谈。但江州城（今九江）为李煜坚守不降，后来陷落，全城被屠，横尸三万七千。

南唐亡后次年，太祖便死，寿仅五十，遗下吴越、闽南和北汉的收拾工作给他的继承者，他的胞弟赵匡义，即宋太宗。吴越王钱俶 向以对宋的恭顺和贿赂作他的地位的保障。南唐亡后，他亲自入朝。临归，太祖交给他一个黄包袱，嘱咐他在路上拆看。及拆阅，尽是群臣请扣留他的奏章，他为之感激涕零。太宗即位后，他又来朝，适值闽南的割据者自动把土地献纳。他恐惧，上表请除去王号和其他种种优礼，同时求归。这回却归不得了！他只得照闽南的办法，也把土地献纳。最后，宋朝可以用全副精神和全部力量图谋北汉了。北汉地域虽小，却是一个顽敌，因他背后有契丹的支持。自从太祖即位以来，它曾屡次东侵，太祖也曾屡加讨伐——有二次兵临太原（北汉都城）城下。其中一次，太祖并且亲征。但太祖终于把它放过了。太祖是有意暂时放过它的。他有这样的考虑：

北汉北接契丹，西接西夏。北汉本身并不怎样可怕，它存在，还可以替宋朝作西北的缓冲；它若亡，宋朝和这两大敌的接触面便大大增加，那是国防上一个难题。但这难题可暂避而不能终免。吴越归地后不到一年，太宗更大举亲征北汉。契丹照例派兵去救，前军到达白马岭（今山东盂县东北），与宋军只隔一涧。主帅主张等后军到齐，然后决战。监军却要尽先急击，主帅拗不过他，结果契丹军渡涧未半，为宋军所乘，大溃。监军及五将战死，士卒死伤无算。宋军进围太原城。在统一事业中，这是九仞为山的最后一篑之功了。军士冒犯矢石，奋勇争先地登城，甚至使太宗怕死伤过多，传令缓进。半月，城陷，北汉主出降。太宗下令毁太原城，尽迁其居民于榆次。军士放火烧城，老幼奔赴城门不及，烧死了许多。（唐五代之太原，在今太原西南三十里。太宗毁太原城后，移其州治，即今太原省会。）

二

太祖、太宗两朝，对五代制度的因革损益，兹分三项述之如下：(一) 军制与国防；(二) 官制与科举；(三) 国计与民生。

五代是军阀的世界。在稍大的割据区域内，又分为许多小割据区，即"节度使"的管区。节度使在其管区内尽揽兵、财、刑、政的大权，读者从不久以前四川"防区"的情形，便可以推想五代的情形。太祖一方面把地方兵即所谓厢兵的精锐，尽量选送到京师，以充禁军，又令厢兵此后停止教练。这一来厢兵便有兵之名无兵之实了。厢兵的编制是每一指挥使管四五百人。每大州有指挥使十余员,次六七员,又次三四员。每州有一马步军都指挥使,总领本州的厢兵;而直隶于中央的侍卫司,即侍卫亲军的统率处。在另一方面,太祖把节度使的行政和财权,逐渐移归以文臣充任的州县官。这一来"节度使"在宋朝便成为一种荣誉的空衔了。

禁军的组织,大体上仍后周之旧,唯殿前正副都点检二职,经太祖废除。殿前和侍卫的正副都指挥使在太宗时亦缺而不置,后沿为例,因此侍卫军的马、步两军无所统属,而与殿前军鼎立,宋人合称之为"三衙"。禁军的数目,太祖时约有二十万,太宗时增至二十六万。禁军约有一半驻屯京城及其附近,其余一半则分成边境和内地的若干重镇(禁军外戍分布的详情,是一尚待探究的问题)。其一半在内而集中,另一半在外而分散。这样,内力永远可以制外,而尾大不掉的局面便无法造成了。太祖又创"更戍法":外戍各地的禁军,每一或二年更调一次。这一来,禁军可以常常练习行军的劳苦而免怠惰,同时镇守各地的统帅不随戍兵而更动,因此"兵无常帅,帅无常师",军队便无法成为将官的私有了。

厢军和禁军都是雇佣的军队。为防止兵士逃走,他们脸上都刺着字。此制创自后梁,通行于五代,而宋朝因之。兵士大多数是有家室的。厢兵的饷给较薄,不够他们养家,故多营他业。禁兵的饷给较优,大抵勉强可够养家。据后来仁宗庆历间一位财政大臣(张方平)的报告,禁军的饷给"通人员长行(长行大约是佚役之类)用中等例(禁军分等级,各等级的饷类不同);每人约料钱(每月)五百,月粮两石五斗,春、冬衣紬绢六匹,绵十二两,随衣钱三千。……准例(实发)六折";另外每三年南郊,大赏一次,禁兵均每人可得十五千左右。除厢、禁军外，在河北、河东（今山西东）及陕西等边地，又有由农家壮丁组成的民兵。平时农隙受军事训练，有事时以助守御，而不支官饷。

这里我们应当涉及一个和军制有关的问题，即首都位置的问题。宋都汴梁在一大平原中间，四边全无险阻可资屏蔽，这是战略上很不利的地形。太祖曾打算西迁洛阳，后来的谋臣也每以这首都的地位为虑。为什么迁都之议始终没有实行，一直到了金人第一次兵临汴梁城下之后，宋帝仍死守这地方，等金人第二次到来，而束手就缚呢？我们若从宋朝军制的根本原则、从主要外敌的所在、从经济地理的形势各方面着想，便知道宋都有不能离开汴梁的理由。第一，在重内轻外的原则下，禁军的一半以上和禁军家属的大部分集中在京畿，因此军粮的供应和储蓄为一大问题。随着禁军数量的增加，后来中央政府所需于外给的漕粮，每年增至六七百万石，而京畿的民食犹不在内。在这样情形下，并在当时运输能力的限制下，政治的重心非和现成的经济的重心合一不可。自从唐末以来，一方面因为政治势力由西而东移，一方面因为关中叠经大乱的摧毁和水利交通的失理，汉唐盛时关中盆地的经济繁荣和人口密度，也移于"华北平原"。汴梁正是这大平原的交通枢纽，经唐、五代以来的经营，通渠四达，又有大运河以通长江。宋朝统一后，交通上的人为限制扫除，它便随着成为全国的经济中心了。第二，宋朝的主要外敌是在东北，它的边防重地是中山（今河北定县）、河间、太原三镇，而在重内轻外的原则下，平时兵力只能集中在京畿，而不能集在其他任何地点。因此，都城非建筑在接近边防重镇且便于策应边防重镇的地点不可。汴梁正适合这条件。

三

中央政府的组织，大体上沿袭后周。唐代三省和御史台的躯壳仍然保存，但三省的大部分重要职权，或实际上废除，如门下省的封驳（"封"谓封还诏书，暂不行下，"驳"谓驳正台议），或移到以下几个另外添设的机关：(1)枢密院（创始于后唐）掌军政，与宰相（即"同中书门下平章事"）所主的政事堂对立，并在禁中，合称二府。院的长官（或称"枢密使"，或"知枢密院事"，或"签事枢密院事"）的地位也与宰相抗衡。(2)三司使司（创始于后唐）掌财政，三司使下辖盐铁、度支和户部三使，宋初以参知政事（即副宰相，太祖时创置）或宰相兼领，后置专使。(3)审官院（不知创于何时，后分为审官东院与流内铨）掌中下级文官的铨选，其上级文官的铨选则归中书省。(4)三班院（不知创于何时，后分为审官西院与三班院）掌中下级武官的铨选，其上级武官的铨选则归枢密院。(5)审刑院（创始于太宗时）主复核刑部奏上的重案。枢密院分宰相及兵部之权，三司使分户部之权，审官院分吏部之权，三班院再分兵部之权，审刑院分刑部之权。

地方行政的区域有三级，自下而上是：(1)县；(2)府、州、军、监，通称为郡；(3)路。在郡的四类中，府是经济上或军事上最重要的区域，其数目最少，其面积却最大。通常州所管辖的县数较府为少；军次之，至多只三县，少则一县。监则尽皆只占一县。设监的地方必定是矿冶工业或国家铸钱工厂等所在的地方，监的长官兼管这些工业的课税和工厂的事务。宋初在郡县制度上有两项重要的变革。一是郡设通判（大郡二员，小郡一员，不满万户的郡不设），以为郡长官的副贰，郡长官的命令须要他副署方能生效；同时他可以向皇帝上奏，报告本郡官吏的良劣和职事的修废。因为通判的权柄这样大，郡的长官就很不好做。宋人有一传为话柄的故事如下：有一杭州人，极好食蟹。他做京朝官做腻了，请求外放州官（宋朝京官得请求外放并且指明所要的郡县），有人问他要那一州，他说我要有蟹食而没有通判的任何一州。二是县尉（县尉制始于汉朝）的恢复。在五代，每县盗贼的缉捕和殴斗的案件，由驻镇的军校管理，县政府无从过问。宋初把这职归还县政府，复设县尉以司之。路的划分在宋代几经更改，这里不必详述。太宗完成统一后将全国分为十路，其后陆续于各路设一转运使，除总领本路财赋外，并得考核官吏，纠察刑狱，兴利除弊，几于一路之事无所不管。后来到真宗（太宗子）时，觉得转运使的权太大，不放心，又于每路设一提点刑狱司，将转运使纠察刑狱之权移付之。宋人称转运使司为漕司，提点刑狱司为监司。

宋在变法以前的科举制度，大体上沿袭唐朝，进士科独尊。以后的规模，但有以下的更革：（1）唐朝每年一举进士，每举以一二十人为常，至多不过三四十人。宋朝每四年一举进士，在太宗时每举常一二百人，后来有多至五六百人的。（2）唐朝进士考试不弥封，不糊名，考官亦不专凭试卷去取，而可以参考举子平日的声誉。因此举子在考试之前，照例把自己的诗赋或其他著作，向权要投献，望他们赏识、延誉，以至推荐。宋朝自真宗（一说太宗）

时，定糊名制以后，试官于举子只能凭试卷去取了。（3）唐朝进士经礼部录取后，即算及第。宋朝则礼部录取后，还要到殿庭复试，由皇帝亲自出题，这叫作"殿试"。及第与否和及第的等次，是由殿试决定的。（仁宗某年以后，殿试只定等，不关去取。）（4）唐朝进士及第后，如想出仕，还要经吏部再定期考选。"吏部之选，十不及一"，因此许多及第的进士等到头白也得不到一官。宋朝的进士，一经及第，即行授职，名次高的可以得到通判、知县或其他同等级官职。（5）宋朝特定宗室不得参与科试。

从上面所述科举制度的更革，已可以看出宋朝对士大夫的特别优待。但宋朝士大夫所受的优待还不止此。像"官户"免役、免税及中上级官吏"任子"（子孙不经"选举"，特准宦仕）的特权，固然沿自前代（汉代），但宋朝官吏"任子"的权力特别大。台省官六品以上，它官五品以上，每三年南郊大礼时，都有一次"任子"的机会，每次品级最底的荫子或孙一人，品级最高的可荫六人，不拘宗人、外戚、门客以至"医人"（家庭医生）。此外大臣致仕时有"致仕恩泽"，可荫若干人；死后有"遗表恩泽"，可荫若干人。因为科举名额之多，仕途限制之宽和恩荫之广，宋朝的闲职、冗官特别多，且日增无已，到后来官俸的供给竟成为财政上的大问题了。更有一由小可以见大的优待士大夫的制度：太祖于每州创立一"公使库"，专以款待旅行中的士大夫。据一个曾受其惠的人的记录："公使库……遇过客（自然不是寻常的过客）必馆置供馈……使人无旅寓之叹。此盖古人传食诸侯之义。下至吏卒（随从）批支口食之类，以济其乏食。承平时士大夫造朝，不赍粮，节用者犹有余以还家。归途礼数如前，但少损。"太祖还有一个远更重大的优待士大夫的立法。他在太庙藏一传诸子孙的密约："誓不杀大臣及言事官。"规定以后每一皇帝于即位之前，在严重的仪式下，独自开阅这誓约。这誓约对宋代政治的影响，读者以后将会看到。

四

宋初财政收入的详细节目，太过烦琐，这里不能尽述，举其重要的如下：（1）"两税"（分夏、秋两季征纳的田赋和资产税）。沿唐旧制，而大致仍五代加重的额数，约为唐代的六倍。其中田赋一项，通常每亩产谷十五石而抽一斗（依当时度量），但因为逃税的结果（上官册的田只占实垦田实额约十分之三），大多数豪强或显达田主实纳的田赋远较上设的比率为轻。（2）政府专卖的物品，除沿自唐季的盐、茶、酒，沿自五代的矾外，又有自外海输入的香料。此外，苛税之沿自五代的有（3）通过税（即近代的厘金）。每关抽货价的百分之二（现款亦照抽）。又有（4）身丁钱，即人头税。此税只行于江淮以南，迄于闽广（四川除外），因为五代以来本是如此。这种税的负担，加上别的原因，使得这区域的贫民无法维持他们所不能不继续滋生的人口，因而盛行杀婴的习俗。宋朝大文豪苏东坡于这习俗，有一段很深刻的描写。他写给一位鄂州知州的一封信道：

> 昨王殿直天麟见过，言鄂、岳间田野小人例只养二男一女。过此，辄死之。尤讳养女。辄以冷水浸杀之。其父母亦不忍，率常闭

目背面，以手按之水盆中，咿嚶良久乃死。天麟每闻其侧近有此，辄驰救之，量与衣服、饮食，全活者非一。鄂人有陈光亨者，今已及第，为安州司法。方其在母也，其舅陈遵梦一小儿援其衣，若有所诉。比两夕辄见，其状甚急。遵独念其姊有娠将产，而意不乐多子，岂其应是乎？驰往省之，则已在水盆中矣。救之得免。

这是宋朝的黄金时代的一斑。

人民除赋税的负担外，还有差役的负担。差役有四种：一是押运官物，二是督征赋税，三是逐捕盗贼，四是在州县衙门供使唤或管杂务。民户分九等，上四等服役，下五等免役。押运（即所谓衙前）和督赋（即所谓里正），最是苦差，当者要负赔偿损失的责任，每致倾家荡产，并且坐牢。宋朝名将韩琦当知并州时，在一封论及役法的奏疏里有这样的描写：

州县生民之苦，无重于里正、衙前。兵兴以来，残剥尤甚。至有孀母改嫁、亲族分居或弃田与人，以免上等。或非分求死，以就单丁。规图百端，苟脱沟壑之患。

这是宋朝的黄金时代的又一斑。

在五代，一方面军阀横行，一方面豪强的兼并也变本加厉。军阀是给太祖兄弟以和平的手段解决了，但豪强的兼并并不妨碍他们的政权，所以他们也熟视无睹。宋初豪强兼并的程度有下列几事为证：

（1）在太宗淳化四年至至道元年（993—995年）间四川成都附近发生一次贫民（也许大部分是农民）的大暴动。他们的领袖李顺的口号，据宋朝《国史》的记载，是"吾恨贫富不均，吾为汝均之"。他们把官吏杀掉，拿来示众。他们把富人的财产，除了足供养家的一部分外，尽数充公，拿来赈济贫困。他们竟"号令严明，所到一无所犯"，但他们终于一败涂地。

（2）同时在四川盛行着一种沿自五代的"旁户"制度。旁户是隶属于豪家的贫户，豪家所领的旁户，每有数千之多。他们向领主纳租外，并供领主役使，如奴隶一般。当李顺乱起时，有些豪家反率领旁户去响应他。后来事定，太宗想把旁户制度废除，终因怕引起更大的扰乱而止。

（3）同时在江淮以南迄于闽广（即身丁钱制施行的区域），又有一沿自五代的特殊法律：佃户非得田主的许可并给予凭证，不许迁移。这一来，佃户便成了附着于田土的农奴，如欧洲中古时代的情形。这特殊的法律到太宗的孙仁宗时始行废除。仁宗之所以为"仁"，于此可见。

（原载《思想与时代》第4期，1941年11月）

1909—1969

吴晗：明太祖的建国（节选）

经过二十年长期的战争，一方面是红军（包括东、西两部分）和非红军（像方国珍、张士诚）；另一方面是元朝军队，更重要的是各个地方的汉人地主武装力量，在战争过程中这些汉人地主武装大部分被消灭了。也由于二十年的长期战争，各地人口大大减少，土地大量地荒废。因此1368年明太祖建国之后，他就不能不采取一些措施，改变这种情况。一个以农业为主要生产手段的国家，农业生产得不到保证，他就不能维持下去。因此，在明朝初年采取了一系列的办法：

第一，大量地移民。例如移江浙的农民十四万户到安徽凤阳，迁山西的一部分人口到河南、河北、安徽去。移民的数量是很大的，一移就是几万家，甚至十几万家。迁移的民户到了新的地方之后，政府分配给他们土地。这些土地是从哪里来的呢？就是一些在战争中被消灭的大地主的土地和无主荒地。此外，政府还给耕牛、种子、农具，并宣布新开垦的荒地几年内不收租，鼓励他们的生产积极性。

第二，解放匠户。元朝有所谓匠户制度。成吉思汗定下了这样一种办法：每打下一个城市之后，一般的壮丁都杀掉，但是有技术的工人，无论是铜匠、铁匠或其他行业的工匠都保留下来。把每个大城市的技术工人都集合在一起为官府生产，这些人就称为匠户。这些匠户几乎没有人身自由，世世代代为官府服役。明太祖把他们部分地解放了，给他们一些自由，鼓励他们生产。匠户数目很大，有几十万人。

第三，凡是战争期间，农民的子弟被强迫去当奴隶的，一律解放，给予自由。这样，增加了农业生产的劳动力。

第四，广泛地鼓励农业生产。明太祖采取了很多措施：规定以各地农业收成的好坏作为考核地方官工作成绩的重要标准之一，地方官每年要向中央报告当地人口增加多少，农作物的产量增加多少；大力鼓励农民种植桑树和棉花，规定每一户的土地必须种多少棉花、多少桑树和果树。而且用法令规定：只要能够种棉花的地方就必须种棉花，能够种桑树、果树的地方就必须种桑树、果树。这样，农民的副业收入增加了。关于朱元璋鼓励种棉花的措施特别值得提一下。在朱元璋以前，更具体地说，在1368年以前，我们的祖先穿的是什么衣服呢？有钱的人夏天穿绸、穿缎，冬天穿皮的（北方）或者穿丝绵，老百姓穿的是什么呢？穿的是麻布。有一本看相的书，就叫《麻衣相法》。当时棉花很少，中国自南北朝的时候就有棉花进口，但数量少。到宋朝时棉布还是很珍贵。可是到了明太祖的时候，由于大力提倡种植棉花，以及当时由于种种原因，纺纱、织布的技术提高了，因而棉布大量增加。这样，我们祖先穿的衣服就改变了，过去平民以穿麻衣为主，现在一般人都能穿上棉布衣服。并且形成了几个产棉区和松江等出产棉布的中心。也是在这个时期，棉花种子从中国传入了朝鲜。结果在不太长的时间内，朝鲜人也穿上了棉布衣服。

在农业生产发展，农业经济恢复的基础上，朱元璋采取了支持商业的方针。在南京和其他一些地方，都专门为商人盖了房子，当时叫作"塌房"，以便他们进行商业活动。

所以，经过从1348年到1368年的二十年的长期战争，由于战争延续的时间长，涉及的区域广，战争的情况又极为残酷，使得社会上人口死亡很多，荒芜了很多土地。但是，经过洪武时期二十多年的努力以后，社会生产逐渐恢复并发展了，经济繁荣了。

那么，最后，问题归结到什么地方呢？朱元璋的政权依靠谁呢？

元朝的大地主在战争中基本上被消灭了，在这种情况下，土地关系发生了重大的变化：第一种情况，过去土地比较集中，一个大地主占有很多土地，拥有很多庄园。现在这些大地主被消灭了，他们的土地被分配给了无地、少地的农民，或者是新来的移民。这样，一家一户几亩地，土地分散了，这是基本的情况。土地分散的后果是什么呢？在政治上是阶级矛盾的缓和。原来那些人口密度很高的地区（江苏、浙江一带），现在一部分地主被消灭了，一部分人口迁徙出去，留下来的农民有了部分土地，有了一些生产资料，这样，阶级关系就比过去缓和了。第二种情况与这相反，就是那些没有被消灭的地主，像李善长、冯国用、刘基、宋濂这些人，他们原来的土地不但保留下来了，而且有了发展。他们大都成为明朝的开国功臣，做了大官。第三种情况是出现了新的地主阶级。像朱元璋回家招兵时，跟他出来的二十四个人后来都成了他的大将、开国功臣，朱元璋给他们封公、封侯。这些人在政治上有了地位，经济地位也跟着提高了。明朝初年分配土地的结果，他们都成了新的地主阶级。

情况这么复杂，那么，整个说来，农民的土地问题解决了没有呢？没有解决，封建剥削还是存在，农民还是要向地主交租，还是受地主阶级的压迫，在某些地方甚至还有所加强。明太祖是红军出身，是反对地主阶级的，现在他自己成了全国最大的地主。因此，就发生了前面所提到的那种情况：明太祖建国之后，农民的反抗斗争就随之开始，一直到明朝灭亡。什么原因呢？因为阶级关系没有改变，土地问题没有解决。但是由于元末大地主阶级的土地分散的结果，使得在一定的历史时期内，某些地区的阶级斗争有所缓和。在这个基础上才有可能出现以后的郑和下西洋的事情。

上面所说的，牵涉到最近史学界讨论的一个问题，就是农民起义能不能建立农民政权的问题。这个问题有不少争论，涉及所谓皇权主义问题。中国的农民有没有皇权主义？有的人说有，有的人说没有。我们现在从朱元璋这个具体的人，以及从当时的具体历史事实来研究这个问题。我想，可以得出这样的结论：历史上任何农民战争最后必须建立一种政权。政权有大有小，有的农民起义领袖自称为将军，因为他只知道将军是最大的；有的自称为"三老"；有的称王；有的称皇帝。他们能不能采取别的称号呢？能不能不利用这些当时实际存在的、为大家所熟悉的名称，而采取跟当时历史实际没有关系的名称呢？或者说农民有没有这种可能，就是他们在建立政权时，不采取他们所反对的政权形式，而另外创立一种跟原来的政权完全不同的政权形式呢？没有！他们只能称将军，称"三老"，称王，称帝，不可能称几百年、几千年之后的苏维埃共和国，不可能称总统或者主席。

因此，在谈到农民革命能不能建立政权的问题时，结论只能是：（1）它必然要建立政权。没有政权怎么办事？大大小小总要有一个机构；（2）它组织的政权跟当时现行的政权不可能完全相反，它只能运用它所熟悉的东西，而不能采取它所不知道的东西；（3）这个政权不可能是为农民服务的政权。因为它为了使自己能够长期存在下去，所能采取的办法只可能是封建国家压迫农民的办法，而不可能有其他办法。如果它要真正成为农民自己的政权，它就必须解决这样的问题：推翻地主阶级的统治，实行土地革命。但是这样的思想认识，在长期的封建社会里是不可能有的。任何国家的封建社会都没有发生过。它只能对个别地主进行报复，你这个地主欺侮过我，杀了我的人，我现在也把你杀掉，把你的房子烧掉，把你的东西抢来。这些都是可能做到的。但是要把整个地主作为一个阶级推翻，这在当时是不可能的。要知道，反封建这种口号的提出，还是近代的事情。而且就是在今天世界各国，除了我们已经完成了这个任务之外，还有很多地区没有解决这个问题。印度也算是一个共和国，但是它不反封建,印度的地主阶级照样存在。我们不能以19世纪、20世纪才出现的思想去要求封建社会的农民。而且从理论上来说,农民政权要建立起来,而且要巩固下去,它的收入从何而来?它的财政开支从何而来?那时没有现代化的大工业,国家财政开支只能取之于农民。除此之外,别无出路。所以,它只能采取封建国家对农民压迫的形式,而不可能有别的形式。因此,历史上所有的农民革命没有例外地在它取得政权之后,必然变质,他们从反对地主阶级开始,结果是自己又变成了地主阶级,新的地主阶级代替旧的地主阶级。这就是历史上农民革命不断起来的根本原因。

在土地比较分散的基础上,尤其是在这样一个空前的大国的情况下,朱元璋建立了一个高度中央集权的政权。关于政治机构问题,当时要完全改变明朝以前的政治机构,既不容许这样做,也没有必要这样做。元朝的中央政权机构有中书省(相当于我们现在的国务院),中书省的长官有左丞相、右丞相、平章、参知政事等官。中书省下面有管具体事情的各部。为了统治全国,元朝政府把中书省分出一部分到地方上,代表中央管理地方工作,叫行中书省,简称行省。行省的职权很大,民政、财政、军事一切都管。掌管监察的机关叫御史台,地方上有行御史台,简称行台。在这样的情况下,发生了权力分散的问题。所以后来元朝政府对地方的统治愈来愈弱。明朝初年(洪武元年到洪武十三年)继承了元朝的这个制度,中央还设有中书省,地方上设立行中书省。这就是上面所说的,农民革命不能创造出新的东西来,它只能模仿和继承已有的东西。

这种局面给朱元璋提出了一个问题,就是如何巩固和加强自己的统治问题。明初政权逐渐产生了很多矛盾,第一,明朝的政权是地主阶级的政权,但明初地主阶级分为旧地主和新兴地主两派。朱元璋起兵于淮河流域,而刘基等则是参加了红军的江浙地主。两个地主集团之间存在着矛盾。当时有一首诗说:"城中高髻半淮人。"衣服穿得漂亮的、有钱的,多是两淮流域的人。两淮流域的新兴的地主阶级、官僚贵族,其中绝大多数不但拥有广大的庄园,而且还有大量的奴隶、家丁。有些将军还有假子。假子是朱元璋兴起的办法。他在起兵时把一些青年收作自己的儿子,像沐英、李文忠都是他的干儿子,也是他手下最有名的将领。他往往在派一个将军出去作战时,同时派一个假子去监视。在这种作风的影响下,他下面的许多将军也有很多假子,他们拥有武装力量,有土地,有很多奴隶。这样,就形成许许多多小的军事力量。他们往往不遵守政府的规定,违法乱纪。明太祖要把这些劳动力放在国家的控制下,他们却要放在自己的庄园里。这是第二个矛盾,两淮流域新兴的地主集团和国家,即和朱元璋的统治之间的矛盾。这两个矛盾从1379年到1381年逐步展开。两淮流域地主集团的代表人物胡惟庸在这个斗争中被杀了。除了上面所说的两个矛盾之外,还有第三,胡惟庸个人和朱元璋之间的矛盾,这是君权和相权之间的矛盾。皇帝应该管什么事,宰相应该管什么事,历史上没有明文规定过。在设置中书省的情况下,许多事情都由中书省掌握,中书省认为这件事情有必要请示皇帝就请示，认为没有必要请示的，就自己办了。胡惟庸这个人有野心，也很有才能，他在中书省多年，排斥了一些人，也提拔了一些人，造成他在中书省的强固地位。有许多事情他自己办了，明太祖根本不知道。以后明太祖发现了就很生气。这样，矛盾就发生了，而且日益尖锐。洪武十三年（1380年），这三个方面的矛盾终于全面爆发。按照明朝的规定，军队指挥权掌握在皇帝手中。这样，明太祖在这个斗争中取得了胜利，他假借一个罪名把胡惟庸杀了，还牵连杀了不少人。

胡惟庸被杀以后，明太祖根本改变了元朝以来的中书省、行中书省制度，取消了中书省。而且立了个法令，规定以后子子孙孙都不设宰相这个官。谁来办事呢？把原来中书省下面的六个部（吏、户、礼、兵、刑、工）的地位提高，来管理全国的事情，直接对他负责。结果他自己代替了过去的宰相，相权和君权合二为一，大大加强了中央集权。在地方上则取消了行中书省，把原来行中书省的职权分开，即民政、司法、军事分别由三个机构管理：布政使司（主管官叫布政使）管民政、财政，按察使司（主管官叫按察使）管司法，都指挥使司（主管官叫都指挥使）管军事。这三司都直接对皇帝负责。这种把一切权力都揽在皇帝个人手中的高度集权的状况，是在明朝以前没有过的。所以，封建专制主义经过一千几百年的发展，到了朱元璋的时候，形成了一个历史上从来没有过的高度中央集权制的政治系统。这样的政治制度跟当时的土地形态基本上是相适应的。过去土地很集中，皇帝权力的支柱是大地主。现在土地分散了，朱元璋依靠谁呢？依靠粮长。他收粮时，不是采取各地方官收粮的办法，而是采取粮长制。即某一个地方，谁的土地最多、纳粮最多的，就让他当粮长。每年收粮万石的地区就派纳粮最多的地主四人当粮长，由粮长负责这个地区的租粮的收运。政治制度的这种改变，适应了土地比较分散的情况，也保证了朱元璋的经济收入。因此，他对粮长很重视，每年都把这些人召到南京去，亲自接见，和他们谈话。发现了其中某些有能力的人，就提拔他们。他的政权依靠什么呢？就依靠这些人。他的统治基础就在这里。所以，明朝初年相当长的一个时期内一些官职的任用是来自粮长。粮长之外，各地还有很多富户和耆民，朱元璋也经常把他们找来，发现有才能的，就任用他们为官。所以，他的政权是以中小地主作为支柱的。政治机构的这种发展变化，是和当时的土地形态、经济关系相适应的。

可是，在这样高度集权的情况下又发生了另一个新问题：皇帝到底是一个人，不是机器，什么事都要自己管，什么报告都得看，国家这么大，事情这么多，他怎么管得了呢？他只有每天看公文，变成文牍主义者。我曾给他做过统计，从1384年（洪武十七年）9月14日到21日，八天内他收的文件有一千六百六十六份，计三千三百九十一件事情。他平均每天要看二百份文件，处理四百多件事情。这怎么可能长久搞下去呢？非变成官僚主义者不可。因此就发生了这样的矛盾：一方面他非看文件不可，怕别人欺骗他；另一方面，愈看愈烦，特别是那些空泛的万言书，更使他恼火。有一次，一个官员上了一份万言书，他看了好几千字，还没有看出什么问题，生了气，就把这个官员找来打了一顿屁股。打完之后又叫人继续念这个报告，念到最后五百字才提出一些问题，提出几条建议，而且还不错，这才知道打错了人。第二天，他向那个官员承认错误，他说：不过你的文章不该写这么长，最多写五百字就够了，为什么要写一万字呢？所以他就发起了一个反对文牍主义的运动，提出了一个写文章的格式，要求简单，讲什么事就写什么事，不要东扯西拉，从上古说到今天，没完没了。他希望通过这个办法使自己能够处理实际事务。结果还是不行。他一个人怎么能管那么多的事？以后他又另外想了个办法，找了一些有文才，能办事的五、六品官到内阁来做机要秘书，帮他做事。为了勉励这些人，就给他们一个称号，叫作大学士。上面加上宫殿名称，如武英殿、文渊阁、东阁、文华殿，等等。这时，内阁还只是宫殿的名称，不是政治机构的名称。因为这些人是在内廷里办事，所以就叫殿阁大学士。后来，明成祖的时候，把这个办法制度化了，国家大事都集中在内阁办。内阁大学士在这里办事愈久，政治权力就愈大，官位就愈高，有的做到六部的尚书。这样，内阁大学士虽然没有过去丞相的名称，但事实上等于宰相。入阁也就是拜相。内阁大学士中的第一名称为首辅，就是第一个辅助皇帝的人。这时，内阁便正式成为政治机构了。

　　这个改变，在历史上是个很大的改变。皇帝的权力高度集中，提高了六部的地位，以后又设立内阁。明朝一直继承着这个制度。清朝也实行这个制度。所以，在政治制度上清朝是继承了明朝的。

随着经济的发展变化，土地占有形态也发生了变化。明朝前期土地比较分散，经过几十年之后，土地又慢慢集中了。到了明朝中叶，土地集中的情况已经很严重。到了万历时，土地集中到这样的程度，在张居正的信件里有一份材料，说一个姓郝的地主拥有土地七万顷。明朝建国时的土地不过是八百五十万顷，现在这一家的土地就等于建国时全国土地的百分之一。从明武宗（就是《游龙戏凤》中的那个正德皇帝）之后，皇帝大搞皇庄，左占一块地，右占一块地。北京附近的皇庄就有很多。不但是皇帝搞庄园，就是贵族也搞庄园。嘉靖的时候，封皇子到各地去做亲王，有一个亲王就有二万顷土地。万历封福王到河南洛阳，准备给他四万顷土地。这些土地是从哪里来的呢？都是从老百姓手里夺来的。把原来的自耕农变成了亲王的佃户。土地集中愈来愈严重，农民的生活愈来愈困难。凡是有皇庄的地方，不但皇庄内部的佃农要受管理皇庄的太监的统治，甚至周围的老百姓也要受皇庄管事人员的压迫和各种超经济剥削。你要过桥就要交过桥税，要摆渡就要交摆渡税。京戏《打渔杀家》中有一个肖恩抗鱼税。明末有一个大地主钱谦益，做大官，文章写得很好，却是一个没有骨头的人，后来投降了清朝。他占有几个湖，要湖边的老百姓向他交税。老百姓气极了，就把他的房子烧了，他的一个收藏了很多古书的"绛云楼"也被烧掉。所以《打渔杀家》这样的事在历史上是有根据的。

由于土地形态的变化，一方面使原来的政治机构不能适应，结果造成明朝政治上停滞的状态。明朝后期有这么两个皇帝：一个是嘉靖皇帝（**明世宗**），一个是万历皇帝（**明神宗**）。这两朝有共同点：明世宗做了很多年皇帝，但是他经常在宫廷里，不跟大臣们见面。万历皇帝也是如此。闹得有一个时期，六部很多长官辞了职，没人管事。他也不管，使朝廷很多问题不能解决。另一方面，由于土地高度集中，也促使农民起义以更大的规模开展起来，最后形成以李自成、张献忠为首的全国规模的大起义。

（原载吴晗：《明史简述》，中华书局1980年版）

1909—1969

吴晗：东林党之争

东林党之争是明朝末年历史上的一个特征。

首先应该明确这样一个问题，历史上所谓党与我们今天所说的党是两回事，不能把历史上所说的党和今天的政党混同起来。历史上所说的党并没有什么组织形式，参加哪个党是没有任何形式的，既不要交党费，也没有组织生活，更没有党章和党纲。然而在历史上又确实叫作党。历史上所谓党是指的什么呢？是指政治见解大体相同的一些人的集团，也就是统治阶级内部某些人无形的组合。明朝的东林党，它的情况大致是这样：在江苏无锡有个书院叫东林书院，这是一所学校。当时有两个政府官员，叫顾宪成和顾允成，两兄弟在北京做官的时候，由于他们的政治见解与当时的当权人物相抵触，便辞官不做，回家后在东林书院讲学。他们很有学问，在地方上声望很高，为人也正派。这样，和他们意气相投的人跟他们的来往便越来越多了。不但在地方上，就是在北京，有一些官员跟他们的来往也比较多。他们以讲学为名，发表一些议论朝政的意见。这样，从万历二十二年（1594年）开始，一直到明朝被推翻，前后五十年间，在明朝政治上形成了一批所谓东林党人，和另外一批反对东林党的非东林党人。非东林党人后来形成齐（山东）、楚

（湖北）、浙（浙江）三派，与东林党争论不休。这五十年中间，在几件大事情上都有争论。你主张这样，他反对；他主张那样，你反对。举例来说，党争中最早的一个问题，就是所谓"京察"问题。"京察"这两个字大家都认识，但是不好懂。这是古代历史上的一种制度，就是政府的官员经过一定的时期要考核，相当于现在的考勤考绩。主持考勤考绩的是吏部尚书、吏部侍郎（**相当于现在的内务部部长、副部长**），他们主管文官的登记、资格审查、成绩考核及任免、升降、转调、俸给、奖恤等事。当时考取进士以后，有一部分进士就安排做科道官。科就是六科给事中，道就是十三道御史。六科就是按照六部（**吏、户、礼、兵、刑、工**）来分的。道是按照行政区划来设置的。当时全国有十三个布政使司，设了十三道御史，譬如浙江道有浙江道御史。科道官都是监察官，当时叫作"言官"。他们本身没有什么工作，只是监察别人的工作，提出赞成的或者反对的意见。他们的任务就是说话，所以叫"言官"。每次"京察"，吏部提出某些人称职，某些人不称职。1594年举行"京察"的时候，就发生了争论，这一部分人说这些人好，那一部分人说不好。凡是东林党人说好的，非东林党人一定说不好。争论中掺和了封建社会的乡里（同乡）关系。譬如齐、楚、浙就是乡里关系。不管这件事情正确不正确，只要是和我同乡的人，都是对的。还有一种同门的关系。所谓同门就是指同一个老师出身的。不管事情本身怎么样，只要跟我是同学，就都是对的。至于对亲戚、朋友则更不用说了。就在这样的封建关系组合之下，从1594年"京察"

开始，一直争吵了五十年。

继"京察"问题之后，接着发生了"国本之争"。所谓"国本"就是国家的根本。我们今天说国家的根本就是人民，没有人民就没有国家。当时并没有这样的概念。那时候所谓"国本"是指皇帝的继承人问题。万历做了多年皇帝，按照过去的惯例，他应该立一个皇太子，以便他死后有一个法定的继承人。可是他不喜欢他的大儿子，他所喜欢的是他的小老婆（郑贵妃）生的儿子福王（*以后封在河南洛阳*），所以他就迟迟不立太子。有些大臣就叫起来了，他们认为国家的根本很重要，也就是说第二代的皇帝很重要，应该早立太子。凡是提议立太子的，万历就不高兴，他说：我还活着，你们忙什么！这样，有人主张早立太子，有人反对立太子，争吵起来了，这就叫"国本之争"。

跟着又发生了一个案子叫"梃击案"。有一天早晨，突然有一个人跑到宫里来见人就打，一直打到万历的大儿子那里去了。当然，这个人马上被逮住了。可是这里发生了一个问题，是谁叫他到宫里来打万历的大儿子的？当时有人怀疑是郑贵妃指使的。这是宫廷问题，却成了当时政治上的一个大问题，引起了争吵，东林党与非东林党大吵特吵。

万历做了四十八年皇帝，死了。他的大儿子继位不到一个月又死了。怎么死的呢？搞不清楚，据说他在病的时候，有一个医生给他红丸药吃，吃了以后就死了，这样就发生了一个问题，这个皇帝是不是被毒死的？是谁把他毒死的？因此又发生了所谓"红丸案"。

各个集团之间又争吵起来了。

正在争吵的时候，发生了另外一个问题：就是这个只做了个把月的皇帝死了以后，他的儿子继位，还没成年。这个短命皇帝有个妃子李选侍，她住在正宫里不肯搬出来。她有政治野心：想趁这个小孩做皇帝的机会把持朝政。这样，又发生了争论，有一些人出来骂她：你这个妃子怎么能霸着正宫？逼着她搬出去了。这个案件叫"移宫案"。京戏里有一出戏叫《二进宫》，就是反映这件事的，不过把时代改变了，把孙子的事情改成了祖父的事情。

"梃击"、"红丸"、"移宫"是当时三大案件，成为当时争论最激烈的事件。在这样的情况下，政治上出现了什么现象呢？每一件事情出来，这批人这样主张，那批人那样主张，争论不休，整天给皇帝写报告。到底谁对谁不对？从现在来看，东林党与非东林党之争，一般地说，道理在东林党方面。东林党的道理多，非东林党的道理少。但是，东林党是不是完全对呢？在某些问题上也不完全对。这样争来争去，争不出个是非来，结果只有争论，缺乏行动，许多政治上该办的事没人去管了。后来造成这种现象：某些正派的官员提出他的主张，这个主张一提出来，马上就有一批人来攻击他，他就不能办事，只好请求辞职。皇帝不知道这个人对不对，不做处理，把事情压下来。这个官既不能办事，辞职也辞不成，怎么办？干脆自己回家。他回家以后政府也不管，结果这个官就空着没人做。到万历后期政治纪律松懈到这样的地步：哪个官受了攻击就把官丢了回家，以致六部的很多部长都没人做了。万历皇帝到晚年根本不接见臣下，差不多一二十年不跟大臣见面，把自己关在宫廷里，什么事情也不管。大臣们有什么事情要跟他商量也见不着。政治腐化，纪律松懈，很多重要的问题得不到解决，却专搞无原则的纠纷。大是大非没人管了，成天纠缠在一些枝节问题上面。

这种无休止的争吵影响到一些重大的政治事件的发展。譬如日本侵略朝鲜，中国到底应不应该援助朝鲜，在这个问题上发生了争论。后来还是派兵去支援了朝鲜，第一个时期打了胜仗，收复了平壤。后来又派兵去，由于麻痹大意，打了败仗。打了败仗以后，政府里又发生争论了，主和派觉得和日本打仗没有必要，支援朝鲜意义不大，不如放弃军事办法，转而采取政治办法来解决问题。他们主张把丰臣秀吉封为日本国王，并答应和他做买卖。历史上封王叫作朝，做买卖叫作贡，所谓朝贡，说得通俗一点，就是你带些物资来卖给我，我给你一些物资作交换。在这种情况下，明朝政府只好一面按照主战派的主张，继续派兵援助朝鲜；一面派人暗中往来日本进行和议。后来明军与朝鲜军大败日本侵略军。日本愿和了。明朝政府便按照主和派撤兵议和的主张，允许议和。并派人到日本去办外交，封丰臣秀吉为国王。但日本国内本来已经有天皇，因此丰臣秀吉不接受王位，而且提出了很强硬的条件。结果外交失败了。日军重新侵略朝鲜。明朝政府只好再次出兵，最后打败了日军。由于追究外交失败的责任，又引起了争论。

这种影响在"封疆案"的问题上表现得更加明显。万历死后，东林党在政府做官的人越来越多了。这时北京有一个"首善书院"

（在北京宣武门内），在这里讲学的也是东林党人。这些人在政治上提出意见时，非东林党人就起来攻击，要封闭这个书院。东林党人当然反对封闭。这样吵了二三十年。这个争论最后演变成什么局面呢？当时万历皇帝的孙子熹宗（年号天启，是崇祯皇帝的哥哥）很年轻，不懂事，光贪玩。他宠信太监魏忠贤，军事、政治各个方面都是太监当家。一些地主阶级的知识分子由于在魏忠贤门下奔走而当了官。凡是属于魏忠贤这一派的，历史上称为"阉党"。阉党里面没有什么正派人。东林党是反对阉党的。因此，党争发展到这个时候，就变成了地主阶级的知识分子与宦官的斗争。这个斗争影响到东北的军事形势。在万历以前，东北的建州女真已经壮大起来了，不断进攻辽东，占领了许多城市。到天启时代，明朝防御建州女真的军事将领熊廷弼提出一系列的军事上和政治上的主张，他认为跟建州女真进行军事斗争时，明朝军队不能退回到山海关以内，而应该在山海关以东建立军事据点。当时前方的另一个军事将领叫王化贞，他不同意这个意见，他认为只能依靠山海关来据守。熊廷弼虽然是统帅，地位比王化贞高，但是没有军事实权。而王化贞得到了魏忠贤的支持。这样，熊廷弼的正确意见因为得不到支持而不能贯彻，结果打了败仗，王化贞跑回来了，熊廷弼也跑回来了，山海关以东的很多地方都丢了。北京震动，面临着很严重的军事危机。在这种情况下又发生了有关"封疆案"的争论。当时追究这次失败的责任，到底是熊廷弼的责任，还是王化贞的责任？从当时的具体军事形势来看，熊廷弼是正确的，但他没有军队来支持。王化贞有十几万军队，坚持错误的主张，因此王化贞应该负责。但是因为熊廷弼得罪了很多人，结果把这个责任推到他身上，把他杀了。很显然，这样的争论和处理大大地影响了前方的军事形势。

"封疆案"以后，跟着就是魏忠贤对东林党人的屠杀。因为一些在朝的东林党人认为魏忠贤这样胡搞不行，就向皇帝写信控告他的罪恶。当时有杨涟等人列举了他的二十四条罪状。这些东林党人的行为得到了其他官员的支持。这样，东林党和阉党就面对面地斗争起来。由于魏忠贤军权在握，又指挥了特务，而东林党人缺乏这两样武器，结果大批的东林党人被杀。当时被杀的有杨涟、左光斗、周顺昌、黄尊素、缪昌期等。其中周顺昌在苏州很有声望，当特务逮捕他的时候，苏州的老百姓起来保护他。最后这次人民的斗争还是失败了，人民吃了苦头，周顺昌被带到北京杀害了。

熹宗死了以后，明朝最后的一个皇帝——崇祯皇帝比他哥哥清楚一点，他把魏忠贤这伙人收拾了，把一些阉党分子都杀了（**魏忠贤是自己上吊死的**）。但是这场斗争是不是停止了呢？没有停止，东林党人跟魏忠贤的余孽在崇祯十七年（1644年）的时候还在继续斗争。崇祯五年（1632年），一些东林党人的后代跟与东林党有关系的地方上的知识分子组织了一个团体，叫作"复社"，以后又有"几社"，有大批青年知识分子参加。表面上他们是以文会友，写文章，写诗，是学术研究组织，实际上有政治内容。大家可能看过《桃花扇》这出戏，这出戏里的侯朝宗、陈贞慧、吴应箕、冒辟疆四公子都是复社里面的人。当时李自成已经占领了北京，崇祯上吊死了。这个消息传到了南方，没有皇帝怎么办？这时一些阉党人物就想拥小福王（由崧）来做皇帝。原来万历把最喜欢的那个儿子福王（常洵）封在河南洛阳，这是老福王。这个人很坏，在他封到洛阳时，万历给他四万顷土地，河南的土地不够，还把邻省的土地也给他。老百姓都恨透了。李自成进入洛阳以后，把老福王杀掉了。小福王由崧（这也不是个好东西）逃到南京。当时在南京掌握军事实权的是过去和魏忠贤有关系的阉党人物马士英，替他出主意的也是一个阉党分子，叫阮大铖，他们把小福王抓到手中，把他捧出来做皇帝。可是政府里面另外一批比较正派的人，像史可法、高弘图、姜曰广等主张立潞王（常淓）做皇帝。这个人比较明白清楚。但马士英他们先走了一步，硬把福王捧出来做了皇帝。这样，在南京小朝廷里又发生了东林党与非东林党之争。因为马士英和阮大铖是当权的，史可法被排挤出去，去镇守扬州。在清军南下的时候，史可法坚决抵抗，在扬州牺牲了。马士英和阮大铖在南京搞得不像样，清军一步步逼近南京。这时候小福王在做什么呢？在跟阮大铖排戏。也就在这个时候，上面说的四公子就起来反对阮大铖，他们出布告，揭露阮大铖过去是魏忠贤的干儿子，名誉很不好，做了很多坏事，不能让他在政府里当权。号召大家起来反对他。南京国子监的学生也支持他们的主张，这样就形成一个学生运动。侯朝宗这些人虽然得到广大知识分子的支持，但是他们根本没有实力。而马士英、阮大铖有军事力量。结果有的人被逮捕了，有的人跑掉了。不久之后，清军占领南京，小福王的政权也就被消灭了。

党争从1594年开始，一直到1645年，始终没有停止过。无论是在政治问题上，还是在军事问题上，都争论不休。这种争论是什么性质的呢？这是地主阶级内部的矛盾。开始是东林党和齐、楚、浙三党之争，后来演变为东林党与阉党之争。由于东林党的主张在某些方面是有利于当时的生产的发展的，因此他们得到了人民的支持。但是反过来说，所有的东林党人都反对农民起义。这是他们的阶级本质决定的。譬如史可法这个历史人物，从他最后这段历史来说是应该肯定的。那时候，清军南下包围扬州，他的军事力量很薄弱，也得不到南京的支持，孤军据守扬州。但他宁肯牺牲不肯投降。这是有民族气节的人。我们中国人是有骨气的，史可法就是这种有骨气的代表人物。但是他以前的历史就不好追究了。他以前干什么呢？镇压农民起义。在阶级斗争极为尖锐的时候，这些人的阶级立场是极为清楚的，反对农民起义，镇压农民起义。即使在他抗拒清军南下的时候，还要反对农民起义。有没有同情农民起义呢？没有。不可能要求统治者来同情被统治者的反抗。

对于这样一段党争的历史，要具体分析，具体研究。党争跟明朝的政治制度有关系。明太祖在洪武十三年（1380年）取消了宰相，取消了中书省，搞了几个机要秘书到内廷来办事情。到明成祖时搞了个内阁，这是个政府机构。内阁的权力越来越大，代替了过去的宰相，虽然没有宰相之名，但是有宰相之实。至于给皇帝个人办事的有秘书，就是在宫廷里面设立一个机构，叫作"司礼监"。这是一个内廷机构，不是政府机构。司礼监有一个秉笔太监，皇帝要看什么政府报告，让秉笔太监先看；皇帝要下什么书面指示，也让秉笔太监起稿。皇帝年纪大一些、知识多一些的，还能辨别是非，是不是同意，他自己有主见。可是一些年轻的皇帝就搞不清楚，结果司礼监的秉笔太监就操纵政治，掌握了政权。因为用人和行政的权力都给了司礼监，结果形成了明朝后期的太监独裁。在明朝历史上有很多坏太监，像明英宗时代的王振，明武宗时代的刘瑾，天启时代的魏忠贤等。太监当家的结果，就造成了政府与内廷之争，也就是统治阶级内部地主阶级知识分子与太监争夺政权的斗争。明朝后期五十年的东林党之争就是在这样的背景之下进行的。

随着太监权力的扩大，不但中央被他们控制了，地方也被他们控制了。洪武十三年（1380年）以后，地方上设有三司（都指挥使司、布政使司、按察使司）。三司是各自独立的，都受皇帝的直接指挥。到了永乐时代，当一个地区发生了军事行动，像农民起义或其他的群众斗争爆发的时候，这三个司往往意见不统一，各管各的。结果只好由中央政府派官员去管理这个地方的事。这个官叫巡抚。巡抚是政府官员，常常是由国防部副部长即兵部侍郎担任。巡抚出去巡视各个地方，事情完了就回来。可是由于到处发生农民战争和民族与民族之间的战争，这个官去了以后就回不来了，逐渐变成一个地方的常驻官了，因为巡抚是中央派去的，所以他的地位在三司之上。过去三司使是地方上最大的官，现在三司使上面又加了一个巡抚。但这能不能解决问题呢？还是不能解决问题。为什么呢？因为巡抚只能指挥这一个地区的军事行动，比如浙江的巡抚就只能管浙江这一个地方。可是遇到军事行动牵涉到几个省的时候,这个巡抚就不能管了。于是又派比巡抚更高的官,即派国防部长——兵部尚书出去做总督。总督管几个省或一个大省。有了总督之后,巡抚就变成第二等官了,三司的地位则更低了。可是到了明朝后期,总督也管不了事。为什么呢?因为战争扩大了,农民战争和辽东的战争往往牵涉到五六个省。五六个省就往往有五六个总督,谁也管不了谁。结果只好派大学士出去做督师。总督也归他管。这是一方面。另一方面,明朝为了镇压各地人民的反抗,就派军官到各地去镇守,叫作总兵官,也就是总指挥。统治者对总兵官不放心,怕他搞鬼,因此总是派一个太监去监督,叫作监军。哪个地方有总兵官,哪个地方就有监军。监军可以直接向皇帝写报告,因为他是皇帝直接派出去的。因此,不但总兵官要听他的话,就是像巡抚这一类的地方官也要听他的话。这样,就形成了中央和地方都是太监当家的局面,明朝的政治变成太监的政治了。此外,明朝的皇帝贪图享受,为了满足自己生活上的欲望,哪个地方收税多就派一个太监去,哪个地方有矿藏也派一个太监去,叫作"税使"、"矿使"。全国的主要矿区,东北起辽东,西南到云南,以及武汉、苏州等大城市都有税使、矿使搜刮民脂民膏。这些太监很不讲道理,他们的任务就是弄钱。他们根本不懂得什么矿,更不懂得怎么开采,却要开矿。只要听说这个地方有金矿就要开,而且规定要在这里开三百两、五百两。如果开不出来怎么办?就要这个地方的老百姓来赔。老百姓要反抗,他就说你的房子下面有矿,把房子拆了开矿。收税也很厉害。苏州有很多机户,纺织工人数量很大。他们要加税,每一张织机要加多少钱。老百姓交不起就请愿。请愿也不行。结果就起来反抗,把太监打死,形成市民暴动。苏州市民暴动出了一个英雄人物,叫作葛贤。这个人后来被杀了。因为明朝政府要屠杀参加暴动的市民,他挺身出来顶住了。不仅在苏州,在武汉、辽宁、云南各个地方都发生了市民暴动。有的地方把太监赶跑了,有的地方把太监下面的人逮住杀了。市民暴动是明朝后期历史的一个特征。人民的生活日益困难,不但农民活不下去,城市工商业者也活不下去了,他们便起来反对暴政。

因此,当时一些比较有见解的政治家,就在政治上提出了一些主张。譬如大家知道的海瑞就是这样。他提出了什么主张呢?他做苏州巡抚,管理江苏全省和安徽一部分。这个地区的土地情况怎样呢?前面说到明朝初年土地比较分散,阶级斗争比较缓和。可是一百多年以后,情况改变了,土地全部集中在大地主、大官僚的手中,而且越来越集中。就在海瑞所管辖的地区松江府,出了一个宰相叫徐阶,他就是一个大地主,家里有二十万亩土地。土地都被大地主占有,农民没有土地,只能逃亡。土地过分集中的结果,使农民活不下去,阶级矛盾越来越尖锐。海瑞看出了毛病,他想缓和这种情况。当然,他不能也不知道采取革命的手段。他采取什么办法呢?他认为要解决人民的生活问题,要使人民不去搞武装斗争反对政府,就必须使这些穷人有土地可种。土地从哪里来呢?土地都在大地主手里,而大地主所以取得这些土地,主要的手段是非法的强占。因此他提出这样一个政治措施：要求他管辖地区内的大地主阶级，凡是强占的土地一律退还给老百姓，使老百姓多多少少有一些土地可以耕种，能够活下去。这样来缓和阶级矛盾。他坚决主张这种做法。这一来，大地主阶级就联合起来反对他，结果这个苏州巡抚只做了半年多就被大地主阶级赶跑了。海瑞的办法能不能解决当时的土地问题？当然不可能。把大地主阶级强占的一部分土地归还给老百姓能不能稍微缓和一下阶级矛盾呢？可以缓和一下。可是办不到，因为地主阶级不肯放弃他们已经到手的东西。海瑞是非失败不可的。类似海瑞这样的政治家当时还有没有呢？有的。他们也感到了阶级矛盾和阶级斗争的严重性，认为这个政权维持不下去。但是能不能提出一个解决的办法呢？谁也没有办法。不但统治阶级，就连农民起义的领袖也提不出解决的办法来。

　　阶级矛盾日益尖锐的结果，最后形成了明末的农民大起义。崇祯时代，各地方的农民都起来斗争，最后形成两支强大的军事力量，一支以李自成为首，一支以张献忠为首。他们有没有明确地提出解决阶级矛盾的办法呢？也没有。李自成后期曾经提出"迎闯王，不纳粮"的口号争取广大农民的支持，结果他的队伍一下子就发展到一百多万，农民、小手工业者、城市贫民都跟着他走。但是不纳粮也不能解决问题。现在有一个材料，就是山东有一个县，李自成曾经统治过那个地方，当时有人主张分田给百姓。分了没有呢？没有分。他提不出明确的办法，不但提不出消灭地主阶级的根本方针，甚至连孙中山那样的"平均地权"的办法也提不出。所以消灭封建剥削，消灭地主阶级这个根本问题，在古代历史上的任何时期都不能解决。不但地主阶级知识分子、官僚提不出解决办法，就是反对封建地主阶级的农民起义领袖也提不出解决的办法，这个问题只有在我们这个时代才能解决。我们研究过去的农民革命、农民起义时，不能把我们今天的思想意识强加于古人。我们这个时代能办到的事，不能希望古人也能办到。否则就是非历史主义的观点。目前史学界在有些问题上存在一些偏向，总希望把农民起义的领袖说得好一些，说得完满一些，不知不觉地把自己所理解的东西加在古人身上。这是不科学的、非马克思主义的观点。我们只能根据历史事实来理解、来解释、来研究和总结历史，而不可以采取别的办法。

（原载吴晗：《明史简述》，中华书局1980年版）

1899—1981

郑天挺：清代的国家机构及其特点

中国封建社会实行君主独裁制，没有资本主义的"民议机关"，但这不等于一切权力归于皇帝，揽于中央。它有各级地方政府，有散布于全国各村镇的宗族族长的权力，所以封建政权是阶梯制的统治方式。在这种统治方式中，存在着中央集权与地方分权的矛盾。封建君主总想压制地方权力，无限扩充自己的统治权，地方政权力图发展自己的权力，以与中央抗衡。唐代实行三省制和府兵制加强了皇权，府兵制破坏后，藩镇势力发展，割据一方，闹得中央政权不巩固。宋朝皇帝有鉴于此，加强中央集权，把机构搞得臃肿庞大，反而使中央政府瘫痪了，同时地方政府权力被削弱了，这也是宋朝虚弱的一个重要原因。元代纠正宋朝的弊病，创行中书省制，调整中央与地方的权力分配，但是实行得并不好。至明代，施行三司制真正加强了中央集权。清朝基本上沿袭明朝制度，又有因满族少数民族为统治民族而出现的特点，中央集权与地方分权互有消长。

一、沿袭明制而有所变动的中央集权

清朝在关外时，就仿照明朝制度，建立政权机关。1629年（天聪三年）设文馆，1636年改文馆为内三院——内国史院、内秘书院、内宏文院。入关后，清朝统治者打出"法明"的旗号，一方面企图掩盖满族同汉族的矛盾，一方面学习汉族的封建制度，以巩固清朝的统治。它实行内阁，所谓"仍前明之制，以内阁为政府"（叶凤毛：《内阁小记·自序》，《续修四库全书》第751册，上海古籍出版社2002年版，第273页）。1644年（顺治元年），以内三院为正二品衙门，1658年（顺治十五年）改内三院为内阁。此后虽一度有所变化，如1661年（顺治十八年）复内阁为内三院，但至1670年（康熙九年）的改为内阁，就成为定制了。1730年（雍正八年）定大学士为正一品，高于六部尚书（从一品），为最高行政长官。内阁之下，有六部都（都察院）、通（通政司）、大（大理寺）及科道诸官衙。这些中央机构基本上都同于明朝，地方上的府州县制，完全承袭于明代。清朝法律以明律为楷模而制定，1646年（顺治三年）的清律全部仿照明律；1679年（康熙十八年），清朝根据强化统治的需要，增加法律内容，至1727年（雍正五年）制定的大清律例，才不同于明律。从上述事实看，清朝国家机器及其制度基本上因袭明代之旧规，但是它也做了许多改动，而不完全同于明朝，这主要表现在以下方面：

议政处之兴废。清朝初建之时，体制很不完备，皇权只是相对集中，而诸王勋贵权势很大，因此设立议政处，由皇帝指派亲王或有大功勋的贵族为议政王大臣，如入关之初，有所谓"铁帽子王"，就是礼亲王、睿亲王、肃亲王等八家，世袭不降封，多被指定为议政王大臣。"军国政事，皆交议政诸王大臣"（昭梿：《啸亭杂录》卷七《军机大臣》，中华书局1980年版，第212页），所以重大政事并不决定于内阁，而由议政处裁决。这个制度实行一段时间之后，由于议政王大臣分散皇权，同时这些人因系贵胄世爵，往往没有行政才能，不适应统治的需要，因此康熙、雍正逐渐削弱议政处的职权。在军机处出现之后，它就形同虚设了，至1791年（乾隆五十六年）正式取消议政大臣兼衔。但是议政处并没有就此结束，同治初年，慈禧太后垂帘听政，又设议政王，与军机大臣共同秉政，不久，撤去议政王。总起来看，议政王大臣制度基本上与清朝相始终。与议政处相类似的是"会考府"。雍正在即位之后，设会考府，令王大臣主持，"纠察六部，清厘钱粮出入之数"（吴振棫：《养吉斋丛录》卷一，北京古籍出版社1983年版，第9页），权力很大，但为时几年就把它取消了。

亲王没有藩封。明朝广封藩王，以为用它可以维护中央集权，实行不久，就出现靖难之变，以后又发生宁王宸濠等的叛变。清朝吸取这一经验教训，封亲王、郡王、贝勒、贝子等世爵，然而不给封地，世爵以义理命名，而不以地名封予，当然也就没有之藩的问题，所以诸王不可能形成对抗中央的地方势力。

无五军都督府。清朝取消明朝的五军都督府，由兵部指挥全国军队。军队有两队：一种是八旗兵，由在旗籍的满洲蒙古汉军组成。凡旗人皆有参军之义务，然须在适龄后选拔充当。这是满洲建政初期的制度的保留，是维系满族统治地位的力量。另一种是绿营兵，这是募兵制组成的军队。与明朝从军籍中签军的办法不同，也不是按卫所的机构组成的。绿营兵丁是招募来的汉人，实行高工薪制，一般每月饷银一两五钱，军粮米三斗。至于旗兵，薪饷更高，月饷银二两，军粮米二石或三石。因待遇高，当兵被认为是一种权力，兵源也较充足。军队的训练，在地方上由总督、巡抚负责，统帅则归于提督、总兵，所以地方上的兵权是分散的，这一点和明朝的都指挥使司不同。

废巡按制。明代为解决地方上不振作的问题，派遣巡按御史，可以代表皇帝平反冤狱，处理地方特殊事务。清朝入关之初，亦于各省设巡按御史，至1663年（康熙二年）废除巡按制，用经常调换地方官员的办法，希图使他们振作起来，勤于地方事务。如明代府县官吏可连任三次或三次以上，长达十多年不调动，而清朝则一般不连任。

以内务府代替宦官衙门。明朝宦官众多，机构庞大，宦官擅权，是其弊政之一。清朝入关之初设内务府代替明朝的宦官衙门，1654年（顺治十一年）改内务府为十三个宦官衙门，顺治遗诏又以设宦官衙门为弊政，康熙恢复内务府，再次取消宦官衙门。内务府下辖七司，为广储、会计、掌仪、都虞、慎刑、营造、庆丰诸司。司下还有若干机构，如广储司设织造等局。内务府官员负责管理皇帝家庭事务，执行的是宦官任务，但他不是宦官。内务府主持人为总管大臣，由皇帝指派大臣兼任，定期调换。因此，不能形成长期把持内务府而干政的局面。明朝还用太监充任矿监税使，为皇室搜敛财富，清朝则用内务府官员充任盐政、税关、织造的差使，为皇家聚财。

二、军机处成立后的中央政府与地方政府

军机处，是雍正期间适应西北用兵的需要于1729年成立，初名军需房，为内阁的一个部门。1732年改称军机处，乾隆即位改名总理处，1738年复名军机处。军机处设军机大臣，正式职称为"军机大臣上行走"。军机大臣同时有数人，有首领，称"首枢"，亦称"领班"。军机大臣由皇帝拣选亲信重臣担任，条件是年轻有为而又听话。他们因为是皇帝的亲信，在任用上不问出身与经历，官阶也不高，有点和明朝初期的大学士相同。军机大臣下设军机章京，员数不定，有时甚多。军机处刚成立时，军机大臣面见皇帝，根据皇帝的指示草拟圣旨，由军机章京缮写发出。后来由军机大臣转述皇帝指示，军机章京代为草拟。清朝初年，议政处参与军国重事的裁决，军机处成立后取代了它的地位，所谓"大政皆由枢臣面奉指授，拟旨缮发"（吴振棫：《养吉斋丛录》卷四，第41页）。说明了军机处在国家机构中的重要位置。

军机处还取代了内阁的相当一部分权力，大事由军机处拟旨。只有"寻常吏事仍由内阁票拟"（吴振棫：《养吉斋丛录》卷四，第43页），即内阁只处理一些寻常事务，权力缩小了。所以内阁大学

士官虽高为一品，不过是徒有虚名，成了一种荣誉职位。大学士兼军机大臣，才能处理重大事务，成为名副其实的宰相。

军机处也侵占了六部的一些权力。军机处成立后，六部权限也相应减少了。如官吏任用，原由吏部负责，军机处出现后较重要的中级官员，如知府，它亦插手委任，名曰"军机处记名"。军机处能直接指挥地方政府，所以它产生之后，地方某种权宜行事权缩小了，地方权力更形低落。

军机处取代内阁及议政处的地位，而成为事实上的中央政府，构成它的地位上升的原因，除了"承旨"以外，还在于"出政"（赵翼：《檐曝杂记》卷一，《军机处》，中华书局1982年版，第1页），即它是出纳王命的机关。清朝皇帝的谕旨由内阁票拟而发出的，称为"明发"，但"凡机事虑漏泄不便发抄者，则军机大臣面承后撰拟进呈"（赵翼：《檐曝杂记》卷一，《廷寄》，中华书局1982年版，第3页）。由军机处发给有关衙门和大臣，叫作"寄信"，收件人称它为"廷寄"。凡是给经略大将军、钦差大臣、参赞大臣、都统、总督、巡抚、学政的寄信，署"军机大字寄"，给盐政、关差、布政使、按察使的署"军机大臣传谕"。寄信，交兵部捷报处传递，依据内容的缓急，决定邮递之速度，一天要传送几百里。以前，皇帝谕旨的颁发，经过内阁下达，由驿递传送，速度甚慢，地方大员早由探事人获得消息，做了准备。廷寄之后，事机密且速，提高了行政效率。群臣对皇帝的上书，原来分"题本"（报告公事）、"奏本"（报告私事），经过一定的公文程序，由内阁上呈皇帝。雍正以后，官员凡私事或陈奏紧急公务都用奏折，可不再经过通常的公文程序，径直交给皇帝，也是撇开内阁。

军机处成立后，皇帝以"寄信"等制度抛开了内阁、六部，又利用军机处加强了对地方政府的控制，而军机大臣相当于皇帝的幕僚，替皇帝赞画和传达政令，不得变更谕旨，所以皇权强化了，中央集权加强了。军机大臣因"承旨"、"出政"，地位虽不甚高，但是重要，真正掌握一部分宰相的权力，成为实际上的内阁。这个制度一直延续到清末，是清朝政府机器的一个特点。

三、维护满族统治地位的权力分配

清朝统治者以少数民族君临天下，为了保持他的统治，利用民族矛盾，使满族上层占据政府机关的要职，保证满人的特殊地位，以之作为统治的支柱。同时又注意调节民族矛盾，将汉族上层的一部分拉入政权，既取得一部分汉人的支持，扩大其统治基础，又利用汉族官僚的丰富的政治经验，强化它的统治。可以说，保证满人在中央集权中的最高地位，是清朝统治者分配行政权力的总原则。

它在实现这个原则时，极力把民族矛盾的发展变化加以粉饰。清朝入关的最初几年民族矛盾上升为社会主要矛盾，清朝统治者有意识地削弱民族矛盾，打出"法明"的旗帜，声言为明朝及汉族地主报仇，取消明朝暴政。此外大量吸收汉人文武官员，充实清朝政权。当民族矛盾缓和之后，清朝统治者为了不使落后的满族被先进的汉族所同化，又制造民族隔阂，强调保持满洲旧俗，惩治汉化的满人，在汉满官僚的矛盾中，压抑汉人，保障满人官僚的领先地位。如在朝中，满员任意弹劾汉员，汉员不敢批评满员，只能以攻讦汉军表示对满员的不满，就是这样，还遭到康熙、乾隆的申诫。

清朝统治者对民族矛盾的处理，比起前代统治者要高明。如辽朝和金朝以契丹人、女真人的语言、文字为官方语言和文字，统治广大汉人要通过翻译，对统治者是一种不方便，而给人民带来更大的痛苦。清朝不以满语、满文为通用语文，它使满、汉、蒙三种文、语言并行，借以消除许多民族隔阂，也增强其统治能力。

下面，我们从政府机关满汉官员的分配情况看清朝保持满族统治地位的政策。

大学士，清初无定员，满汉比例也无一定。清朝入关后，用汉人较多。康熙年间改变了，1670年（康熙九年），大学士六人，汉员二，满员四。1709年（康熙四十八年），大学士五人，汉三，满二。1748年（乾隆十三年）定制，大学士四名，满汉各半，协办大学士满汉各一名或二名。内阁的其他官员，亦常优先安置满人，如内阁侍读学士，清初四员，满汉各二。乾隆中增为十七人，满十三、汉三。咸丰中减为十六人，满十三、汉三。大学士在清朝是荣誉职位，所以皇帝允许满汉兼半，用以笼络汉人，而不妨碍实权掌握在满族上层手中。

以满人为主体的统治，最明显的表现在军机大臣，尤其是首枢的任用上。军机处始成立，军机大臣二人，一满一汉。乾隆初年，军机大臣六人，除张廷玉一汉人外，余皆满人。1776年（乾隆四十一年）前后，九名军机大臣，汉人只有四个。1799年（嘉庆四年），嘉庆清除和珅，改组军机处，军机大臣六人，满四汉二，满人占大多数。道光以后情况依然如此。军机处成立至清朝灭亡的一百八十三年中，有首枢二十七个，其中亲王十四人，占时五十二年；满员十五人，操枢柄九十四年；汉人仅八员，执政三十七年。满汉人数的百分比是：满人占70%，汉人才占30%，不及满人的二分之一。满汉人员柄政的时间的百分比是：满人为80%，汉人仅20%，比例更小。在满员中，又以亲王为主。在1821—1911年的九十一年中，恭亲王奕䜣当政二十九年，礼亲王世铎十三年，庆亲王奕劻八年，共五十年。其他旗人任者为二十一年，下剩二十年为汉人所柄。可见在军机大臣及首枢的任用上，重满轻汉最为严重。

六部尚书是满汉各半。顺治、康熙时满尚书主办部务，后来改用汉尚书主持，原因是汉员文化程度和行政能力高于满员，用汉员对清朝统治有利。同时虽以汉员为主，但处理政事没有满尚书的签字，就不能执行。军机处首枢又以满员为主，所以满人不会大权旁落，不用怕汉人掌管六部。

总督、巡抚，清初汉员多满员少，这是清朝入关不久，怕刺激汉人的缘故。康熙中期以后满汉参半，乾隆以后变成满多汉少，以保证满人对地方政权的控制。

四、地方政府权力的逐渐提高

（一）督抚职任的演变。清初在省一级的行政上，基本上沿用明朝制度，布政使与按察使分别负责处理行省政务。明初总督、巡抚无常任，后因军事频繁才常设了。清朝因之，并将它固定化，使负责一省或数省的事务。督抚都是地方大员，是地位相差很小的上下级，他们的职掌相同。乾隆时修的《大清会典》卷四记载：总督"统辖文武，节制军民"，巡抚"综理教养刑政"（允祹等监修：《钦定大清会典》卷四，《官制四·外官》，《四库全书荟要》，吉林出版集团2005年版，史部，第111册，第58页）。两者职责没有区别。督抚的设立是中央派出高级官吏监督地方行政，为了使他们能实现职掌，给予中央官职的加衔。一般加都察院"右都御史"、"右副都御史"，所以都察院的实职官员只有左都御史，凡带"右"字者都为加衔。又有加"兵部右侍郎"、"兵部右侍郎衔"的，个别的加"兵部尚书衔"。此外还有加"督理粮饷"、"督理盐政"等衔。加衔事实说明没有一件事是督抚能一人负责的，但是也没有一件事他不管的，所以督抚管事面宽，但管的不彻底，这就很难有作为了。

总督一般只管两省，最多的管三省，少的管一省，他同巡抚职责相同，又在同一个省城办公，因此矛盾很多，互相牵制，便于中央控制。在清初，督抚职权很小，他们办事互相推诿，待到职权大时，互相争夺而攻击对方。对于督抚这样重叠机构，清朝官僚不敢反对，于是乎批评督抚同城。郭嵩焘在《养知书屋遗集》中、薛福成在《庸庵笔记》中都发表了这类意见。在戊戌变法中，取消督抚同城，不久又恢复了。

道光以前的督抚任期短，职权少。清初总督之设无定制，完全按政治需要而设立，巡抚亦然。顺治末年曾经想去掉巡抚，专设总督，不久改为并行。督抚的任期都不长，久任的很少。康熙时两广总督石琳任期十三年，算是很长的了。乾隆时，方观承任直隶总督二十年，是特殊原因造成的，直隶在天子眼下，很难坐大，直隶又多满洲屯田，满人势大，总督很难把持当地政治，故得久任。

道咸以降，督抚久任而权重，改变了前期情况。督抚兼理外交、盐政、粮饷等务，都是道光咸丰以后的事情，任期也长了。李鸿章任直隶总督二十四年，张之洞为湖广总督十八年。督抚可以主动要事做，如张之洞搞汉阳枪炮局、大冶铁矿、马鞍山煤矿、湖北织布局等厂矿，练新军。事务多，久任，地方权力加重了，像曾国藩、胡林翼、左宗棠、李鸿章、张之洞、刘坤一、袁世凯、岑春煊式的有权势的督抚，都是道光以后出现的。嘉道时有名的督抚阮元、陶澍、林则徐等都有所作为，但所拥有的职权则不如曾、胡等人大。

（二）督抚权势提高的物质基础。物质基础之一是督抚征收厘金。厘金是货物过境税，地方政府在各地设关卡收税，税率百分之一，这是额外增加百姓负担。它始行于1853年（咸丰三年）的扬州仙女庙，目的是增加财源，镇压太平军，故名"捐厘助饷"，是一项反动措施。它的创议人是雷以諴，实际是由钱江提出。钱江曾参加三元里平英团，入过林则徐幕，有人说他向洪秀全献过策而未被采纳,变为反动派。扬州实行后,各地仿效,湘军、淮军以此获得饷金。后来关卡越设越多,厘金增多。1891年(光绪十七年),全国税收八千九百万两,其中厘金一千六百万两,占总收入的18.2%,1911年(宣统三年),预计全国收入二亿九千六百万两,其中厘金四千三百万两。它的绝对数量,比1891年增长了1.7倍。

物质基础的另一项是搞团练与练新军。太平天国初起时,督抚并无大的权力,迨后以统兵大员为督抚,他们手握重兵而有了牢固的权力。他们又组织团练,建立新军,发展私人势力。如袁世凯调任山东巡抚,带去自练的新建陆军。督抚的军队,靠厘金来养活,如彭玉麟办水军,粮饷完全靠自行抽厘金来解决。

绅士也是督抚增加权力的政治条件。绅士是地方上做过官的人,退职了闲居于乡。清朝中叶以前,不允许绅士参与地方政事,道咸以后,绅士与督抚勾结,前者就成为后者的政治支柱。

督抚的势力,是在镇压人民起义中发展起来的,是在办外交、搞洋务中兴起的,拥有军队和财源,所以清朝政府虽然企图压抑它,但是没有什么办法。到了清末,将有名的督抚调到中央,多少减弱督抚权力的发展。

五、基层组织

清朝统治者强力推行保甲制,以之作为最基层的组织,实现从中央至村落的完整统治。

保甲制,创始于王安石变法,南宋时亦加提倡。明朝初年实行里甲制，它是按财产多少将居民组织起来，以便征收赋税。它是赋税组织，而不是公安行政机构，以此与保甲制不同。明英宗时因农民起义的不断发生，地方官和绅士要求实行保甲制。明武宗时王守仁在镇压南赣农民起义中推行之。至清朝在全国范围实行保甲制，它本身也更加严密了。

清代的保甲组织，按黄六鸿的《保甲论》讲，十家为一甲，十甲为一保，甲有甲长，保有保正。（黄六鸿：《保甲三论》，《清经世文编》卷七四，中华书局1992年版，第1823页。）照1757年（乾隆二十二年）的保甲法规定，十户为一牌，十牌为一甲，十甲为一保，每个民户都有门牌，上书一家人口、土地财产、教育程度、职业等内客。

建立保甲的目的，沈彤在《保甲论》中说："保甲之设，使天下之州县复分而治。"（沈彤：《保甲论》，《清经世文编》卷七四，中华书局1992年版，第1819页。）于成龙《申明保甲谕》则称："保甲不动支粮饷则兵足，不调发官兵而贼除，兵农合为一家，战守不分两局。"（于成龙：《申明保甲谕》，《清经世文编》卷七四，中华书局1992年版，第1833页。）说明保甲有兵，是州县的分设机构，最低级的政权组织，是清代政权的组成部分，地主阶级统治人民的暴力工具。

保甲的任务，是所谓按户组织人民，维持治安，均平赋役，奖励农桑，平息民间的口角斗殴，这些任务由保甲长来执行。乡、保长都是政府选派的，即"择士之贤者"为之。他们有财产，受过封建教育，充当政府的耳目。他们中有土豪劣绅，是乡里王，是农民最凶恶的敌人。

保甲制还同宗族祠堂的族长权力相结合。祠堂族长的权力，历朝历代皆有，清朝依然存在。各宗族的祠堂，有族礼族规，如同一个基层组织，统治族内人民。宗族还普遍拥有祭田、义庄，作为统治的经济基础。宗族活动还同地方上的义仓、义学、赈济相配合。族长们多半也是乡保长，所以祠堂与保甲相结合、相继系，使清朝封建的基层统治更加严密。

六、小结和余论

统观清朝一代，其政治结构和特点，可以归结为以下几点：

封建专制主义中央集权，在秦汉唐明的基础上又有进一步的发展，主要体现在军机处的设立和它的作用上。

在政权结构和权力分配上，从维护满族统治地位出发，建立议政处等机构，并优先选用满族官员，以执掌政权。

地方势力的发展，是在鸦片战争之后，与办洋务、半殖民地化相一致。

从中央到地方，以及保甲宗族的统治非常严密，人民遭受阶级的和民族的双重压迫。所以人民的反抗斗争往往以反满为号召，具有反对阶级压迫和民族压迫的双重内容。

清代中央集权之所以强化，一个原因是经过训练的皇帝具有丰富的统治经验。明代洪永之后的皇帝，几乎是白痴，不谙政事，不理朝政，或者刚愎自用，以致亡国；清朝不然，多数皇帝都是经过特种训练的，而且有一套培养办法。清朝皇子皇孙六岁就外傅读书，同时学习满文、蒙文和汉文。学习内容相当广泛，包括儒家、佛教的哲理，历朝的政治历史，以及天文、地理、数学等专门知识，还进行军事训练，骑马射箭，掌握军事知识。清朝皇位的继承法，不像汉族的嫡长制，老皇帝根据诸皇子的才品指定继承人，比嫡长制有利于选拔人才。鸦片战争前的皇帝，顺治、康熙都是幼年即位，但先后由多尔衮、四辅大臣执政，他们的社会经验都很丰富。以后的几个皇帝都在政治上成熟后继位的，雍正做皇帝时已四十五岁，乾隆是二十五岁，嘉庆为三十六岁，道光是三十九岁。经过训练的、政治上成熟的皇帝具备处理政务的条件，能够对付大官僚，从而使皇权得以运用自如，加强了中央集权。由于皇帝精明强干，大权独揽，不允许臣下发挥更多的政治作用。在清朝的前期和中期，群臣没有多大作为，没有涌现出大的政治家，这是高度中央集权制的必然现象。

（原载郑天挺：《及时学人谈丛》，中华书局2002年版）

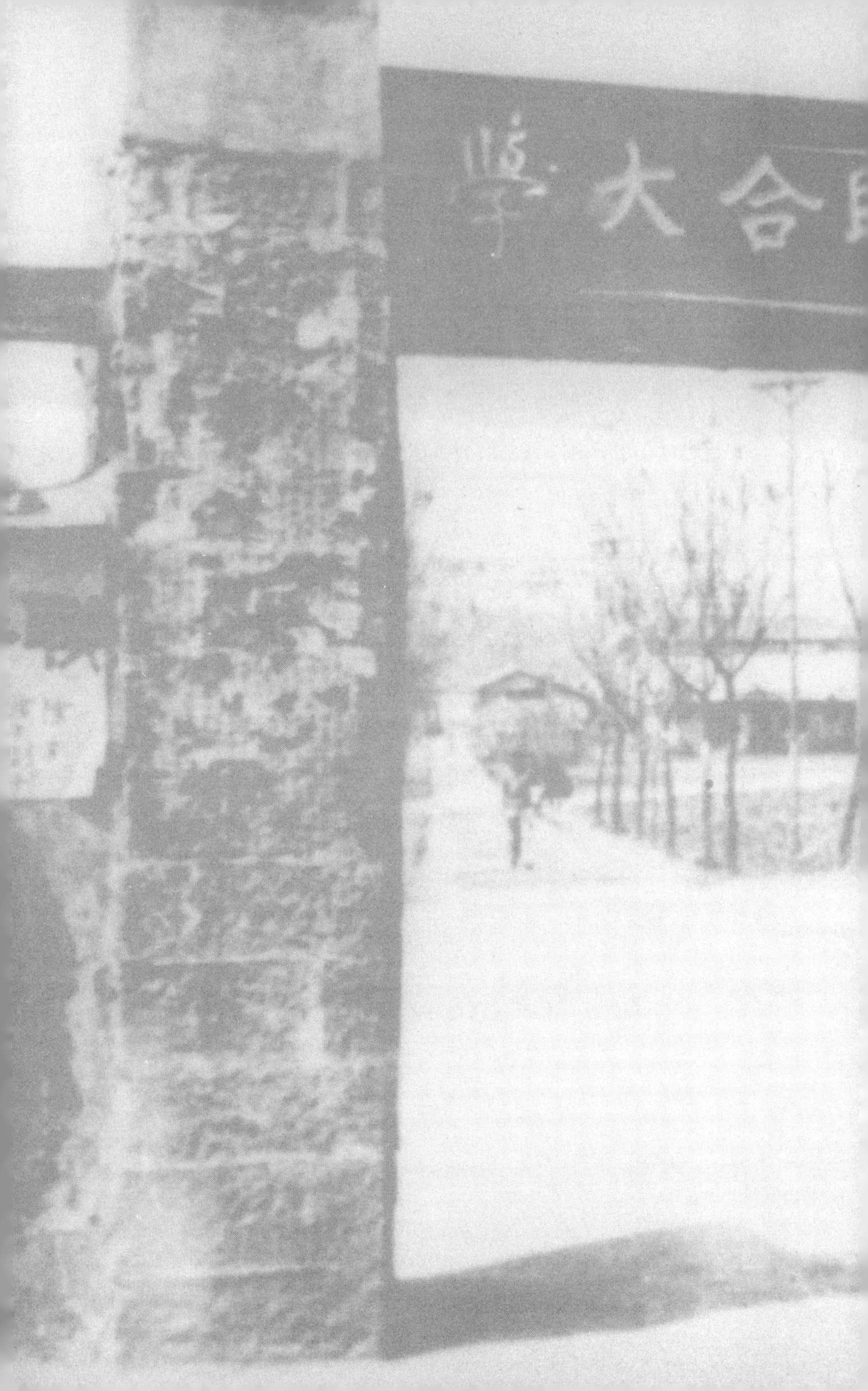
合大学

第四篇 百年巨变

中国近世史五讲

1937—1946

1937—1946

1895—1990

钱穆：晚清之政象与变法自强

一、晚清之政象

清代狭义的部族政治，虽经所谓"咸同中兴"，苟延残喘，而终于不能维持。

第一，是外患之纷乘。

自道光十八年以林则徐为钦差大臣，查办鸦片事务，至二十二年与英议和，订《南京条约》，割香港，许五口通商，是谓"鸦片战争"，为中国对外第一次之失败。此后咸丰七年英、法同盟军陷广州，八年至天津，陷大沽炮台。十年，再至天津，陷通州，入北京，毁圆明园，咸丰避难热河，为外兵侵入国都之第一次。光绪五年，日本灭琉球。六年，曾纪泽出使俄国，议改收还伊犁条约。八年，与俄订喀什噶尔东北界约。十年，中、法战起，十一年议和，失安南。十二年，与英订缅甸条约，失缅甸。十九年，英、法共谋暹罗，废止入贡。二十年，中、日战起，二十一年议和，割台湾，失朝鲜。二十三年，德占胶州湾。二十四年，俄借旅顺、大连，英租威海卫。二十五年，法占广州湾。二十六年，八国（英、俄、日、法、德、美、意、奥）联军入北京，光绪避难西安。二十七年订《辛丑和约》。二十九年，日、俄战起，以我东三省为战场。三十一年与日订《满洲协约》。宣统二年，外蒙库伦携贰，日本并灭朝鲜。三年，英兵侵据片马。

东西势力初次接触，中国昧于外情，因应失宜。

东西两文化，其先本无直接之接触。其始有直接接触，已近在明清之际。其先中国文物由间接关系传入欧西者，举其尤要者言之，如养蚕法［东汉蚕丝已入罗马。南朝梁简文帝大宝元年（公元550年），波斯人始将中国蚕种传至东罗马都城君士坦丁］、造纸法（当唐玄宗时，大食在西域获得纸匠，因在撒马尔罕设立纸厂，为大食造纸之始。时欧邦皆用羊皮纸，大食专利数百年。于12世纪，造纸法始入欧洲）、罗盘［《宋书·礼志》谓："周公作指南车，经马钧、祖冲之以后，其法不传。"至北宋又见于沈括之《梦溪笔谈》（卷二十四）。欧人制磁针作航海用，始于公元1302年，当元成宗大德六年，较沈括所记尚迟二百年。其法盖由亚拉伯人传入欧洲］、火药［中国古时即有火药。据《三朝北盟会编》，北宋靖康时，宋、金交战已用火炮。其后南宋虞允文造霹雳炮，以纸包石灰、硫黄。孝宗时，魏胜创炮车，火药用硝石、硫黄、柳炭，为近代火具之始。元顺帝至正十四年（公元1354年），德人初造火药］、印刷术［雕版始于唐中叶。宋仁宗时，毕昇发明活版印书术。明英宗正统三年（公元1438年），德人始制活字版，后于我四百年］，皆有关近世文明者甚大。（欧邦学者谓元代中西交通，乃将彼土中古时期之黑云一扫而净。蒙古人屠杀之祸虽惨，亦殊可以警奋数世纪来衰颓之人心，而为今日全欧复兴之代价也。）至于彼中所流被于我者，则除景教、摩尼教等几种宗教思想之稍稍传布于民间以外，他固无得而称焉。观于马可波罗所称述，在我固平淡无奇，在彼至于惊诧莫信。其先中西两大文化之成绩，我固未见绌于彼也。晚近一、二世纪以来，彼乃突飞猛进，而我懵然不知。彼我骤相接触，彼好讥我为自傲。夫一民族对其固有文化抱一种自傲之情，此乃文化民族之常态，彼我易地则皆然。且彼之来也，其先唯教士与商人；彼中教义非我所需，彼挟天算、舆地、博物之学以俱来，我纳其天算、舆地、博物之学而拒其教义，此在我为明不为昧。彼不知我自有教义，乃以天主、天国相强聒，如其入非洲之蛮荒然，则固谁为傲者耶？且传教之与经商，自中国人视之，其性质远不伦。经商唯利是图，为中国所素鄙，奈何以经商营利之族，忽传上帝大义？中国人不之信，此情彼乃不知。抑商人以贩鸦片营不规之奸利，教士笼络我愚民以扰捔我之内政，此皆为我所不能忍。而彼则以坚甲利炮压之，又议我为排外，我何能服？且彼中势力所到，亦复使人有不得不排拒之感。与彼中势力相接触而不知所以排拒者，是非洲之黑奴、美洲之红人也。排外而得法者，如亚洲之日本，乃至彼欧之互自相排。知必有以排之而不得其法者，则为中国。日本小邦浅演，内顾无所有，惕然知惧，急起直追，以效法彼之所为。而我则为自己传统文化所缚，骤不易舍弃其自信。虽亦知外力当排，而终未有所以排之者。自我屡为所败，则强弱即成是非。然此特我衰世敝俗，一时因应之失宜。急起直追，所以孙中山先生有"头彩藏在竹杠梢头"之譬也。

主和主战，反复无定。（**内则言官哗呶，仗虚骄之气，发为不负责任之高论。外则疆吏复遇事粉饰，不以实情报政府。**）而内政腐败，百孔千疮，更说不上对外。

第二，是内政之腐败。

当时内政上，最感问题者，首为财政之竭蹶。

清自乾隆中叶以后，贪黩奢侈之风盛张，各省积亏累累，财政已感支绌。经嘉庆川、楚教匪长期内乱，至道光而对外商业，漏卮日大。黄爵滋疏（道光十八年），谓："近年银价递增，每银一两易制钱一千六百有零。非耗银于内地，实漏银于外洋。自鸦片流入中国，道光三年以前，粤省每岁漏银数百万两；自道光三年至十一年，岁漏银一千七百万两。十一年至十四年，岁漏银二千余万两。十四年至今，渐漏至三千万之多。浙江、山东、天津各海口，合之亦数千万两。各省、州、县地丁钱粮，征钱为多，及办奏销，以钱为银。前此多有赢余，今则无不赔贴。各省盐商卖盐得钱，交课用银。昔争为利薮者，今视为畏途。"（王庆云咸丰即位奏："盐课岁额七百四十余万，实征常不及五百万。生齿日繁，而销盐日绌。南河之费，嘉庆时止一百余万，而迩来递增至三百五十六万。地丁岁岁请缓，盐课处处绌销，河工年年保险。入少出多，置之不问。"今按：此等情形，一方起于官场之腐败中饱，一方亦由银价日昂，钱价日跌，经济状态转恶，生活程度提高所致。）清廷之决心禁烟，亦由于此。厥后鸦片战争失败，五口通商，漏卮益增。并历次赔款，国库益窘。

其次则为官方之不振。

清自乾嘉以后，纳资之例大开，洎咸同而冗滥益甚。（王凯泰同治三年应诏陈言，首请"停捐例"。谓："自捐俸减折，百余金得佐杂，千余金得正印，即道、府亦不过三、四千金。家非素丰，人思躁进。以本求利，其弊何可胜言？"其时有以洋行挑水夫而为粮储道者，见殷兆镛疏。）"捐纳"外复有"劳绩"一途。捐纳有"遇缺尽先"花样，劳绩有"无论题选咨留遇缺即补"花样。（捐纳官或非捐纳官，于本班上输资若干，俾班次较优，铨补加速，谓之"花样"。）而正途转相形见绌。甲榜到部，往往十余年不能补官，知县迟滞尤甚。（王凯泰应诏陈言第二项，曰"汰冗官"。谓："捐纳、军功两途，入官者众，部寺额外司员，少者数十，多则数百。补缺无期。各省候补人员，较京中倍蓰。"按：雍正中，查嗣庭、汪景祺等论列时政，已言部员壅滞，有"十年不调，白首为郎"之语。及乾隆间举人知县铨补，有迟至三十年者。廷臣屡言举班壅滞，然每科中额千二百余人，综十年且二千余人，铨官不过十之一。谋疏通之法，始定大挑制。六年一举，三科以上举人与焉。仕途之壅滞，为自唐以来科举制下必有之现象，何况又加之以纳资、劳绩、异途杂流之竞进？）疆吏既竞务保举，多请吏部停止分发。保举大者有二途：一曰"军功"，一曰"河工"。光绪二十年，御史张仲炘言："山东河工保案，近年多至五、六百人。图保者以山东为捷径，捐一县丞、佐杂，不数月即正印矣。"（此见保举与捐纳之狼狈相倚。）其次复有"劝捐"。顺天赈捐一案，保至千三百余人。山东工赈，保至五百余人。他省岁计亦不下千人。时吏部投供月多至四、五百人，分发亦三、四百人。吏途充斥无轨道至此，官方如何得振！

　　照当时的政象，绝对抵不住当时的外患，于是遂有当时之所谓"变法自强"。

二、晚清之变法自强

变法自强,本属相因之两事(非彻底变法不足自强),而当时人则往往并为一谈。(所变只有关自强之法。)

一则清廷以专制积威统治中国,已达二百年,在满洲君臣眼光里,祖法万不可变。(满洲君臣之倾心变法,不过求保全满洲部族之地位。令变法而先自削弱其地位,满君臣虽愚不出此。)

二则汉人在此专制积威政体下亦多逐次腐化。当时政府里真读书明理,懂得变法自强之需要与意义者亦少。

乾嘉朴学,既造成训诂考据琐碎无当大体之风尚,而道光朝科举唯遵功令,严于疵累忌讳,一时风气,更使学者专心于小楷点画之间。(此风肇于曹振镛。曹历事三朝,凡为学政者三,典乡、会试者各四,为军机大臣,殿廷御试必预校阅。没谥"文正",盖以循谨为专制政体下之模范大臣也。自道光以来,科场规则亦坏,请托习为故常。寒门才士为之抑遏。咸丰八年,大学士柏葰以典顺天乡试舞弊罹大辟,科场法稍肃,然至光绪中又渐弛。)当时所谓正途出身者,已乏通才,何论捐资、劳绩异途之纷纷!此辈本不知变法图强为何事,且变法无异先妨碍彼辈之地位与前途。彼辈既不能走上前面襄助成事,彼辈又将躲在后面掣肘坏事。(张之洞、刘坤一会奏变法,论及用人,云:"承平用人,多计资格。时危用人,必取英俊。今之仕途,不必皆下劣,同一才具,依流平进者多骑墙,精力渐衰者惮改作,资序已深者耻下问。其所谓更事,不过痼习空文,于中外时局素未讲求,安有阅历?而迂谈谬论,成见塞胸,不惟西法之长不能采取学步,即中法之弊,亦必不肯锐意扫除。"此奏已在戊戌后，更可推想以前政界中状况也。）

在这一种政治的积习与氛围中，根本说不到变法自强。纵有一、二真知灼见之士，他们的意见，亦浮现不到政治的上层来。〔郭嵩焘谓："西人富强之业，诚不越矿务及汽轮身车数者。然其致富强，固自有在。窃论富强者，秦、汉以来治平之盛轨，其源由政教修明，风俗纯厚，百姓家给人足，以成国家磐石之基，而后富强可言也。岂有百姓困穷，而国家自求富强之理？今言富强者，一视为国家本计，与百姓无与。官俗颓敝，盗贼肆行，水旱频仍，官民交困，岌岌忧乱之不遑，而轻言富强，祇益其侵耗而已。"嵩焘以此告李鸿章，鸿章则曰："西洋政教规模，弟虽未至其地，留心咨访考究，几二十年。（此光绪三年语。）人才风气之固结不解，积重难返，由于崇尚时文小楷误之。"其实即以鸿章言，恐亦未能深切了解郭氏之意。晚清大臣能语此者唯曾国藩，曾氏已死，郭氏此等议论，索解人不得矣。〕

一时言富强者知有兵事，不知有民政；知有外交，不知有内治；知有朝廷，不知有国民；知有洋务，不知有国务（此梁启超语）。即仅就兵事、外交、洋务等而论，亦复反对之声四起。（文祥光绪二年疏："能战始能守，能守始能和，宜人人知之。今日之敌，非得其所长，断难与抗，稍识时务者亦讵勿知？乃至紧要关键，意见顿相背。往往陈义甚高，鄙洋务为不足言。抑或苟安为计，觉和局之深可恃。是以历来练兵、造船、习器、天文、算学诸事，每兴一议而阻之者多，即就一事而为之者非其实。至于无成，则不咎其阻挠之故，而责创议之人。甚至局外纷纷论说，以国家经营自立之计,而指为敷衍洋人,所见之误,竟至于此。")

在此情形下,遂使当时一些所谓关于自强的新事业之创兴,无不迟之又迟而始出现。

举其著者,如铁路之兴筑,同治季年直督李鸿章已数陈其利,竟不果行。光绪初,英人筑淞沪铁路,购回毁废。三年始有商建唐山至胥各庄铁路八十里。六年,刘铭传入觐,力言铁路之利,李鸿章又力赞之,而江督刘坤一以影响民生厘税为言,台官亦合疏反对,诏罢其议。十三年,始造津沽铁路一百七十里。明年,李鸿章唱议自天津接造至通州,朝议骇然,张之洞乃创芦汉干路说为调停。后又中辍,直至二十四年始再定议,三十二年全路始成。(沪宁路始于二十九年,京奉路成于三十一年,津浦路成于宣统三年。)又以轮船言之,《江宁条约》后,外轮得行驶海上。《天津条约》后,外轮得行驶长江。同治十一年,直督李鸿章建议设轮船招商局。十三年,又疏请,始定议。直至光绪十年,犹申明禁令,小轮不得擅入内河。十六年,有疏请各省试行小轮者,总署王大臣仍以为不可。(时江轮、海轮统名"大轮"。)迨各水道外轮先后行驶,华商小轮始弛禁。(日本始有东京、横滨铁道在同治十一年,大阪商船会社设立在光绪十一年。又按:欧洲机械方面重要之发明,如瓦特始得蒸汽机专利权在乾隆三十四年,福尔登始造汽船在嘉庆十二年。第一道汽机铁路之通车,在道光五年。利用汽力,为欧洲近世文化最要一特点。若中国能在同治季年即切实仿行,先后最远亦不能出百年之外也。其后法拉第发明发电机,在道光十一年,鄂图氏发明内燃机在光绪二年,而后近代机械之日新月异,变化益速。使天地为之异形,人生为之转观者,胥此一百数十年内事耳。中国则因有二百年来满洲部族政权之横梗作病,使之虽欲急起直追而不可得。其后则激荡益远,于政治革命之后,继之以文化革命、社会革命,于中国内部不断掀起彻底震荡之波澜,而欧洲之科学与机械,遂终无在中国社会安宁保养,徐徐生长成熟之机会。过激者乃益复推而远之,希望于驱逼中国投入世界革命中求出路,不知社会愈动扰,则科学机械之发展愈受摧抑。而中国社会之所以赶不上近世文化之阶段者,其唯一机括,只在科学机械方面之落后。道在迩而求之远,歧途亡羊,此之谓也。)

外患刻刻侵逼,政事迟迟不进,终于使当时人的目光,转移到较基本的人才和教育问题上去。

[原载钱穆·《国史大纲》(下),九州出版社2011年版。标题为编者所加]

1899—1981

郑天挺：中国近百年来之禁烟历程

谁都知道，在一百年以前中国历史上有一度重大的变动，层出不穷的外侮从那时开始，闭关自雄的迷梦也从那时警觉，那就是因禁鸦片烟而起的鸦片战争。前几年中央为纪念这伟大事件的原动力，加强禁烟的决心，定6月3日为禁烟节，并以纪念当日恭亲其役的林则徐先生——6月3日是他的生日。当日首先提议严烟禁的是黄爵滋。而单独纪念林则徐者因为他是当日真正知道鸦片之害敢于认真查禁的一个人。

鸦片烟传入中国，确实日期不可考；至于正式列入关税征榷税款，是从明万历十七年，公元1589年开始。距今已三百五十七年。在清雍正七年，公元1729年，中国上下已渐知其害，曾布禁令，不准贩售，不过当时吸食者尚少，一般人还不能辨识什么是鸦片烟，以雍正之英明还受过欺骗，以为鸦片是药材，与害人的鸦片烟并非同物，所以雍正时所定的罚则甚轻，而且吸食者无罪。道光以后吸食鸦片者日多，并有效法种植的地方，道光本人对于鸦片最为痛恨，屡次将烟禁加严，刑罚加重，贩售、买食、种植、煎熬、制造器具、修理器具全有罪。官吏徇隐不究，家长约束不严亦有罪，但是未生大效，因为来源未绝，道光十八年，公元1838年，鸿胪寺卿黄爵滋更请严加禁绝，以为如要实力查禁必先加重罪名，他主张所有吸食鸦片烟者限一年内断绝烟瘾，一年后仍然吸食者一律处死，并举行邻右五家连保，一人吸食五家连坐。道光命各省督抚妥议章程，一律查禁。林则徐当时是湖广总督，他以为鸦片之祸不除，十年后不惟无可筹之饷，且无可用之兵，所以主张用重典。他在湖北，数月之间，收缴了烟土一万二千余两，烟枪一千二百余杆，在湖南收缴了烟枪三千五百余杆，全都分别劈毁。道光因他办理最为认真，就命他到广东查办海口事件，所谓海口事件，就是趸船上的洋药——鸦片烟，他于道光十九年正月底到广州，抱了鸦片一日不绝他一日不回的决心，誓与此事相终始。他到广州以后，限令外商们在三日内缴出所蓄烟土，他们不理，二月初就停止了他们的交易，囚禁了他们的买办，他们于是缴出了鸦片二万二百八十三箱，每箱一百二十斤，共合二百四十三万三千九百六十斤。他在虎门验收就海口全数烧毁，四十多日方始毁尽。他的决心，他的勇气，他的冒万难排众议坚定不扰的精神，确实值得我们纪念，值得我们矜式！

从道光十八年查禁鸦片烟到现在，已有一百零八年，不但吸食没有禁绝，就是栽种贩售也没有根株净尽。道光十九年查禁鸦片烟章程限一年六个月清绝，光绪三年郭嵩焘建议限三年革净，光绪三十二年又定限十年递年减少以期绝迹，但全没有成功。这不是政府没有决心，不是方法不够严密，实在是目的不免偏歧，以致本末倒置。

近百年来我国禁烟可分三个阶段。

第一期禁烟偏重在杜绝漏卮，从道光到光绪初年全是如此。黄爵滋创议禁烟是因为当时纹银的大量出口，中国金融发生绝大的危扰；而纹银外漏之多是由于贩烟之盛，贩烟之盛是由于食烟之众。所以他主张釜底抽薪先行禁烟，以便"严塞漏卮，以培国本"。宣宗派林则徐到广东查办海口事件时，也说是近年鸦片烟传染日深，纹银出洋消耗弥甚。他们的目的实在是双重的，一方面要湔除锢习，一方面要杜绝漏卮，而后者更重于前者。后来一般关心时务的人如包世臣，冯桂芬，王韬，以及作《盛世危言》的杞忧生，他们全是同样立论。因为偏重于杜塞漏卮，则政令不免随国势而有张弛。在军威奋扬之会自然雷厉风行，而国势蹶折之后又不免烟消云散。所以鸦片战争失败以后，大家也就不再谈烟禁，而咸同之际吸食鸦片之风更炽。另外还有一个结果，就是因为不能杜塞，于是改为抵制，因为不能禁洋土入口，于是弛内地种烟之禁。以为既不能禁，不如任民自种可塞漏卮，甚至于说中国土淡于洋土，吸之瘾轻而病浅，戒之亦易。本末倒置，不惟不能根绝而且反致蔓延。这是第一期禁烟不能成功的原因。

第二期禁烟偏重在寓禁于征，自光绪初年至民国初年全是如此。自从咸丰七年，公元1857年，闽浙总督王懿德以军需不给请暂时将洋药量予抽捐以后，于是药税一项成了收入大宗。后来军事平定，不惟不停止反于洋药以外更税土药，其后甚至于熬膏专卖，贩吸领凭。借口于国帑空虚，更美其名曰寓禁于征。政府既以此为利薮，自然不愿严其法禁，致碍税源。一时名臣如左宗棠、李鸿章为中外所仰望，依然不能挽此积习，张之洞在山西禁种鸦片最有声誉，而晚年在湖北竟不能阻止，八省土膏统捐的实行，全是这个缘故。

近十几年的禁烟，可以说是入于第三阶级，因为既无所谓漏卮，也无所谓寓禁于征。只是单纯的坚决的，要禁绝烟毒。但是目的虽然正确，可是态度又陷入另一错误，就是讳扬家丑。现在社会上人人知道鸦片烟没有绝迹，可是大家讳而不说，以为中国禁烟已历百年还没有铲除净尽，是一种耻辱，于是迂避不言，希望他自然的逐渐禁革，但是上下交相讳的结果，不免于姑息敷衍，万一奸宄乘之，可以前功尽弃。这是一个最要紧的阶段，因此首先要改换掉消极缄默的态度。

我们希望中国禁烟不再有第四阶段，在最近的将来把它完全禁绝，我们应该同道光本人一样的抱着"为天下除此祸患"的决心，同林则徐一样的鼓着"誓与此事相终始"的勇气，虔诚的企求全国"同心协力，思所以湔锢习而挽颓风"！

[原载《中央日报》(昆明版) 第 2 版"星期论文"，1945 年 6 月 3 日。标题为编者所加]

1915—1957

丁则良:《天津条约》订立前后美国对中国的侵略行动

一、引言

美国在第二次鸦片战争中,表面上装作"中立",而事实上跟英、法等国狼狈为奸,共同侵略中国,胁迫清政府签订《天津条约》,取得了很多的特权。这些事实,过去已有人加以论列。(刘大年著《美国侵华史》第4—6页,对这一问题,有扼要的叙述。)在1858年以前,由"传教士"出身的美国驻华使节伯驾(P. Parker),积极帮助英、法等国在广东进行侵略行动,同时极力主张美国占领台湾,这些阴谋,也已经有些文字,加以揭发。(余绳武:《一八五八年以前美籍传教士在中国的侵略活动》,载《进步日报·史学周刊》第2期。陈庆华:《一百年前美国就开始侵略台湾了》,载《台湾人民"二·二八"起义四周年纪念特刊》,《光明日报》1951年2月28日第4版。)我在这里只想讨论一下,从1858年4月英、法军队到达大沽口外,准备进攻时起,到1859年6月,英、法军队再度进攻失败时止,美国在华的官员、海军和传教士所干的种种侵略活动。美国派来的全权代表,先是咧威廉(W. B. Reed),后是华若翰（J. E. Ward），都是侵略政策的执行人。美国的海军直接参加英、法对华的军事行动，"宝哈旦号"（Powhatan）战舰舰长达底拏（Josiah Tatnall）（"宝哈旦"及"达底拏"两译名，均根据咸丰朝《筹办夷务始末》。"宝哈旦"见卷三九，第8页。"达底拏"见卷四〇，第37页）更喊出"血浓于水"的口号。至于一些美国传教士，如卫廉士（S. W. Williams）、丁韪良（W. A. P. Martin）之流，更公开地做了美国的官员，积极策划侵略中国的阴谋行动。这些人的活动，充分说明美国如何戴着"中立"、"和平"、"友好"的假面具，进行卑鄙阴险的勾当。它以为用这种手法，可以欺骗中国和全世界的人民。但是铁一般的事实，是抵赖不过去的。这篇短文就是根据一些史料，把这一段欺骗的丑剧，予以揭发。错误之处，希望读者多多指正。

二、伪装"中立"浑水摸鱼

咧威廉等人在1858年4月跟随着英、法的海军到达大沽口外的时候，他们是充分认识美国在这一次战争中所要完成的任务的。还在1857年，英国就要求美国和英、法合作，对中国采取共同的军事行动，而且要求美国派遣一个全权代表，和英、法的代表共同向中国提出要求。美国虽然没有接受参加军事行动的提议，却同意派遣全权代表，跟英、法的代表一致行动，而且尽量装成"中立"，浑水摸鱼。这一全权代表的任务是什么呢？连美国的资产阶级学者德涅特（T. Dennett）都不能不这样承认：

美国的特命全权公使要派到世界的那一边（按指中国），站在树底下，手里拿着筐子，等着接他的在树上的伙伴所摇撼下来的果子。甚至他还接到训令，万一树上的人和果园的主人发生纠纷，他应当出来调停。美国代表在国际政治中从来没有扮演过比这更为无耻的角色了。[德涅特：《美国人在东亚》（*Americans In Eastern Asia*），第 305 页。]

在这种政策下，咧威廉等人一面和英、法代表交换情报，合谋侵略中国，一面却向清政府说明英、法的要求是"正义的，合宜的"，美国对中国是"友好的"，无意跟中国作战。在英、法遇到困难的时候，美国就出来帮忙，欺骗清政府，使英、法可以选择合适的机会，在有利的条件下，进攻中国。

英、法军队到达大沽口外之后，以直隶总督谭廷襄等不是全权代表为借口，拒绝和他们交涉，同时积极布置，准备进攻。在布置没有完成之前，先由咧威廉、卫廉士、丁韪良等人和谭廷襄以及直隶布政使钱炘和等人进行交涉，为英、法军队的布置进攻争取时间。同时对谭廷襄表示，美国的目的和英、法不同，使谭廷襄和咸丰帝相信可以请美国从中"说和"（咸丰朝《筹办夷务始末》卷二二，第 18、23、30 页），因而松弛了清朝对于英、法的警惕。卫廉士、丁韪良等人做得很巧妙，谭廷襄等人真相信他们"较俄夷忠厚，言颇近理"（咸丰朝《筹办夷务始末》卷二二，第 2 页）。交涉进行了二十多天，给英、法军队一个充分准备的时间。（咸丰朝

《筹办夷务始末》卷二二,第 20 页云:"喋哗……时令小船,测试河口浅深,或爬上桅杆,用千里镜窥探村内形势。"可见布置之一斑。)然后到了 5 月 19 日,即英、法军队进攻大沽炮台的前夕,再由卫廉士、丁韪良上岸,进行欺骗的最后的一幕。他们与钱炘和谈判,空气非常"友好"。美国的要求,经逐条讨论之后,钱炘和接受了好多条。这时英、法军队的布置已经完成,通知咧威廉中止谈判。于是咧威廉就派一个美国人(前驻宁波领事)布莱德雷(Bradley)上岸,送一个条子给卫廉士,要他不动声色,立即中止谈判。这一条子全文如下:

我此刻收到葛罗男爵(Baron Gros,按系法国全权代表)送来一件公文,告诉我说明天要致送一个最后牒文和一封海军大将的招降书给谭廷襄,然后在两小时之后,将炮台打下。你应当认为这是极端秘密的消息,显然不可在岸上对人耳语,甚至不能告诉丁韪良。如果你收到这个条子,正是在那位布政使那里,或者是他在你这里,那么我对你的积极的指示,就是用一种最和蔼亲切的方式,把一切谈判中止——只要说我的指示要你如此就可以了。我确信你会认识到在中国人直接从攻击中晓得之前,丝毫不让中国人晓得联军的意图的必要。〔卫廉士的弟弟 F. W. Williams 所编的《卫廉士的生平及其书信》(Life And Letters of Dr. S. Wells Williams),第 262 页。〕

卫廉士自己在日记中记说,他认为这个条子来早了一个钟头,因为他还想设法"让中国人了解抵抗是愚蠢而危险的"(《卫廉士的生平及其书信》，第 262 页)。他和丁韪良两人装作没有事的样子，继续认真地进行辩论，"好像要修起一个比草房还要坚固耐久的房子，等第二天让大风把它吹垮似的"〔丁韪良：《留华一甲子》(A Cycle of Cathay)，第 162 页〕。钱炘和等人完全没有觉察，还在会中把咧威廉大捧一番。卫廉士等人送了他一份中国地图，一支铅笔，几种传教用的小册子，和几份阳历历书。钱炘和很满意，并且告诉谭廷襄说，交涉进行得圆满，"该副使""欣然而去"(咸丰朝《筹办夷务始末》卷二二，第 23 页)。

5 月 20 日上午八时，英国的舰长霍尔(Captain Hall)把招降书送到岸上，要大沽炮台的守军在两小时之内，将炮台交给英、法的侵略军队。十时，英、法的海军向岸上开炮，法军首先登陆，不久英军也上了岸。大沽的炮台全被英法军队占领。接着英法军队向前推进，不到一星期，就开到了天津。

在美国侵略者的字典中，"中立"、"和平"、"友好"这些字眼是如何解释的呢？上面这一事实是个很好的答复。

三、中美《天津条约》中的"传教"条款

在英法军队开到天津之后，美国和沙俄的全权代表也立即到了天津。昏聩腐败的清廷，感到局势不妙，派遣桂良、花沙纳二人为全权代表，前往天津和英、法、美、沙俄四国代表谈判。从 5 月尾到 6 月中旬，美国代表咧威廉，在卫廉士、丁韪良等人协助之下，

仍然使用在大沽口的策略，一面声称"仍愿照海口原议，与啖唎尽心说合"（咸丰朝《筹办夷务始末》卷二二，第32页），一面却"借英夷为恐吓，将要求各款，哓哓置辩。所开款目，亦较谭廷襄所议者加增"（咸丰朝《筹办夷务始末》卷二四，第34页）。清政府在侵略者威胁之下，终于在6月中旬和下旬与四国分别签订了不平等的《天津条约》，把中华民族的利益出卖给外国侵略者。

关于《中美天津条约》签订的经过，卫廉士的日记中有详细的记载，这里无须加以赘述。[《卫廉士日记》（The Journal of S. Welis Williams）发表于 Journal of the North-China Branch of the Royal Asiatic Society 第42卷，1911年出版。此书较不易得，承燕京大学侯仁之兄代借，特此声谢。]我只预备提出三点，略加讨论。

第一，这一条约，共三十款，其中要点是美国公使进京，领事裁判权，增开台湾和潮州二口为通商口岸，减轻关税，中国政府保护"传教、习教之人"，以及各种权益一体均沾的条款等。至于鸦片问题，全未提及。从表面上看，《中美天津条约》的内容不比英、法、沙俄和清朝所订的条款更加苛刻。但既有各种权益一体均沾的条款，则别国所取得的种种特权，美国也可以同样取得。从1844年《望厦条约》签订之后，美国资本家的进一步的要求，到这时大致都通过不平等的《天津条约》而成为事实。

第二，这一条约的订立，卫廉士和丁韪良这些"传教士"是尽了很不小的气力的。他们两人在中国居住多年，不断在研究如何才能从中国夺取更多的利益。他们看不起啊威廉，丁韪良对于他把

"成绩"完全挂在自己账上，无视英、法动武的作用这一点，大为不满。把他比为中国寓言中所说的走在老虎前头的狐狸，以为百兽恐惧，不是由于老虎在后头，而是由于自己的威力。（丁韪良：《留华一甲子》，第183页）但是咧威廉却很赞扬卫廉士和丁韪良这些人，他说："没有他们的帮助，我在这里就无法履行我的责任。"从《卫廉士日记》和丁韪良的写作中，我们都可以看出，这些人确实在美国侵华的过程中，完全是个帮凶，有时甚至是正凶中的一分子。

第三，关于《天津条约》中的传教条款，我们应加讨论。咧威廉曾一度提出传教士到内地传教，桂良等人反对，他就未再提起。他所关心的事情，是要赶在6月18日，即英军在滑铁卢（Waterloo）战胜拿破仑的纪念日，在条约上签字，为的是可以把自己比附为英国的威灵顿（Welington），满足一下他的虚荣心与夸大狂。但是卫廉士和丁韪良这两个久居中国的传教士，却深知这一条款的侵略性，他们坚持要再度提出这一条款。卫廉士在6月17日那一晚上，通宵未睡，他想到应当挦酌字句，重新把这一条款提出。他把"内地"字样去掉，做成比较笼统的一条，同时把中国政府应当保护教民一点，加了进去。在6月18日吃早点之前，把这一条款送到桂良的住所去。九时半，清朝代表的答复来了，他们仍然要把传教限在通商口岸的范围之内。于是卫廉士和丁韪良立即坐了轿子，赶到桂良等人的住所，强迫他们接受。于是这一条款就正式成为《天津条约》的一部分。

卫廉士在签字之后，心满意足，觉得这一天没有白过。（《卫廉士日记》，第69页）他充分认识这一"胜利"的意义。这样，美国传教士借这一条款为护符，就可以深入内地，为所欲为。而中国教徒中的败类，也可以在美国传教士的庇护之下，做出种种祸害人民的勾当。（这一条款的影响，前举余绳武文中有详细评论。）至于通过传教士进行文化、思想方面的侵略，更不待言。

通过《天津条约》的签订，卫廉士和丁韪良两人在英美侵略者眼中，成为执行他们的侵略政策的功臣。两人的身价，都和以前大不相同了。

四、"血浓于水"——美国侵略者的口号

《天津条约》签订之后，美、英、法三国代表先后离开天津前往上海，准备和清政府的代表商议改订通商和关税的章程。英、法海军也纷纷南下。丁韪良比英国代表额尔金爵士（Lord Elgin）还要凶狠，他对于额尔金爵士不留下军舰驻住天津，不要求开天津为通商口岸，深不以为然。（丁韪良:《留华一甲子》，第189页）他是个很彻底的"炮舰政策"的鼓吹者。

英、法两国跟清政府所订的《天津条约》中，规定双方各于签字一年内批准，到北京换约。《中美天津条约》，没有规定换约的地方，因此美国坚持和英、法一起，同到北京换约，是没有条约根据的。1858年，咧威廉回国，1859年，美国政府派华若翰继任。华若翰于5月到达香港，先和英国新换的代表普鲁斯（F.W.A.Bruce）会商，交换意见，然后才到上海。桂良、花沙纳等人在上海和他会

见，请他不要到北京去，华若翰说他立即到北京去的决心，是不能动摇的。[摩尔斯（H. B. Morse）:《满清①帝国对外关系史》(The International Relations of the Chinese Empire) 第 1 册，第 576 页。] 从任何一个观点来看，这种举动都是没有理由的。中美条约上并未规定北京为换约地点。即使退一步说，美国可以"一体均沾"有进京换约的权利，但英、法和清政府所订的《天津条约》，还未经批准互换，并未生效，美国何从去"均沾"呢？

6 月间，华若翰终于和英、法代表以及三国的海军，一起到了大沽口外。英法代表拒绝清政府的指示，不从北塘上岸，而想用武力打开从大沽到天津的通路。中国的守军坚强抵抗，把英法的海军打得落花流水。这些事实，不是本文所要讨论的对象，只能从略。我们应当注意的，就是华若翰的想法和英、法的代表，并无不同。据卫廉士在《日记》中 6 月 21 日那一天记说："华若翰谈到要和英人一起去拔除障碍物，摧毁炮台，然后溯流而上。"卫廉士不同意，因为三国"没有办法把军队运送到北京去"。（《卫廉士日记》，第 113 页）这已经把他们的侵略野心，暴露无遗了。

在 6 月 24 日到 25 日的交战中，英军大败。25 日清早，英国海军大将贺布（Admiral Hope）受伤，他的坐舰被击中，不能动转。这时美国"宝哈旦号"的舰长达底拏，就在华若翰同意之下，出动援救英军，和中国的大沽守军作战。美国侵略者连表面的"中

---

① 此说法有其历史局限性。本书尊重作者表述，请读者审慎看待。——编者注

立"都不再维持，喊出了"血浓于水"的口号。丁韪良在自传中记说：

> 这句话得到了全世界的共鸣。没有一颗心比我的更真诚地给以反应。但愿这种血缘的关系，不但使得同种的国家间的战争成为不可能，而且还紧结起两国的国旗，以和平君临其他种族！（丁韪良：《留华一甲子》，第192页）

这种英、美高于一切，盎格鲁－萨克逊民族高于一切的谬论，出诸一个"传教士"之口，使人相信他真是希特勒的"不祧之祖"！

在"血浓于水"的口号下，美国的海军在贺布的坐舰上，替英军开炮，攻打大沽。达底拏又命令美国海军，用军舰把在逆流上驶满载着援兵的英国驳船，拖到战场上来。25日晚上，英军登陆进行夜袭，美国船参加行动，并且在夜袭失败之后，把英军接下船来。这一连串的侵略行动，我们永远不会忘记，血债一定要用血来偿还！

英法军队被打败之后，又回到南方去重新准备，等到第二年，即1860年，再来大举进攻。而鼓吹着"血浓于水"的美国官员们，则到北塘去交涉进京换约的事情。在换约之后，华若翰还在北塘向直隶总督恒福解释说，美军在交仗时不曾放过一炮，出过一兵。把罪行推得干干净净。（丁韪良：《留华一甲子》，第202页）

（原载《历史教学》第2卷第2期，1951年）

1909—1973

邵循正：辛亥革命前五十年间外国侵略者和中国买办化军阀、官僚势力的关系

外国资本主义、帝国主义在其侵略中国的过程中，不断地寻找代理人，作为执行它的意志的工具。

当然，外国侵略者最注意控制封建反动势力的中枢政权。清政府经过两次鸦片战争后开始接受外国资本主义半殖民地的统治秩序而逐渐买办化，经过甲午战争和镇压义和团农民革命而和帝国主义进一步结合。到了辛亥革命前夕，就堕落到完全接受了以美帝国主义为首的国际财团的共管。五十年中逐渐买办化的清封建政权，是外国资本主义帝国主义统治中国的主要工具。

但是，外国侵略势力决不以控制北京政权为满足。由于清政权本身就不能有效地统治中国各地区，由于列强彼此间矛盾的发展，由于他们在中国各地区侵略利益的大小不同和力量的强弱不同，由于新兴军阀官僚各派别间相互的争夺和地方势力对于清中枢政权的冲突，更重要的，由于广大中国人民的不断反抗斗争，外国资本主义、帝国主义各国就分别地在中国各主要地区寻找和它本身侵略利益结合的代理人，以求达到进一步侵略的目的。

一

首先，从60年代开始，外国资本主义就和曾国藩、左宗棠、李鸿章等所代表的封建地主实力派，在共同镇压中国人民的基础上相结合。但是发展的结果，很不一致。英国侵略势力最大，也就最有力地控制着湘淮两系。淮系买办化比湘系深，力量也就迅速发展，超过湘系。而先后勾结法德的左宗棠一系，由于六七十年代法、德资本主义在华基础较弱，而左系又在一个较长的时期僻处西北，所以买办化的程度不及淮系。

由于英国资本主义首先支配了华南和长江下游，并在这些地区扶植着大批依附于英国利益的买办商人（在初期可注意的事实是大批广东的买办跟随英国势力而进到上海），英国侵略势力就能够通过这些买办和湘淮封建军阀结合而使之逐渐买办化。淮系买办化速度的超过湘系，这决不是单纯地由于戈登等"洋将"的影响，而更基本的是由于英国资本主义通过上海方面包围李鸿章的买办势力所起的作用。上海买办商人曾于50年代企图通过清地方官吏使自己成为中外反动势力的桥梁，但是没有成功。新兴军阀李鸿章的来到上海，使他们得到一个有力的发言人，上海买办也就被网罗在李鸿章的势力之下。这是淮系发展为强大的反动力量的要素，也就是英国资本主义和淮系结合的基础。

淮系初期的势力，以江南为根据地。李鸿章在这里开始了他早期的"洋务"事业。苏州炮局（英人马格里主办）和上海铁厂（亲英官僚买办丁日昌主持）是淮系初期有限的但是重要的本钱。所以1865年李鸿章被调到河南去打捻军，就向清政府声明炮局和铁厂是淮军的"命脉关系，诚不敢轻以付托"（李鸿章《奏稿》卷九，《复陈奉旨督军河洛折》）。也就是说不能拱手让人。后来苏州炮局移南京成为金陵机器局，上海铁厂发展为江南制造总局。1870年李鸿章督北洋，南京的马格里仍然接受天津方面的命令（详见D. C. Boulger，《马格里传》），江南制造总局有事，一直由南、北洋会商会奏，成为定例。所以淮系虽然北移，在江南的军需工业中依然保持着很大的利益。

自从李鸿章离开江苏之后，江南成为湘系的地盘。英国势力控制着湘系。单从曾国藩父子和马格里的关系上也可看出湘系亲英的程度。英国资本主义既然把湘系控制住了，从此数十年中，金陵机器局和江南制造总局，一直是英国军火厂的附庸。80年代出使英国的曾纪泽，也就成为英国军火业的发言人。所以直到1905年，北洋系周馥派德国工程师巴斯（Basse）代替英国人柯尼斯（Cornish）管理江南船厂船坞（周馥《奏稿》卷三，第15页），英帝国主义的报纸就大声疾呼"德国势力进入江南船坞"，"克鹿卜（Krupp 即克虏伯，德军火厂）代替了阿姆士脱郎（Armstrong 英军火厂）"（《字林西报周刊》1905年上册，第35页）。就江南一区说，英国势力从军需工业上控制了湘系，并间接影响着北方的淮系军阀，已可概见。

淮系到北方后一面兴办北洋的海陆军，一面接连筹办轮船、电报、煤矿、纺织等企业，以发展其远远超过他系的军事、经济力量。李鸿章的"自强"、"求富"和后来袁世凯的"筹饷练兵"是北洋军阀一脉相承的要诀，也都是帝国主义所需要的。从70年代开始，淮系加速地买办化。由于李鸿章系大买办官僚盛宣怀的包揽招徕，太古、怡和的买办例如唐廷枢、徐润以至于后来转化为改良派的郑观应等人，就成为李鸿章的"洋务人才"。上述的淮系企业，都直接间接和长江下游有关（煤以济轮，轮行驶沿海和长江，电报中心在上海，织布局本身就设在上海），因此淮系的经济利益并不限于北方一隅，而兼以长江流域为重要的根据地，也都和英国资本主义以及从80年代起迅速增长的美国资本主义势力相结合。盛宣怀本人在南方有更大的利益，在这地区他不但是淮系的全权经纪人，也就成为代表英、美资本主义利益的大买办。

由于70年代以后，德国资本主义在中国势力的扩张，在北方，北洋海陆军的发展，不久就卷入英德的竞争的旋涡中，而使李鸿章和英国关系逐渐疏远。在70、80年代之交，德国军火业资本家对英国作了剧烈的竞争。美国正在支持日本侵略中国沿海和朝鲜，也一度想插足于北洋海陆军（1880年美使馆介绍格兰忒的一个亲戚代练北洋海军，但没有成功就转而支持英国）。英国的反响如下：1880年赫德劝李鸿章完全以英人担任新办的海陆军的教官。英使威妥玛对英外交部说，中国"军事改革"的进行，只能交给一个外国，"但假如这个外国不是我们，那我们的利益就要受到极大的损害"。英国打算把持中国海陆军，不使落入他人之手，同时要钳制它不让真正发展，保持着只可以镇压中国人民而不能抵御外侮的程度。所以戈登在这时候（1880年）告诉香港英国当局说："有强大武力的中国，就不会听命于外国，怕要禁止鸦片贸易了。"（以上引语均见 Kiernan, *British Diplomacy in China*, 1880—1885, pp. 213—215）前此英国人替李鸿章办理军需工业直同儿戏。1875年两门新制大炮在大沽一试而炸，李鸿章竟为此和马格里决裂。（《马格里传》第232—243页）英和李既有摩擦，关系逐渐疏远。于是德国资本家就通过李鸿章亲信的德国顾问德璀琳，而发生巨大的影响。德国渐占上风，英国就用湘以敌淮，更造成李鸿章对英的不满。英、德在北京方面，也展开了竞争。结果北洋船舰多购自英国，曾纪泽替阿姆士脱郎尽了很大的力量。海防大炮就大部购自克鹿卜。海军教习先用英人琅威理，中法战争起就改用德人式百龄（Sebelin）。中法战争后在北京海军衙门成立，由奕谭主管，李鸿章会办，曾纪泽帮办。英德争夺愈烈，清政府决定由两国平分。李鸿章仍向德；曾纪泽致马格里的私信中竟说希望"德制兵船从此绝迹"（《马格里传》第445页）。阿姆士脱郎的资本家就怂恿英国海军当局派琅威理于1887年重来中国任北洋海军总教习，达四年多之久。他只知敷衍丁汝昌，并不实心教练。他去职后英、德教官并用，但从1880年起修造北洋船坞炮台的德将汉纳根显然最有势力。他在1890年以和李意见不合离开，但到甲午之战又回来了。他还勾结了顽固派首领李鸿藻做奥援。（《盛宣怀行述》中说："高阳相国于客将中独喜用汉纳根。"见《愚斋存稿》附录。）至于北洋陆军多用德国将弁，练着德国操。当时实际支配北洋海陆军的是德璀琳，他自比为俾士麦。英德之争，湘淮之争，充分地反映洋务派本身封建买办的反动落后性。其结果就是中日战争中北洋海陆军的全部溃败。

中日战争揭穿了英美帝国主义假手日本以统治中国、奴役朝鲜的阴谋，也就说明了英国军官琅威理明知北洋海军的完全无用而故意极力吹嘘的用意。在80年代以后，北洋和美国关系日多。美国在马关"议和"中，一面由科士达任李鸿章顾问，一面由另一美国人端迪臣（Herry W. Denison）任日方顾问，操纵所谓"谈判"，以提高自己在两国间的地位，而结束中日战争。中日战争的结局，也暂时削弱了德国在北洋海陆军中的势力。

二

中日战争改变了远东的形势。由于帝国主义在中国进行势力范围的分裂剥削政策，十年之中，英俄矛盾尖锐化，日本准备进攻沙俄，日、德、美帝国主义争在长江树起势力，英国从孤立而走了联合日、美以攻俄、制德的战线，帝国主义列强就加紧控制其利益所在地区的军阀官僚。

因此国内反动势力内部也就呈现出明显的新分野。李鸿章走上完全投靠沙俄的道路，成为俄法资本家的代理人。久据南京的湘系，在英、美、日的影响下明白反俄，同时也要考虑德国的利益。但湘系实力已弱，刘坤一不敢多作负责的主张。湖北方面，张之洞的势力和盛宣怀买办势力结合，成为清政府的重要支柱，因此武昌成为英、美、德、日争夺长江利益的中心。

张之洞是淮系的对头。他原属于李鸿藻系的所谓"清流派"

（因此他代表顽固派的利益），先后得着顽固派大臣阎敬铭和醇王奕谭的支持，并直接受着西太后的信任。在中法战争中督两广，和湘楚势力联合，反对北洋，地位日益增高。不久就在广东筹办枪炮、纺织等厂，以分淮系洋务派的势力。1890年起移督湖广，在奕谭的支持下，把这些厂都带到湖北（淮系原想乘机把枪炮局移北洋没有成功）。他在湖广进行开矿、炼铁以为军火原料的来源，同时筹办一批纺织、缫丝等企业，以求建立经济上的根据。在这时期，他显然受着德国帝国主义很大的影响。他的洋务主要是靠德国的技术和资本办起来的。大冶铁矿，先由德国工程师勘测，购买机器铁轨的资金三百万两借自德国，铁矿、铁厂、枪炮各局主要用德国技术人员（虽然也兼用英人）。这造成德国资本在湖北，特别在大冶铁矿的势力。中日战争中，他署两江总督。1895年《马关条约》后，建议"以德国将弁在江南急练陆军万人"（张之洞：《奏稿》卷二十四，第15页）。就是所谓"自强新军"。他认为旧军队"锢习太深"，"惟有改以洋将带之则诸弊悉除"（张之洞：《奏稿》卷二十五，第24—25页）。同时还在南京设立陆军学堂，延请德国教习，学生"习德国语言文字"（张之洞：《奏稿》卷二十六，第8页）。这样长江练兵的优先权无形中就交给德帝国主义，虽然张之洞也曾经拒绝了柏林对许景澄提出的"军事归德将自主"（张之洞：《电稿》卷二十七，第5页）的要求。德国在长江势力的高涨，使英国资本家感到威胁。铁矿铁厂既是张之洞势力所系，帝国主义就争着从这里下手以求控制他。他所拥有的经济力量本不及淮系，所经营的企业，也表现着更多的封建落后的盲目性。1896年汉阳铁厂由于亏耗过大无法维持，英、法（胡钧：《张文襄公年谱》卷三，第17页）、德（张之洞：《电稿》二十七卷，第1页）就进行竞争合办。张之洞没有资本可以合作，同时又想吸收淮系买办力量，结果就答应盛宣怀"兼办铁路"的条件，而将铁厂交他承办。（张之洞：《电稿》卷五十六，第23页）帝国主义暂时落空，而张、盛合作开始了。盛宣怀利用张之洞的政治力量维持他在长江区域轮、电、矿、厂的经济利益，自己在上海成立铁路总公司，沪、鄂遥相呼应。他据有的巨大经济力量，很自然地支持着张之洞的政治地位。于是张的势力更大而更为帝国主义所瞩目。

在中日战争之后，张之洞是主张联俄亲德反对英、日的。1897年底，德国侵占胶州，引起全国的震动。1898年初，英、日乘机以"合保长江"名义，分头向刘坤一、张之洞展开攻势。英军官向刘、张提出派船"保护吴淞至重庆"的要求。（张之洞：《电稿》卷二十九，第19页）1898年日本陆军方面派参谋大佐神尾光臣访鄂，对张之洞宣传"中日同文同种"、"中日英应联合"。于是张之洞向北京陈"藉联倭以联英"之策，并表示日可恃英不可恃的意见。（张之洞：《电稿》卷二十九，第26页）同时，神尾提出替中国练兵的主张，张之洞作原则上的同意，并向湘抚陈宝箴提议湘鄂"延倭教习先练一军为各省倡"（张之洞：《电稿》卷三十，第8页）。到了秋间就做了初步决定，"湖北湖南各派学生赴日学习武备，日本教习来湖北教练"，但对于同时期中英国领事连提十几次以英将代练兵的要求，张之洞就坚决拒绝。神尾去后，上海日总领事小田切就和张之洞继续密切联系。（张之洞：《电稿》卷三十二，第17

页）张之洞拟派知府钱恂赴日磋商,使先入京请示。政变前几天,光绪召见他且表示同意此举。(张之洞:《电稿》卷三十二,第28页)在政变发生的前后,日本伊藤和英国提督贝思福(Beresford)先后来华活动,政变后相继到武昌。伊、张晤谈主要为练兵,兼及大冶铁砂售给八幡制铁所事。贝思福系英相张伯伦派来远东做广泛的活动,名义是"英商会派遣"来华"调查商务"。他在上海、天津、威海卫各地调查之后,向北京提出英代练兵的计划。他到南京见刘坤一,又到湖北见张之洞。他的阴谋就是在北京设"军务处",先在湖北练兵,然后逐步推行到全国。(张之洞:《电稿》卷三十二,第16页)总署只答应他在鄂练兵两千,英以所得过少,没有实行。(张之洞:《电稿》卷三十二,第18页)贝思福离华到日本商量,被日本劝阻。[关于贝思福的使命可参考苏联A.耶鲁萨里姆斯基的专论(苏联《历史问题》1951年5月号)。本文这一段叙述只是作为这一篇专论的补充,原作没有利用中文的资料,所以说明不够。]日、张之间的交涉,张以慈禧正不满于日本和康梁的关系,不敢向北京具奏。他说"中东联络大局,全被康、梁搅坏,真可痛恨"(张之洞:《电稿》卷三十二,第30页)。英、日虽然都没有达到控制中国军队的目的,日本却成功地控制了张之洞。

日、英既是一伙,日本的成功也就是英国的成功,此后张之洞就明白反俄而逐渐亲英。到义和团运动期间,他和刘坤一、盛宣怀等就共同执行英、美、日指使的分裂政策了。1901年张竟主张"用英、日练我北路水陆之兵"(张之洞:《电稿》卷四十五,第13、19页)以拒俄人,对1902年的英日同盟表示欢迎。20世纪初年,张之洞主张"以仿西法为主"的变法。他说"非变西法不能化中国仇视外国之见，……不能化各国仇视朝廷之见"（张之洞：《电稿》卷四十五，第 31 页），"变法则事事开通，各国商务必然日加畅旺"（张之洞：《电稿》卷四十二，第 16 页）。可见他所谓新法是完全为了适合于英、德、美、日帝国主义半殖民地统治要求的体制，也就可以看出他买办化的程度。他已经放弃了所谓"中学为体，西学为用"了。他和英国关系日深，甚至受着汉口英领事的支配。但他对德国关系并没有疏远，从 19 世纪末年德使穆默（Mumm）来华以后和他的关系可以看出。当时英、德矛盾还没有表现得像日俄战后的那样激烈，同时德国资本还控制着武汉铁矿和铁厂。他对英德一般是两面照顾，以利益均分为原则。甚至后来在他处理湖广铁路借款交涉（1909 年）时，他拒濮兰德的英款而借柯达士的德款，仍是"拟徐图转圜，将来即以英、德合办为两全交谊之方"（张之洞：《奏稿》卷四十六，第 13 页）。

盛宣怀是帝国主义竞争的另一重要对象。他自 1896 年到上海后，就周旋于英、美、日、德之间，十几年中他包办洋债，卖尽路矿利权。他特别是奉行美帝国主义意旨的买办。粤汉铁路议借款（1898 年）时，他说"欲防后患舍美莫属"（《愚斋存稿》卷二十一，第 10 页）。1904 年议废合同，他不但替合兴公司说话，而且要用"以美继美"的诡计。后来张之洞说"赎约议成，实为袒美党意料所不及之事，坐失大利，衔恨刺骨"（张之洞：《奏稿》卷四十一，第 12 页），所谓"袒美党"就是指美国资本家通过盛宣怀收买的大批北京的和地方的官吏。日本资本家很快地向大冶铁矿下手。1903年,日本对德资本进行激烈的竞争。11月15日,大冶铁矿借款合同签订,盛向日本兴业银行借三百万日元,年息六厘,以三十年为期。日本每年至少收买矿砂六万吨,每吨价仅三元(*张之洞告日使每年至少须买七万吨至十万吨*)。其后横滨正金银行和兴业银行就连续不断地以贷款形式向大冶投资。日本财阀竟促小田切辞去外交职务,而参加横滨正金银行,利用他控制张、盛,并以树立日本对大冶铁矿的统治,排挤德国的势力。

但是在日俄战前,张、盛合作的全盛时期已经过去。袁世凯势力在北方高涨。并已攫取江南的重要经济利益。袁世凯曾以屠杀义和团,赞助长江分裂运动,成为英、美、德帝国主义的宠信者。他继有北洋的地位(1902年),不只由于李鸿章临死前的推荐,而更重要的是由于德公使穆默的有力的表示,和"各国"的"众口一词"(张之洞:《电稿》卷四十七,第35页)。同时,又由于穆默的示意清廷,他实际上兼辖了山东。(张之洞:《电稿》卷四十八,第6页)他极意联络北京的英、美公使。就任北洋后,就向英使萨道义替荣禄说项,说他"并不袒俄",实际上也就是替自己表白,因为他是以依附荣禄著名的。荣禄死(1903年)后,他又依附奕劻掌握庞大的军队,操纵北京政治,党羽爪牙遍布北方各省。他就恃强夺取盛宣怀久久垄断的招商局和电报局(1903年),甚至阴谋把江南制造局移至河南。(张之洞:《电稿》卷五十九,第28页)他开办国家银行以夺张、盛系通商银行之利,借以堵塞大冶煤矿的经济来源。在日俄战争前,袁世凯已成为帝国主义心目中的"强有力"者。英、美、德帝国主义对他就报垂青。德国想利用他为其在中国势力的支柱。英美正在策划日本反俄的战争，需要袁世凯做他们的赞助者。美帝国主义盼望不久袁世凯成为东北"门户开放"侵略政策的执行人。

三

从1905年到1911年，国内革命形势高涨，帝国主义正在调整其力量，准备第一次世界大战。国际垄断资本的联合组织在中国出现，进行大规模的掠夺。帝国主义对东北和长江的争夺空前剧烈。美帝国主义成为侵略中国最主要的角色。

在北方，袁世凯继续其和英、美、德帝国主义的关系，不断扩张自己的势力。随着侵略势力的增长，袁世凯的地位更加提高。美国以袁世凯为工具进攻东北。早在李鸿章时代，东北和山东已形成为北洋的左、右两翼，袁世凯继承了淮系的全部财产而加以整顿扩充。因此东北也是他所必争之地。东三省改官制之后不久，袁系两个重要人物徐世昌和唐绍仪分任督抚。袁世凯事实上控制了东北。于是1907—1908年的"新法铁路"和东三省银行的交涉开始了。唐绍仪和司戴德的勾结，很明显地是由于袁世凯和美国国务院的指使。特别是从1907年秋起袁任外务部尚书，没有袁的同意唐不可能单独进行这样有关系的交涉。司戴德后来回国就代理远东司长，可见国务院是完全许可他的做法的。1908年在德皇威廉第二的鼓励下，袁世凯被利用去进行"中美德同盟"。他乘美国"退还庚款"的机会，奏遣唐绍仪为专使以"赴美致谢"为名进行勾结。美、德抱着不同的目标，处在不同的环境，不可能单凭德皇的狂想，通过美袁的勾结关系而缔结同盟。唐绍仪的失败本在意中。罗脱、高平协议的成立，不是美国舍弃袁、唐，而是罗斯福阴谋鼓励日本继续侵略并和沙俄冲突，以图从中取利，正如后来塔虎脱怂恿沙俄抵制日本一样。美袁之间虽然没有盟约，但美国早已得到袁世凯的卖身契了。接着袁世凯提议中美互换大使，并在表面上因此而被免职，但是整个北洋系依然由他驱使去支持帝国主义的利益。

这几年中，袁世凯也替英帝国主义卖了不少的气力。在收回路权运动高涨之中，他不顾冀、鲁、苏三省人民的反对，和英德订立《津浦铁路借款合同》（1908年1月13日）。接着他又在江、浙舆论沸腾之下，和与他有密切关系的英公使朱尔典订立关于沪杭甬铁路的合同（同年3月6日）。敢于悍然和人民为敌以维持帝国主义的利益，这是他在帝国主义面前的一贯的表现，所以1909年初朱尔典为他的去职而痛恨。（《施阿兰使日记》）

在南方，张之洞于1907年和袁世凯同时内调，各地督抚权力削弱。帝国主义者寻找不到有力的新工具。1908年汉冶萍公司成立，盛宣怀向日本借款，日本要求一部分的管理权。但袁世凯要将公司收归国有，议不成。日、盛恨袁刺骨。袁罢归后，盛势力渐起。日本乘机诱盛多借日款。在辛亥革命前夕盛在邮传部尚书任内，居然接受数达一千八百万日元贷款，准备以三分之一偿还德国等借款。日本的三井终于控制了汉冶萍。在清朝的季年，日本的势力通过盛宣怀而在北京增长起来。

终于引起革命爆发的湖广借款，是盛宣怀在1911年坚决签订的。盛宣怀和袁世凯都是最坚决反人民反革命的大地主大资产阶级代表，也都是帝国主义者最忠实的走狗。但在革命的前夕，盛宣怀为了更进一步投靠帝国主义，却把自己置于绝地了。他受到中国人民共同唾弃，但帝国主义把他看为至宝。英、美、日、德使馆合派卫兵护送他到天津。(《蓝皮书》中国第一号，1912年，第41页)德国公使邀他去青岛，而日本就抢着把他送到大连再到神户去。日、德仍视他是争夺汉冶萍的主要工具。

辛亥革命爆发之时，帝国主义的惊惶失措，不下于清政府。英国《蓝皮书》所刊载英使向英外相接连不断地报告各处起义的急电，都显出十分张皇的口气。帝国主义害怕中国人民的起来，十年前替它维持秩序的李鸿章、刘坤一、张之洞、袁世凯四人中，现在只剩下袁世凯了，所以就主张立刻起用他。帝国主义不愿清政府塌台，而此时国际环境不容"八国联军"丑剧的重演，所以在武昌起义之后四日，朱尔典就以极快慰的口吻把袁世凯任湖广总督的消息报告英外相。(《蓝皮书》中国第一号，1912年，第3页)其后也就接连不断地报告袁世凯的行止。

在清朝统治迅速崩溃之中，帝国主义者明白它是完全不值得再支持了，就决定用袁世凯截断革命的路程。这个决定早在11月15日英外相复朱尔典电中就说得非常明了了。(《蓝皮书》中国第一号，1912年，第40页。11月15日格雷复朱尔典电)

复你十二日电。

我们对袁世凯已发生了极友好的感情和崇敬。我们愿意看到一个足够有力的政府可以不偏袒地处理对外关系，维持国内秩序以及革命后在华贸易的有利环境。这样的政府将要得到我们所能给予的一切外交援助。

英公使根据这个训令而操纵"南北议和",其结果自然是不问可知了。

外国资本主义帝国主义在其侵略中国的各时期中,不断地从反动统治阶级中寻找有实力的代理人,去执行它们的意志。他们彼此间的勾结,由于帝国主义矛盾关系的不断变化而显得错综复杂。上面的叙述,只是画出一个很粗浅的轮廓。希望可以有助对于这个问题的讨论。

(原载《历史研究》第4期,1954年)

1902—1962

雷海宗：传统政治文化之总崩溃（1839—1912年）

一、背景

中国虽自宋以下日趋没落，但汉武帝征服四夷后所建起的天朝观念仍然未变。

乾隆五十八年（1793年），英国为打开同中国的贸易，派特使马戛尔尼，以补祝乾隆帝八十寿辰为名，率七百余人的庞大使团访华。清廷仍以天朝大国接见四夷贡使的习惯思维待之。觐见乾隆前，清朝的接待官员发现英国人不肯向皇帝下跪叩头，这让他们非常头疼。要知道，其他国家的贡使和传教士以前都是下跪的。但马戛尔尼坚决不肯，他说即使在英国国王面前，他也只是行单膝下跪礼，他声称绝不对别国君主施高过自己国君的礼节。只有在上帝的面前，他才会双膝下跪。一番争执之后，乾隆帝恩准马戛尔尼只单膝下跪的要求。

接见完毕，乾隆赐英吉利王一道敕书，大意是："回去告诉你们的国王！鉴于你们倾心于中华文化，不远万里的派遣使节前来叩祝我的万寿，我见你词意恳切恭顺，深为嘉许。但你们表奏上说要派你国人常驻天朝，照管你国买卖，这和天朝的体制不相符合，万万不行。西洋国家很多,又不是只你一国,如果大家都请求派人留居北京,如何是好?所以不能因你一国的请求,破坏天朝的制度。天朝富有四海,奇珍异宝早已司空见惯,看在你们诚心诚意、远道而来的分上,我已下令让有关部门收纳你们的贡品。天朝的恩德和武威,普及天下,任何贵重的物品,应有尽有,所以不需要你国货物,特此告知。"(刘锦藻:《清朝续文献通考·四裔考·英吉利》)

清廷自恃"天朝物产丰盈,无所不有",因循保守,闭关锁国,禁锢了中国人的思想,扼杀了中国人的进取精神,使中国贻误了走向世界的机遇,拉大了同西方的差距。

晚清时,自秦汉以下所建起的中国文化独尊观念仍为士大夫阶级所深信,同时一般国人甚至多数的士大夫实际却非常幼稚,对外人不能了解,专会捏造轻信种种的妖语浮言。例如,当时的民众将西方传教士妖魔化,认为教堂是一个吃人的地方,传教士挖人眼睛,用来做炼银的原料;又说教堂里男女共宿一室,行淫乱之事;洋人懂巫术,以物制裸体妇人,吹气得活,柔软温暖如美人(夏燮:《中西纪事》)。

这样一个既傲慢又幼稚的民族绝不能对付一个政治与文化都正旺盛的西洋,各种既滑稽又悲惨的冲突很自然地继续发生。当时经常发生教案,传教士被不明真相的民众杀死。

中国政治上的无作为由宋以下的屡次失败与亡国早可看出,文化上的弱点从此也日益明显。明末清初的葡萄牙人、荷兰人与传教士不过是西洋势力的前哨,到清末西洋各国大规模向中国冲入的时候,中国无论朝廷,或士大夫,或一般人民都忙得手足无措,两千年来所种下的业缘至此要收获必然的苦果。

二、鸦片战争前后

清代承袭明代旧制，乾隆以下将一切通商事宜都归并于广东一地，对外人通商又有种种合乎情理与不合情理的限制，官僚的贪污与地方人民的欺诈更加重这些规例的苦痛。西洋各国在英国率领之下屡与中国交涉，要求废除苛例，并准许使臣与领事常驻中国。西洋最后的目的是要将广大的中国市场全部开放。中国方面却大半采用虚张声势与苟且拖延的政策，最后引起严重的冲突是很自然的。

在西洋人或认通商为主要的问题，但中国方面自道光初年以下感到最成问题的是鸦片毒药的大批输入与白银宝货的大量输出。所以中国与英国第一次的兵戎相见，无论西洋人或后代的历史家如何看法，在当时中国人的心目中确是一个鸦片战争。战争的结果是中国大败，所以在和约中中国所认为重要的鸦片问题并未解决，只解决了西洋人所注意的通商问题。

但和约签字后，中国仍想以不了了之的方法去拖延条约的施行，因而引起第二次中西的大冲突，一直等外兵攻到京师，中国才知道这件事不是拖延政策所能解决的，只得加设政治机关，专门应付外交通商事务。这可说是天朝观念开始动摇的征象。

三、传教问题与太平天国

在中西的冲突中，除通商问题外，还有基督教的传教问题。晚明、盛清的传教士大半都以输入西洋科学与在天朝当差为传教的工具，这当然是不得已的办法。鸦片战争之后，西洋在天主教的法国的策动之下，强迫中国承认传教与信教的完全自由。1844年冬，法国强迫清政府签订了不平等的《黄埔条约》。这个条约规定，允许法国天主教在通商口岸自由传教，清朝地方政府负责保护教堂的安全。从此为基督教大开方便之门。

基督教一时很惹人注意，甚至有人利用它的名义倡导内乱，图谋推翻外交失败的满族政权。1843年，洪秀全与表亲冯云山、族弟洪仁玕从基督教小册子《劝世良言》中吸取某些基督教义，后来自行洗礼，并在广东花县首创"拜上帝教"，经过两年多的发展，信众达两千多人。1851年，洪秀全在广西桂平金田村誓师，宣布起义，正号"太平天国元年"。经过两年余奋战，自广西入湖南、进湖北，顺长江而下，经江西、安徽、江苏，于咸丰三年二月（1853年3月）攻下江宁府城，随即将它定为国都，改名天京。太平天国声势浩大，致使大清半壁的天下临时丧失，最后还靠汉族中出来几个人把太平天国打倒。

这时清皇朝的八旗兵、绿营兵也日趋衰败。清廷先后调集大批军队前往广西、湖南镇压，结果纷纷败溃，只好寻求地方武装力量进行阻挡。当咸丰二年（1852年）太平军进入湖南后，清廷便命令两湖督抚等地方官员劝谕士绅，举办团练。此时，曾国藩正因母丧在原籍守制。这年十二月十三日（1853年1月21日），他接到湖南巡抚张亮基转来军机大臣传达咸丰帝十一月二十九日上谕，要他以在籍侍郎的身份协助张亮基"办理本省团练乡民"。曾国藩接旨后四天即前往长沙，着手筹办团练武装。

鉴于清朝原有军队已不足以维护帝国统治秩序的实际状况，曾国藩认为必须从根本上着手，建立与培训起一支有严密组织并有顽强战斗意识和实战能力的新军。为此，他拟定了他的建军原则，竭尽全力组织起一支新的地主阶级武装——湘军。

曾国藩利用宗法关系作为维系湘军的纽带，使全军上下归他一人调度指挥，湘军成为以曾国藩为首领的私人武装。这是中国近代最早出现的军阀集团。湘军的骨干多是以各种宗法关系纠集在一起的中下层知识分子。他们出身于一般中小地主家庭，功名不高，或是诸生、文童，也没有显赫的政治地位。但这些人都浸透了帝制正统思想，都以坚决维护名教纲常和统治秩序为己任。这些人比腐朽的帝国官僚有才干，他们兢兢业业，有一股拼命向上爬以取得功名利禄的顽强精神和野心。曾国藩正是带领这样一批儒生，结成"誓不相弃之死党"，而成为太平军的死敌。

四、甲午戊戌与庚子辛丑

英法联军以后，中国对外没有再受严重的挫折，以为大势已无问题。一直到甲午战争，被素来所轻视的日本打败，在羞愤之下才知道自己实在衰弱不堪，非设法振作不可。

1895年4月，日本逼迫中国签订《马关条约》的消息传到北京，康有为发动在北京应试的一千三百多名举人联名上书光绪皇帝，痛陈民族危亡的严峻形势，提出拒和、迁都、练兵、变法的主张，史称"公车上书"。这次上书，对清政府触动不大，却轰动了全国。"公车上书"揭开了维新变法的序幕。

在维新人士和帝党官员的积极推动下，1898年6月11日，光绪皇帝颁布《明定国是诏》，宣布变法。新政从此日开始，到9月21日慈禧太后发动政变为止，历时一百零三天，史称"百日维新"。

在此期间，光绪皇帝根据康有为等人的建议，颁布了一系列变法诏书和谕令。主要内容有：经济上，设立农工商局、路矿总局，提倡开办实业，修筑铁路，开采矿藏，组织商会，改革财政；政治上，广开言路，允许士民上书言事；军事上，裁汰绿营，编练新军；文化上，废八股，兴西学，创办京师大学堂，设译书局，派留学生，奖励科学著作和发明。这些革新政令，目的在于学习西方文化、科学技术和经营管理制度，发展资本主义，建立君主立宪政体，使国家富强。

新政措施虽未触及帝制统治的基础，但是，这些措施代表了新兴资产阶级的利益，为顽固势力所不容。清政府中的一些权贵显宦、守旧官僚对新政措施阳奉阴违，托词抗命。1898年9月21日凌晨，慈禧太后突然从颐和园赶回紫禁城，直入光绪皇帝寝宫，将光绪皇帝囚禁于中南海瀛台；然后发布训政诏书，再次临朝"训政"。9月28日，在北京菜市口将谭嗣同、杨锐、刘光第、林旭、杨深秀、康广仁六人杀害；徐致靖被处以永远监禁；张荫桓被遣戍新疆。所有新政措施，除七月开办的京师大学堂（今北京大学）外，全部都被废止。

变法失败后，一切旧制随之复辟。反动政府，不只废除新政，并且想借义和团的神力歼灭洋人，以为将中国的洋人全部杀掉，天下就可太平无事！

当初，义和团在直隶、京津地区的迅速发展，引起清廷的不安。在如何对待义和团的问题上，清廷内部多次发生激烈的争吵，有人主"剿"，有人主"抚"。最终，慈禧太后"决计不将义和团剿除"，认为"以之抵御洋人，颇为有用"。主抚派占了上风。从此，义和团在清廷的默许下大批进入北京和天津。同时适逢八国联军攻破大沽炮台，中国于是揭开假面具，正式向全世界宣战。这是历来既傲慢又幼稚的民族特征所演出的滑稽惨剧，最后为自己制造了政治上与经济上无穷的负担，清朝的命运也随着到了末路。

五、科举废除与帝制推翻

传统的中国，在制度方面可以帝制为象征，在文化方面可以科举为象征。经过西洋七十年的打击之后，自宋以下勉强支持的中国不能再继续挣扎，传统中国的两个古老象征也就随着清朝一并消灭。

义和团之乱平定以后，清廷就明令废除八股文。1901年后，随着清廷"新政"的推行，政治、军事、工商、法律、教育文化等方面发生一系列变革，对新式人才的需求与日俱增，废科举几乎成了全国上下的一致呼声。1902年清廷颁布《钦定高等学堂章程》，鼓励高等学堂开设算学、物理、化学、历史、地理、动植物和外文。终于，1905年9月2日，袁世凯、张之洞等一批实权大臣联合上奏，要求废除科举制，大力兴办学堂，得到了慈禧太后和光绪皇帝的批准，下诏从1906年停止所有科举考试，科举制遂寿终正寝。

科举既被废除，从此专靠新式学校培养人才。国内遍立学校之外，又派学生往东西各国留学。

早在19世纪70年代，清廷重臣曾国藩、李鸿章、左宗棠等倡导发起了"师夷长技以制夷"的洋务运动，希望利用西方的科学文化知识挽救垂死的清王朝。从1872年到1875年，清政府先后选派了一百二十名十岁至十六岁的幼童赴美留学。这是近代中国历史上的第一批官派留学生。

第一批留学生虽然派出得很早，但最大规模的官费留学还是美国退还庚子赔款以后的事。

义和团乱后，清廷在政治上仍不肯真正改革，直到日俄战争后，俄国的失败触动了他们，当时舆论大都认为这与俄国未行宪政而日本实行了宪政有着密切关系。迫于形势和舆论的压力，1905年10月，清廷派载泽、端方、戴鸿慈、李盛铎、尚其亨等五大臣分赴日本及欧美各国"考察政治"。次年，出洋考察的大臣们陆续回国，建议朝廷诏定国是，仿行宪政，以便安抚人心，稳定大局。慈禧太后经过反复考虑，采纳了他们的意见。1906年9月1日，清廷正式宣布"预备仿行宪政"。但是，清廷并无立宪的诚意，而是企图借立宪之名，实行中央集权、满族贵族集权。1908年8月27日，颁布《钦定宪法大纲》，规定大清皇帝的统治"万世一系"，是至高无上、神圣不可侵犯的，一切颁行法律、召集开闭解散议院、设官制禄、统率海陆军、宣战媾和、订立条约、宣布戒严、司法等大权，全在君主一人手中。特别是用人、军事、外交等大权，议院根本不得干预。清廷此举进一步暴露了它根本没有立宪的诚意。

1911年5月，清廷宣布成立第一届责任内阁，在内阁大臣十三人中，满族贵族占了九人，而其中皇族又占五人，被称为"皇族内阁"，军政大权进一步集中到皇族亲贵手中。这就暴露了"预备立宪"的骗局，引起了地方军阀、官员和立宪派的普遍不满，清廷变得更为孤立。立宪派认为清廷此举"不合君主立宪国公例"，要求另外组阁。清廷断然拒绝了他们的要求。各省咨议局联合会发表《宣告全国书》，痛苦地承认"希望绝矣"。立宪运动彻底破产。

庚子以后不能说清廷一事未做。但所做的事都嫌太晚，并且缺乏诚意，终致大清的政权被推翻；战国诸子所预想、秦始皇所创立、西汉所完成、曾支持中国两千年的皇帝制度，以及三千五百年来曾笼罩中国的天子理想，也都由清帝退位时轻描淡写的一纸公文宣告结束。

帝制先取消了科举，象征传统文化大崩溃的开始；然后帝制自己也被取消，象征传统制度大崩溃的开始。所余的是一个在政治文化各方面都失去重心的中国，只有一个外表上全新的面孔聊以自慰自娱。积弱不堪的民族文化从此要在新旧的指针一并缺乏之下盲目地改换方向，乱寻方向；前途茫茫，一切都在不可知的定数中。

（本文原为雷海宗20世纪30年代执教清华大学时的"中国通史"课程讲义）

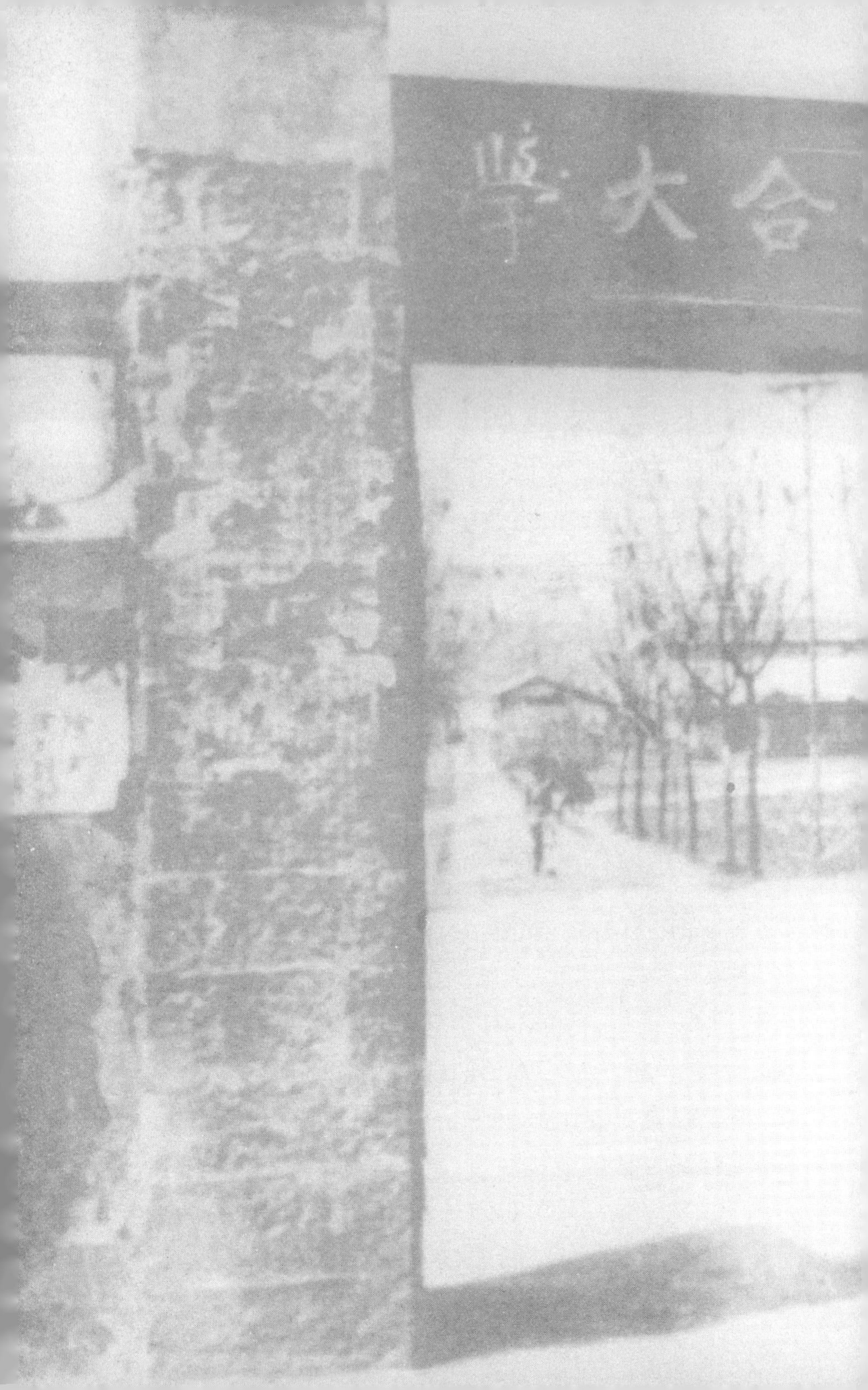
合大学

第五篇 多元一体

中华民族发展史三讲

1937—1946

1937—1946

1903—1967

陈序经：两汉对匈奴文化的影响

在中国古代历史上，汉族以外之最强大、与汉族的关系最密切、接触时间又最长久的种族是匈奴，而所受汉族文化的影响又较少者也是匈奴。

前汉时的著作均谓匈奴为"引弓之国"，汉朝是衣裳之邦。后汉时之著作亦同。光武帝时，北匈奴请求汉朝赐给音乐器具，班彪为光武帝复书云："单于前言先帝时所赐呼韩邪竽、瑟、空侯皆败，愿复裁（赐）。念单于国尚未安，方厉武节，以战攻为务，竽瑟之用不如良弓利剑，故未以赍。"（《后汉书·南匈奴列传》）匈奴妻后母的风俗历两汉时代仍不变。武帝末年，狐鹿姑单于要求汉朝和亲送礼，汉朝曾派遣使臣到匈奴，指出匈奴冒顿单于杀父代立，常妻后母，乃是禽兽行为。然而汉人不但不能改变匈奴的这种风俗，而汉人之嫁匈奴如王昭君者，也必须从其俗。可见汉人之礼俗难及于匈奴了。匈奴虽与汉接壤，关系又至为密切，两汉即达四百余年之久，然而匈奴的文化，在整个体系上，并不见得受汉族文化的影响。但是若深一步去研究，则在长期的关系上，两种文化的交流、相互影响也还是有的。

匈奴文化受汉族文化的影响有下列几个主要原因。

第一，匈奴与汉朝连年战争，双方俘虏均很多。这些汉人对匈奴多少有些影响。《汉书·匈奴传》载卫律要筑城防汉,"与秦人守之",颜师古注云,"秦时有人亡入匈奴者,今其子孙尚号秦人",但是卫律所指的秦人除这些"子孙"外,可能有一部分是汉时入匈奴者,而其中有些是被俘者,故秦人亦即汉人。卫律不只是要这些人守城,而且建筑城郭也要用这些汉人。

第二,匈奴人投降汉朝的固然很多,汉朝人投降匈奴者亦不少,而且有很多是重要人物,如韩王信、陈豨、卢绾、卫律、赵信、李陵、李广利和后汉的卢芳等。又如中行说原为汉朝宦者,随公主到匈奴后即投降,单于十分信任他,受他的影响也很大。

这些人中,有的本来是匈奴人,如赵信、卫律,在汉朝已很多年,深染汉族文化,回到匈奴以后,又极得单于信任,不只在军事设施上听他们的话,其他许多方面也都听他们的。李陵、李广利投降后,也得到单于的信任,甚至把女儿嫁给他们。单于对李广利的尊宠还在卫律之上。据《汉书·李广苏建传》记载,李陵穿胡服,是胡化了,但在其他方面,并不见得胡化。他在汉族文化的传播上不能不说是有很大作用。

第三,汉朝与匈奴常常互派使者,汉朝有时扣留匈奴的使者,匈奴也往往扣留汉朝的使者。苏武曾在匈奴十九年,虽娶胡妇,有子女,但坚守汉节。汉之使者既多,又带了大量的贵重礼物送给单于及其臣下,使匈奴深慕汉族之文化,两汉著作中常常说匈奴"嗜汉财物"。匈奴也常常派使者到汉朝进贡,目的往往是要得到汉人的珍贵物品。

第四,匈奴与汉朝虽然常常有战争,但双方贸易不断。《史记·匈奴列传》说"然匈奴贪,尚乐关市,嗜汉财物,汉亦尚关市不绝以中之"。

第五,匈奴与汉之边境线很长,人民不只往来贸易,而且往来杂居,则文化之互相影响的可能性更大。

第六,匈奴自呼韩邪单于称臣以后,常常遣子入侍,与汉朝作对的北匈奴的郅支单于也曾遣子入侍,有的在汉朝住的时间很长,于是深染汉族的风俗习惯。这些人回匈奴后,多居重要官位,则当对汉族文化的传播起了很大的作用。

第七,匈奴单于曾遣子到汉求学,目的是学习汉族文化。学成以后,回到匈奴,也必起到传播作用。

第八,汉自高祖以后,常常与匈奴和亲,民间之通婚者,也不乏其人。次数既多,则在文化交流上亦必发生作用。匈奴单于的阏氏既有系汉族女子者,而其所生之子女也就不能不受其母亲的汉族传统文化的影响。

以上是匈奴与汉文化交流的原因分析。下面分述匈奴的汉化因素。

语言文字方面:两汉时匈奴没有文字。然西汉昭帝、宣帝时,桓宽《盐铁论·论功》"第五十二"有云:"(匈奴)略于文而敏于事。故虽无礼义之书,刻骨卷衣,百官有以相记,而君臣上下有以相使。""刻骨卷衣"是匈奴人用以记事的方法。"卷衣"的方法如何,不易考证。"刻骨"以记事的骨当为兽骨,是否与中国古代的甲骨文类似,这就难说了。但既能记事,则所刻者应为一种雏形文字,是匈奴人的发明创造抑或仿效汉人则也难于解答。在时间上,是中行说未至匈奴以前已有"刻骨",还是中行说教了"疏记"数目之后才刻骨已无从考证。又《史记·匈奴列传》云:"汉遗单于书,牍以尺一寸……中行说令单于遗汉书以尺二寸牍,及印封皆令广大长。"这是中行说要单于显示夸耀,然正足以证明匈奴仿效汉朝的书牍。至于答复汉朝的文字,可以肯定不是匈奴文字,因为据《史记》、《汉书》、《后汉书》所记,文字的内容是相当复杂的。故书牍上的文字当系汉字而出于汉人或匈奴人之识汉字者之手。"中行说令单于遗汉书",表面观之,似单于所写者,然中行说系于文帝时入匈奴者,即老上单于时,这时的匈奴单于不大可能认识汉字,也许即出于中行说之手。总之,匈奴单于既靠汉字来表达,则汉字影响之大是很明显的。

汉族称皇帝为天子,匈奴人也称单于为天子,可能是受了汉族的影响。汉文帝时,单于给汉朝的信云:"天所立大单于敬问皇帝无恙。"狐鹿姑单于给汉朝的信上说:"南有大汉,北有强胡。胡者天之骄子也。"《后汉书·南匈奴列传》注云:"匈奴谓孝为若鞮,自呼韩邪单于降后,与汉亲密,见汉帝谥常为孝,慕之,至其子复株累单于以下皆称若鞮,南单于比以下直称鞮也。"汉朝皇帝的谥号均为孝,如孝惠帝、孝文帝、孝景帝、孝武帝等。匈奴自复株累称为复株累若鞮单于以后,皆用"若鞮"这个词,至单于比就称为醢落尸逐鞮单于,省去"若"。"若鞮"是汉语的孝,用以加于单于的称号之上,显然是从汉人学来的。

再从衣食住方面来看。《史记·匈奴列传》载匈奴人衣其畜之皮革。《汉书·晁错传》说胡人衣皮毛。汉朝自高祖以后,每年都赐给匈奴大量絮缯。文帝给冒顿单于的信中说："使者言单于自将并国有功，甚苦兵事。服绣袷绮衣、长襦、锦袍各一……绣十匹，锦二十匹，赤绨、绿缯各四十匹。"(《汉书·匈奴传》)这个数不算大。武帝太始年间，狐鹿姑单于遗书于汉，要求"杂缯万匹"。宣帝时，呼韩邪单于来朝，汉朝给他"锦绣绮縠杂帛八千匹，絮六千斤"。过了一年（黄龙元年，公元前49年）呼韩邪单于又来朝，汉朝"礼赐如初，加衣百一十袭，锦帛九千匹，絮八千斤"。元帝竟宁元年，呼韩邪单于又来朝，汉朝不但"礼赐如初"，而且"加衣服锦帛絮，皆倍于黄龙时"。到了哀帝时，匈奴单于来朝，汉朝赐给的数目更大，"加赐衣三百七十袭，锦绣缯帛三万匹，絮三万斤"。只从赐给衣料方面看，说明一方面汉朝给的愈来愈多，一方面匈奴需要也愈来愈多。并且汉朝除赐给单于，也往往赐给单于的大臣。至于互市所交换，人民所需要的数目必当更大，视文帝时之绣十匹、锦二十匹，相差百倍以上。可以推想，所谓衣皮革，衣皮毛的匈奴人已逐渐地衣锦帛了。

匈奴人以游牧为生，不耕种，无米粟，故只能食肉。汉高祖曾答应匈奴，每年给一定数目的酒、食物。这些食物不会是肉食而当是米粟之类。武帝末年单于要求蘖酒万石、稷米五千斛。匈奴人从来饮酪，现在也饮酒了。匈奴传说匈奴人攻战，斩首虏赐一卮酒，可见酒很可贵。呼韩邪单于朝见宣帝后返国，汉朝"转边谷米糒前后三万四千斛，给赡其食"。元帝初即位，呼韩邪上书"言民众困乏"，汉"诏云中、五原郡转谷二万斛以给焉"。哀帝元寿二年（公元前1年）单于入朝，回去时，汉朝派韩况送单于，出塞后，"况等乏食,单于乃给其粮"。这里的"粮",当为米粟,则匈奴不单时时向汉要粮食,也有粮食给汉人的时候。《汉书·匈奴传》和颜师古注说匈奴中亦种谷稼黍穄。也许他们原来是"咸食畜肉",后来受了汉族的影响而食米粟,初由汉朝供给并逐渐增加输入,有些人又学会了耕种,或是利用汉族的俘虏从事耕种。

在住的方面:《史记·匈奴列传》说匈奴"毋城郭",但匈奴有赵信城,传系赵信所建,汉朝的军队打败匈奴曾到过此处。卫律于昭帝始元三四年(公元前84—前83年)为匈奴穿井筑城,治楼藏谷。又《汉书·陈汤传》说郅支单于逃到康居之后,"发民作城,日作五百人,二岁乃已"。这就是后人所称的郅支城。在游牧民族中,不能不算作大工程。这件事晚于卫律欲建城四十多年。郅支城有两重,内为土城,外为木城。有城楼,完全受汉人影响。又如《后汉书·南匈奴列传》载师子先知曾守曼柏城抵抗安国,也是受汉人守城的影响。

《汉书·陈汤传》又说:"汤曰:'夫胡兵五而当汉兵一,何者?兵刃朴钝,弓弩不利。今闻颇得汉巧,然犹三而当一。'"所谓"今颇得汉巧",即学习汉族的技术。匈奴人不只在武器上学汉人,在乐器上也喜欢汉人的。

在社会风尚方面,《史记·匈奴列传》说匈奴"贵壮健,贱老弱"。但文帝初年,单于给文帝的信中说:"除前事,复故约,以安边民,以应始古,使少者得成其长,老者得安其处。"汉族是尊长敬老的,匈奴是否也受了汉族的影响,才说"老者得安其处"呢?

匈奴单于在汉初以前只用一个名,如头曼、冒顿。据史书所载，此外并无别名。至冒顿的儿子稽粥继立，号为"老上单于"，《史记·匈奴列传》称为"老上稽粥单于"。稽粥的儿子军臣虽只有一个名，但其后之继立者则除自己的名以外又另有号，这与秦、汉皇帝的情形是相似的。如秦始皇名政，做皇帝后称为始皇帝。汉高祖刘邦，做皇帝后称为高皇帝。则匈奴单于之名以外又有称号，不知是否学自汉人。尤其《史记·匈奴列传》裴骃《集解》引徐广的话道："一云'稽粥第二单于'，自后皆以弟别之。"这几乎与秦始皇的二世以至五世的做法一样了。又《汉书·匈奴传下》："莽奏令中国不得有二名，因使使者以风单于，宜上书慕化，为一名，汉必加厚赏。单于从之，上书言：'幸得备藩臣，窃乐太平圣制，臣故名囊知牙斯，今谨更名曰知。'莽大说，白太后，遣使者答谕，厚赏赐焉。"

在呼韩邪单于称臣时，汉朝曾给他印绶，王莽当皇帝后，欲换单于故印而改为新匈奴单于章，便派人去收单于故印。但单于不喜新印，一再请求给还旧印，为了这件事，使臣多次往返。后来，为断绝单于对故章的留恋，便把故章打坏，然单于坚持要刻一个与旧章一样的章，王莽虽多赐财物以为笼络，单于仍继续坚持，直到王莽被杀。更始二年（公元24年）汉朝派使臣二人"授单于汉旧制玺绶"，同时，还给"王侯以下印绶"。可见匈奴单于及其臣僚对汉朝印绶之重视了。

匈奴官制，自单于以下分为左右，有左右贤王，左右谷蠡王，左右大将，左右大都尉，左右大当户，左右骨都侯。汉族的古代的官制是分左右的。《史记·齐世家》"景公立，以崔杼为右相，庆封为左相"可证,又如屈原曾"为怀王左徒",《左传》也有"左右二师"之语,而周的乡师、六卿也分为左右。然则匈奴官制之分左右也可能是受汉族的影响。

汉族习惯,方位以东为左,而匈奴的左屠耆王或左贤王常居匈奴东方。汉族古代虽尚右,但后来又重左,所谓左右遂含有先左后右的意思。匈奴居东方的左贤王,往往是以单于的太子居之。虽则有时也不一定是这样,可是单于死了,左贤王往往继之而立。可能居东为左也是受了汉族的影响。

呼韩邪单于入朝后回国时,汉朝遣长乐卫尉高昌侯董忠与车骑都尉韩昌将万六千骑送单于出塞。并诏董忠、韩昌"留卫单于",这等于是监视。在这种情况下,单于在政治上的好多措施,受汉朝的影响是可想而知的。

在宗教意识方面,祭天地是汉族古代的大祭之礼,只有天子才能祭天祭地。《公羊传·僖公三十一年》:"鲁郊何以非礼?天子祭天,诸侯祭土。"故匈奴五月的会祭天地鬼神也许是由汉族传播过去的。《史记·匈奴列传》又说:"而单于朝出营,拜日之始生,夕拜月。"汉族的拜法是天子祭日,叫作朝日。《礼记·玉藻》:"玄端而朝日于东门之外。"祭月叫作夕月。匈奴之拜日月也可能是受汉族的影响。至于南匈奴称臣之后,兼祠汉朝皇帝则是表示对汉朝的尊敬。

匈奴受汉族文化影响最明显的例子为汉明帝时单于遣子入学。《后汉书·儒林传上》:

> 中元元年(公元56年),初建三雍。明帝即位(公元58年),

亲行其礼。天子始冠通天，衣日月，备法物之驾，盛清道之仪，坐明堂而朝群后，登灵台以望云物，袒割辟雍之上，尊养三老五更。飨射礼毕，帝正坐自讲，诸儒执经问难于前，冠带缙绅之人，圜桥门而观听者盖亿万计。其后复为功臣子孙，四姓末属制立校舍，搜选高能以受其业，自期门羽林之士，悉令通《孝经》章句。匈奴亦遣子入学，济济乎，洋洋乎，盛于永平矣！

司马光《资治通鉴》卷四十五"明帝九年"：

帝崇尚儒学，自皇太子诸王侯及大臣子弟、功臣子孙，莫不受经。又为外戚樊氏、郭氏、阴氏、马氏诸子立学校于南宫，号"四姓小侯"。……匈奴亦遣子入学。

自呼韩邪单于称臣以后，后汉时单于比又称臣，南匈奴的华化程度逐渐加深。外族子弟能入学授经，且与期门、羽林之士共通《孝经》章句，则匈奴单于的儿子似非初开蒙而一字不识者可比。

匈奴与汉朝的关系既很密切，又曾称臣于汉，故其社会风习、政治制度以及宗教学术，自然受汉族的影响。但从整个来看，这些影响仍可以说很多是表面的、个别的。如匈奴人承认汉是"礼仪国也"，然而单于却以为匈奴"不为小礼以自烦"。如妻后母，中行说且以为是"恶种姓之失也"，是好事情。尽管匈奴学汉人之皇帝死后加个"孝"字，而妻后母，在汉人看来，实在是不孝之至。

在政治方面，左右王或左右大将军之分，虽可能是受汉族的影响,但匈奴的许多左右王是单于的子弟,而且分地为东、西而治,单于居于中间,这与汉族的官制是根本不同的。在宗教方面,匈奴最初也可能有图腾制度,后来拜天地日月祖先鬼神也可能受汉族的影响,然而每年大会茏城三次则是匈奴原来的宗教信仰。遣子入学虽是华化的最好例证,而且是华化之最深者,但除此一次外则别无记载。虽然不能因史书没有记载而谓为唯一之事例,但这种事例必定很少,而且对匈奴的影响恐怕也不大。

近来有人根据匈奴与汉朝的往来书信,以为匈奴与汉族同文字。近人吕思勉《中国民族史》:

> 从古北族文字,命意措词,与中国近者,莫匈奴若,初未闻其出于译人之润饰也。然则匈奴与中国同文,虽史无明文,而理有可信矣。抑史、汉之不言,非疏也。《西域传》云:"自且末以往,有异乃记。"记其与中国异者,而略其与中国同者,作史之例则然。然则史、汉之不言,正足为匈奴与我同文之证矣。然则我国文字之流传于欧洲也旧矣。(《中国民族史》,世界书局1934年版,第48页)

吕氏之言未免太过,汉语与匈奴语是根本不同的。匈奴的"刻骨记事"若作为文字也可能受汉族文字的影响,但这种影响并不深。因为汉语于甲骨文中已为一字一音的单音语,而自古流传下来的匈奴语及在新疆出土的与匈奴有关的文字,则匈奴语是复音,如匈奴谓天为撑犁,谓子为孤涂、谓贤为屠耆等。可以肯定汉语与匈奴语是根本不同的。即使因为匈奴与汉的关系密切，在语言文字上受了影响，也是有限度的，不会很深。

总而言之，从匈奴的整个文化来看，在两汉时代，汉族在衣、食两方面对匈奴的影响较大。至少在数量上，输入的衣料与食物相当多，对于匈奴的经济和生活有很大影响，然而匈奴是一个游牧的部族，在根本的生活方式上与汉族不同，虽然受汉族的一定影响，然而其根本的生活方式不变，故这些影响不能谓为深刻，即使有某种程度的变化，亦仅为表面的改变而已。

匈奴受汉族文化的影响虽然并不深刻，但在其过程中，曾发生多次论争。据史书记载，最先而又最剧烈的一次论争是在汉文帝即匈奴的稽粥单于时代。奇怪的是匈奴反对汉族文化影响最力的是一个投降匈奴的汉族叛徒，即文帝遣去陪嫁给匈奴单于的中行说。中行说是个宦者，文帝要他送宗室女到匈奴时，他不愿去，并声称如勉强去必为汉患。果然，他到匈奴后就投降了。先事稽粥单于，后来军臣单于继立，遂继事军臣。《史记·匈奴列传》记其为匈奴文化辩护事甚详。他极力反对匈奴人采用汉人的缯絮，反对输入汉族食物。他认为这不仅不适合匈奴的生活环境，而且对匈奴是有害的。汉人批评匈奴重壮贱老的风俗，他以为厚待壮者以保卫国家而老人能享其余年是匈奴风俗的好处。汉人批评匈奴人于父兄死后妻其妻是野蛮的行为，他却以为这是照顾后母及嫂嫂的办法以免无所依归。他以为匈奴人众本不当汉之一郡，匈奴之所以强即在于衣食与汉人不同而无仰于汉及其风俗有异于汉。若效法汉而改变风俗，就等于依赖汉而失去独立。所以他教单于不要重汉财物，不要学汉风俗。中行说之后约八十年,"单于遣使遗汉书云:'南有大漠,北有强胡,胡者,天之骄子也,不为小礼以自烦。'"可见匈奴单于不赞成汉族的一些礼节。后来,汉朝派使者到匈奴,单于使左右难汉使者说:"汉,礼仪国也。贰师道前太子发兵反何也?"汉使者答道:"然。乃丞相私与太子争斗,太子发兵欲诛丞相,丞相诬之,故诛丞相。此子弄父兵,罪当笞,小过耳。孰与冒顿单于身杀其父代立,常妻后母,禽兽行也!"又过了四十年,匈奴内部又发生了一次论争。当呼韩邪单于要向汉朝称臣时,曾征求其大臣们的意见,绝大部分不赞成,其实质牵连到匈奴与汉的风习与文化的不同。他们说"匈奴之俗,本上气力而下服役,以马上战斗为国"。正因为这样,匈奴才"有威名于百蛮"。他们又说:"汉虽强,犹不能兼并匈奴,奈何乱先古之制,臣事于汉,卑辱先单于,为诸国所笑!"这是说对匈奴文化中的优点不该放弃而臣服于汉。后来,呼韩邪单于没有听从,仍向汉朝称臣。后汉初年,匈奴单于比向汉朝称臣时,汉朝使者要他按照汉朝的礼仪伏拜受诏,他的大臣在旁边看了都流下泪来,可见他们不愿他们的君长放弃匈奴的习惯。

  以上所说关于匈奴受汉族文化影响的史实与问题,只限于两汉时期。两汉以后,在两晋与南北朝时期,匈奴人之居于塞内而深受汉族文化熏陶者却是另一回事,因为这些匈奴人不但在文化方面完全受到汉族影响,并且种族也渐与汉族融合了。

(原载陈序经:《匈奴史稿》,
中国人民大学出版社 2007 年版)

1895—1990

钱穆：北方之汉化与
　　　魏孝文迁都

一、北方之汉化与北方儒统

　　五胡杂居内地，已受相当汉化。但彼辈所接触者，乃中国较旧之经学传统，而非代表当时朝士名流之清谈玄理。南渡以还，士大夫沦陷北方者，不得不隐忍与诸胡合作，而彼辈学术途辙，亦多守旧，绝无南渡衣冠清玄之习。

　　刘渊父子皆粗知学问，渊师事上党崔游，习《毛诗》、《京氏易》、《马氏尚书》，皆是东汉的旧传统。

　　石勒徙士族三百户于襄国（名崇仁里），置公族大夫领之。郡置博士祭酒二人，弟子百五十人，又定秀、孝试经之制。（勒军中特有"君子营"，集衣冠人物为之。史称："卢谌、崔悦、荀绰、裴宪、傅畅并沦陷非所，虽俱显于石氏，恒以为辱。"）

　　慕容廆益大兴文教，以刘赞为东庠祭酒，世子皝率国胄束脩受业。廆览政之暇，亲临讲肄。

　　慕容氏于五胡中受汉化最深。

　　苻秦文教尤盛，诸经皆置博士，唯阙《周礼》，乃就太常韦逞母宋氏传其音读,即其家立讲堂,置生员百二十人,隔绛纱幔受业。(号宋氏曰:"宣文君。")

王猛死,特诏崇儒,禁老、庄、图谶之学。(诏曰,"权可偃武修文,以称武侯雅旨",则必猛生前时时称说其意也。)

姚兴时,耆儒姜龛、淳于岐等教学长安,诸生自远而至。兴每与龛等讲论道艺。胡辩讲授洛阳,关中诸生赴者,兴敕关尉勿稽其出入。

姚泓亲拜淳于岐于床下,自是公侯见师傅皆拜。

是五胡虽云扰,而北方儒统未绝。

时河、洛一带久已荒残,山西亦为东西交兵之冲,石虎之乱,屠割尤惨,故东方唯慕容,西方唯苻、姚,为北方文化残喘所托命。

元魏先受慕容氏影响,自拓跋珪时已立太学,置《五经》博士,初有生员千余人,后增至三千。(道武帝命梁越授诸皇子经,官上大夫。)

拓跋嗣信用崔浩,至拓跋焘又征卢元、高允,文化渐盛。

时范阳卢元、博陵崔绰、赵郡李灵、河间邢颖、渤海高允、广平游雅、太原张伟等皆集代都。高允《征士颂》谓:"名征者四十二人,就命者三十五人。"卢丑当太武监国时入授经,以师傅恩赐公爵。张伟以通经官中书侍郎,受业者常数百。张吾贵门徒千数。高允居家教授,受业者千余人;郡国建学校,立博士,皆出允议。(史称梁越"博综经传",卢丑"笃学博闻",张伟"学通诸经",

李同轨"学综诸经",崔浩"博览经史",高允"博通经史",李安世"博综群言",此证北儒学风,主经史实济,务博综,不似江南以清虚为贵也。)

别有河西儒学,以诸凉兵祸较浅,诸儒传业不辍,又为苻、姚丧乱后诸士族避难之所。至拓跋焘并北凉,群士始东迁,遂与东方慕容燕以来儒业相汇合,而造成元魏之盛况。

刘延明就博士郭瑀学,瑀弟子五百人,通经业者八十余人。凉武昭王以延明为儒林祭酒,蒙逊拜为秘书郎,牧犍尊为国师,学徒数百。常爽(明习纬候,《五经》百家,多所研综)门徒七百人,索敞为之助教。敞入魏以儒学为中书博士,贵游子弟成就显达者数十人。蒙逊时又有宋繇、阚骃均见礼待。可见河西儒学之盛。又游明根、高闾皆以流寓入魏,特被孝文礼遇。游子肇,亦名儒。闾与高允称"二高"。

在此汉化深浓、儒业奋兴之空气下,乃酝酿而有魏孝文之迁都。

太祖元兴元年至邺,即有定都意,乃置行台。太宗神瑞二年又议迁邺,以崔浩等谏而止。汉化愈进,即迁都动机愈成熟,两事连带而来。

二、魏孝文迁都及北魏之覆灭

魏孝文迁都,自有其必然的动因。

一则元魏政制,久已汉化,塞北荒寒,不配做新政治的中心。

孝文太和十五年始亲政，是年即建明堂，改营太庙。明年坏太华殿，改建太极殿。十七年改作后宫。北魏的国力，到此已盛，与其在平城因陋就简的改造，不如径迁洛阳，可以彻底兴筑，以弘规制。[洛阳的新规模，可看《洛阳伽蓝记》。其分区建筑之计划，创于韩显宗，见《北史》韩传。又孝文语其臣曰："朕以恒、代无运漕之路，故宗邑民贫。今移都伊、洛，欲通运四方。"（见《魏书·成淹传》）此皆经济上原因，使魏不得不迁都也。崔浩谏拓跋珪迁邺，则谓："分家南徙，恐不满诸州之地。"此见前后北魏国力之膨胀。]

二则北方统一以后，若图吞并江南，则必先将首都南移。

太和十五年始亲政；十七年南伐，是年即议迁都，并起宫殿于邺。是后连年南伐，直到孝文之卒。可知孝文迁都，实抱有侵略江南之野心也。

三则当时北魏政府，虽则逐步汉化（此只是北方汉士族的文化力量之逐步抬头），而一般鲜卑人，则以建国已逾百年，而不免暮气渐重（此却是浅演民族一种根本的惨运），魏孝文帝实在想用迁都的政策来与他的种人以一种新刺激。

史称："魏主将迁都，恐群臣不从，乃议大举伐齐以胁之。至洛阳，霖雨不止，群臣泣谏。魏主曰：'今者兴发不小，苟不南伐，当迁都于此。'时旧人虽不愿内徙，而惮于南伐，无敢言者。迁都之计遂定。"其时一般鲜卑人之暮气沉沉，固不待南迁而衰象已见矣。孝文太子恂，既南来，深苦河、洛暑热，每追乐北方。（此皆浅演民族之暮气表示也。）帝赐之衣冠，常私着胡服，杖数百，囚之。又谋轻骑奔代，废为庶人，赐死。（为自己一种高远的政治理想，而引起家庭父子惨剧者，前有王莽，后有魏孝文。）时孝文南迁，所亲任多中州儒士（其时北方汉士族文化力量已不可侮。唯孝文知之，鲜卑种人多不知也），宗室及代人，往往不乐。孝文尝谓陆睿曰："北人每言北俗质鲁，何由知书？（此乃鲜卑暮气对汉文化之反应）朕闻之，深用忧然。今知书者甚众，岂皆圣人？顾学与不学耳。朕为天子，何必居中原？正欲卿等子孙，渐染美俗，闻见广博。若永居恒北，复值不好文之主，不免面墙耳。"孝文之开譬深切如此，然陆睿、穆泰终以反对南迁，谋乱伏诛，则知当时鲜卑人一般之意态，实距孝文理想甚远也。

孝文迁都后的政令，第一是禁胡服，屏北语。

帝谓："三十以上，习性已久，容不可猝革；三十以下，语言不听仍旧。"又曰："如此渐习，风化可新。若仍故俗，恐数世之后，伊、洛之下，复成披发之人。"又曰："朕尝与李冲论此，冲曰：'四方之语，竟知谁是？帝者言之，即为正矣。'冲之此言，其罪当死。"（观颜之推家训，当时北方士族，仍有以教子弟学鲜卑语得奉事公卿为荣。直至高欢，必遇高敖曹在军中，乃为汉言。则魏孝文之理想，竟未得达。）

其次则禁归葬，变姓氏。

自是代人迁洛者，悉为河南洛阳人。拓跋改氏元，其他如长孙（拔拔）、奚（达奚）、叔孙（乙旃）、穆（丘穆陵）、陆（步六孤）、贺（贺赖）、刘（独孤）、楼（贺楼）等，皆胡姓改。凡一百十八

姓。（详《魏书·官氏志》）

又次则奖通婚。（孝文自纳范阳卢氏，清河崔氏、荥阳郑氏、太原王氏四姓女充后宫。）

孝文明知鲜卑游牧故习，万不足统治中华，又兼自身深受汉化熏染，实对汉文化衷心欣慕，乃努力要将一个塞北游牧的民族，一气呵熟，使其整体的汉化。

而一时朝士，文采、经术尤盛。（此与当时暮气的鲜卑人两两对照，即知魏孝文迁都之一种内心激动矣。）

如高允（尤好《春秋公羊》）、李安世（祖曾，治《郑氏礼》、《左氏春秋》。叔父孝伯，少传父业）、李冲、李彪（上封事七条，极识治体，殆其时之贾生也。为中书教学博士，述《春秋》三传，合成十卷）、王肃（自南朝来），尤其著者。所谓："刘芳、李彪诸人以经书进，崔光、邢峦之徒以文史达，其余涉猎典章，关集词翰，斯文郁然，比隆周、汉也。"（《魏书·儒林传序》）

惜乎孝文南迁五年即死（孝文五岁即位，初权在太后。二十五岁始亲政，二十九岁迁都，三十三岁即卒）。

他的抱负未能舒展，鲜卑人追不上他的理想，而变乱由此起。

初，元魏在马邑、云中界设"六镇"以防柔然。

六镇：(《郦道元传》："明帝以沃野、怀朔、薄骨律、武川、抚冥、柔玄、怀荒、御夷诸镇并改为州，会诸镇叛，不果。"）

沃野（沃野、薄骨律在西北边，略当河套、宁夏境，为六镇最西第一镇），怀朔（最西第二镇，今绥远五原、固阳境），武川（从西第三镇,今绥远武川),抚冥(武川、柔玄之间,约相距各五百里之地),柔玄(怀荒东,近天镇北,今绥远兴和),怀荒(今地未考,当在兴和、沽源间)。又有御夷(今察哈尔沽源、多伦二县地),后置,在"六镇"外。

鲜卑高门子弟,皆在行间,贵族即是军人,当兵即是出身,鲜卑自己规模本如此。

《北史·广阳王建传》:"昔皇始以移防为重,盛简亲贤,拥麾作镇,配以高门子弟,以死防遏。不但不废仕宦,至乃偏得复除。当时人物,忻慕为之。"(按:六镇亦有柔然降人,及内地汉人征发配戍。故明帝正光五年八月诏,有"元非犯配,悉免为民,镇改为州"之语。)

及迁洛阳,政治情势大变,文治基础尚未稳固,而武臣出路却已断塞。

《广阳王建传》谓:"及太和在历,丰、沛旧门,仍防边戍。自非得罪当世,莫肯与之为伍。一生推迁,不过军主。然其往世房分,留居京者,得上品通官;在镇者,便为清途所隔。"《北齐书·魏兰根传》亦谓:"中年以来,有司号为府户,役同厮养,官婚班齿,致失清流。而本宗旧族,各各荣显。顾瞻彼此,理当愤怨。"[按:道武平中山,多置"军府"以相威慑,凡有八军。军各配兵五千,食禄主帅,军各四十六人。自中原稍定,八军之兵渐割南戍,一军兵裁千余,然帅如故,费禄不少。杨椿表罢四军,减其主帅百八十四人。六镇亦称"府户",盖体制略同。西魏"府兵"

之名殆本此。秦、汉军民分治，故于郡守外置都尉。北朝其先纯系军治，故府设帅，而称军府。（此犹秦南海、桂林、象郡仅设一尉，不更置守也。）及后文治渐蒸，军主镇帅，遂无出路，群加简蔑，目为府户，以别于中朝缙绅门阀焉。]

一辈南迁的鲜卑贵族，尽是锦衣玉食，沉醉在汉化的绮梦中。

《洛阳伽蓝记》谓："当时帝族王侯、外戚公主，擅山海之富，居川林之饶，争修园宅，互相夸竞。崇门丰室，洞户连房，飞馆生风，重楼起雾，高台方榭，家家而筑；花林曲池，园园而有。而河间王琛最为豪首，常与高阳王雍争衡。"高阳正光中为丞相，童仆六千，妓女五百，汉、晋以来，诸王豪侈未之有。河间亦妓女三百，常语人云："晋室石崇，乃是庶姓；况我大魏天潢，不为华侈。"（此等汉化，岂魏孝文所想望！）

而留戍北边的，却下同奴隶。贵贱遽分，清浊斯判。朝政渐次腐败，遂激起边镇之变乱。

胡太后时（明帝神龟二年），羽林、虎贲作乱，杀尚书郎张仲瑀及其父张彝，而朝廷不能问（仲瑀上封事，请铨别选格，排抑武夫，不使预清品。及父子见杀，诏诛凶强者八人，余并大赦以安之），其事已为清流文治派与武人势力之显著冲突。在中央政府下之羽林侍卫尚无出路，何论边鄙镇兵？六镇叛变，正为此种形势之继续扩大。南中文治派与北边武人之冲突，其后面不啻即是汉化与鲜卑故俗之冲突也。（史又称："代人迁洛，多为选部所抑，不得仕进。及六镇叛，元叉乃用代来人为传诏以慰悦之。"是可见当时南、北界划矣。）

尔朱荣入洛阳，沉王公以下二千余人于河。洛阳政府的汉化暂见顿挫。

尔朱荣世为领民酋长，部落八千余家，有马数万匹（元天穆说之曰："世跨并、肆，部落之民，控弦一万。"），此乃代表鲜卑遗留在北方之旧传统、旧势力，与洛阳汉化后之新朝贵绝不相同。一个国家，同时摆着两个绝不相同的社会，势必酿乱。

而鲜卑命运，亦竟此告终。

凡历史上有一番改进，往往有一度反动，不能因反动而归咎改进之本身；然亦须在改进中能善处反动方妙。魏孝文卒后，鲜卑并不能继续改进，并急速腐化，岂得以将来之反动，追难孝文！

［原载钱穆：《国史大纲》（上），九州出版社 2011 年版］

任继愈：中华民族的生命力

秦始皇建立了中国历史上第一个多民族的封建专制统一的国家，创立了大一统的封建专制体制。秦汉相承，只是汉朝统治手段比秦朝缓和，使大一统的封建政权得以稳定。秦汉开创了支配中国两千年大一统的政治格局。此后，统一成为主流，被认为是正常的，分裂被认为是不正常的。[从时间上看，中国统一的时间约为秦汉以后历史时期的七分之六，分裂时期约占七分之一。分裂期间最长的南北朝（约三四百年）南方和北方的政权也是统一的，统治区域也相当广大。]中华民族是秦汉时形成的，在春秋战国以前，处在黄河流域的各族统称为华夏族，各族关系是松散的。

秦始皇用行动统一了全国，在此以前要求统一的思想早已萌发。孔子看不惯当时政治秩序混乱的现象，向往周朝文王、武王的盛世，他要恢复以周天子为首的上下等级制度，希望国家政令统一于周天子。

战国时期，周天子早已名存实亡，各种思想流派都提出过统一天下（当时的天下即指黄河流域中国本部）的方案。有了统一的政府，可以使货物自由流通，整治河道、兴修水利不再以邻国为排水渠道，更重要的是可以避免连年的战争。孟子、荀子都提出过统一天下的主张，只是条件不具备，这个理想未能实现。

秦汉统一，给中华民族带来了实际的利益。这些利益（民族的、文化的、经济的、政治的）使中国成为东方强国，站到了世界强大国家的前列，中国人口第一次超过五千万是在汉朝，第二次超过五千万是在唐朝。今天中国人口过多，成为负担，古代地旷人稀，人口繁衍，是国力昌盛、生产力发达的标志。

秦汉封建大一统的局面一直维持到鸦片战争，两千多年来中华民族的凝聚力不断加强，表现在以下两个方面：

第一，民族的融合。

民族和国家是两个不同的概念。秦汉以后形成了中华民族，它既可以指生活在中国的各民族共同建造的国家，它又是在中国领域内汉、藏、蒙古、维吾尔等五十六个民族的总称。这种看法已被全国各族人民所接受。

中国的历史也可以说是中国境内各民族不断融合的历史。汉朝就融合北方、南方各少数民族，纳入民族大家庭。比如汉武帝和北方匈奴族打过仗，他对居留在内地的匈奴族没有歧视，武帝老年时把八岁的小儿子（汉昭帝）托付给三位大臣，委托他们保护幼主，安抚天下，三大臣中有一位是匈奴人金日磾（是从养马的下级官吏提拔到中央一级的）。

隋唐时期，皇族的血统有一半属于北方少数民族（如独孤氏、长孙氏）。北朝魏孝文帝从平城（今山西大同）迁都到洛阳，禁胡服、改汉姓，号召学习汉文典籍，这是少数民族主动向中原地区文化融合。10世纪，北方辽国（契丹族），皇帝要奉孔子为圣人。金朝对汉文化的接触比辽更多，元朝把孔庙修建到云南及边远地区。清朝（满族）也自称为炎黄后裔。秦汉以后，民族不断融合，两千年来使中华民族形成一种共同心理、共同的民族意识。这是一种极可珍贵的精神遗产。平时可能在民族内部有些小摩擦，一旦大敌当前，民族存亡危难关头，中华民族的敌忾同仇、团结对外的力量就会爆发出来。鸦片战争以来，中国人民反侵略、争自由的行动就是明证。

第二，文化思想的融合。

秦汉两朝统一全国，在统一政权管理下，全国范围内颁布了一系列统一措施，统一货币（如汉的五铢钱）、统一计量单位（长度的尺，重量的斤、两，容量的斗、升），统一全国道路宽度（规定车轮轨距），统一文字（国家制定全国通用的方块汉字），统一伦理道德规范（忠孝、三纲原则）。特别是后两项的统一（文字统一和道德规范统一）成为后来历代政权长期统一的有效保证，汉字和伦理道德规范直到今天还是海内外中华民族的主要凝聚因素。中国地域辽阔，民族众多，方言隔阻，如果不是靠文化思想和文字为联系纽带，中国不知道将要分裂成多少个独立小朝廷。

中华民族对外来文化从来不采取盲目排斥，而是有选择地吸收、改造，使之为我所用。势力最大的佛教，传入中国，被中华文化所吸收，使它变成中国传统文化的一部分，从而丰富了中国文化，使它沿着中华文化发展的道路发展。秦汉到清末，改变了若干次王朝统治者，但中华民族的文化没有随着王朝政权的更替而中断，没有随着政权转移而改变方向；相反，倒是朝中华民族的既定方向前进。中间也遇到不少艰难险阻，甚至经历了生死存亡的考验，但是终于靠自己的力量克服了困难，改正了错误，继续前进了。与世界各民族、各国家的历史相比较，中华民族的这一特点和优点是十分明显的。作为中华民族的一分子，我们每一个成员应感到自豪。

（原载《学术研究》第 1 期，1991 年）

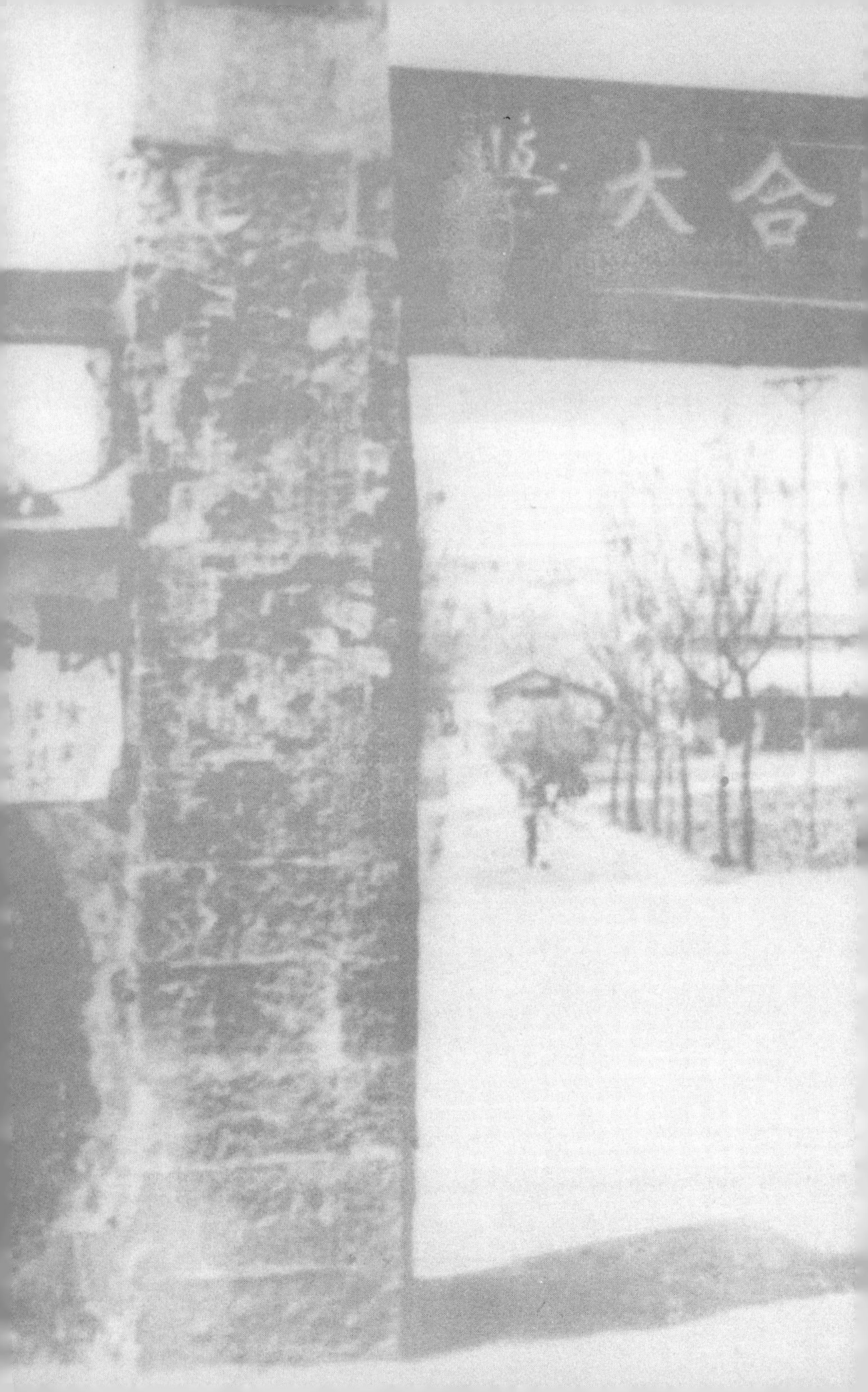
大合

第六篇 中外交流

中西交通史四讲

1937—1946

1937—1946

1900—1966

向达：古代中西交通梗概

中国民族和文化源出西方，现待新证据来证明或否定的太多，我们只好阙疑。要讨寻中西交通的史迹，且把这民族同文化的起源搁置不论，再往下一考先秦的情形。

我要说及《穆天子传》和《逸周书》两部书。古本《竹书纪年》也曾说到穆王北征，西征犬戎，西征昆仑邱，见西王母，西王母来见，以及东征、南征等事。《竹书纪年》中的纪事，本已不十分可靠，而《穆天子传》大约又是根据《纪年》中的这些话加以扩大，成了这样一部书。有人以为穆王真的到过波斯，而西王母乃是古波斯的女王；有人以为穆王所到的不过在今新疆莎车左右。《逸周书》中的渠搜、大夏、月氏都是汉以后西域的国名。先秦旧籍如《管子》书中也曾提到大夏。这大约都是汉朝人所加上去的，所以先秦时代同西域诸国交通的那些文献上的证据，如没有地下的材料为之辅佐，要用作讨论的根据时恐怕还是不能不加以慎重。

不过在这先秦两汉的时候，中西的交通，据说也有许多痕迹可寻。在公元前第四世纪，西方的希腊正是亚历山大大王（Alexander the Great）在位。大王雄才大略，抱着席卷六合的雄心，征服了波斯以后，便提军东迈，进讨印度，摩竭陀诸邦望风而靡。后来大王因为国内起了变动，赶紧归国，以致征服东方的理想，不能实现，同我们中国也没有接触。可是自印度西北往西以至于波斯一带，希腊人沿途建筑城邑，设立国家，如中国史上的大夏（Bactria）就是希腊人所建诸国之一。在公元前第四、第三诸世纪，中亚以西以至四方，一时交通大开，往来甚盛。比之后来同元朝成吉思汗的西征，正是后先辉映。

同时中国也正当战国群雄纷起，秦霸西戎的时候。中国的丝绸，此时也已闻名遐迩。因此印度在最古的《摩奴法典》（*Laws of Manu*）和《摩诃婆罗多》（*Mahabharat*）大史诗中便有了支那（China）的名称，而希腊古书中也时时提到东方一国出产丝绸，名曰赛里斯（Serice）。支那一名传到西方，转为 Sin 同 Thin，又转为 Sinae 同 Thinae。又以为 Thinae 乃是国名，而 Sinae 乃是 Thinae 的首都。赛里斯国的人民则称为赛勒斯人（Seres），首都则称为赛拉（Sera）。支那一名大约即是从秦国的秦字得声，而赛里斯乃是丝国之意。支那同赛里斯两名都传入希腊，希腊人分辨不清，以为实是两国，赛里斯在北而支那在南。

希腊人之知有支那最早在公元前第五、第四世纪。自此以到公元后第二、第三世纪，希腊人同罗马人的书中还时时提到；并有人以为自己曾经到过。在中国这一方面，正是一样。汉武帝开通西域，张骞奉使大宛，于是中国人对于西方今中亚细亚一带的知识，方算确有可据。从此以后，中国书上也时常见到大秦的名称了。

当张骞出使西域时，张骞冒着万险前去，中途为匈奴所捉，后来竟设法到了西域大宛，由大宛经康居以至月氏。大宛即今俄属土耳其斯坦的 Ferglana，康居即撒马尔干（Samarkand）。月氏那时击臣大夏都妫水北建王廷，国境兼有今布哈尔（Bokhara）同阿富汗的地方，妫水就是现今的阿母河（Amur R.）。张骞从月氏至大夏，留岁余，得不到什么要领，只好归国。归国时复为匈奴所得，又留岁余，乘匈奴内乱，始亡归汉。这一次张骞的使命虽未达到，而身所至者大宛、大月氏、大夏、康居，又传闻其旁大国五六。传闻诸国中远在西方的有安息，有条支，有黎轩，安息即古波斯，条支在今叙利亚（Syria）地方。黎轩，后来作犁轩，据近人的考证，以为即是埃及的亚历山大里亚城（Alexandria）。张骞自己虽未曾到过条支和黎轩等远西诸国，元朔六年（公元前 123 年）封骞为博望侯，于是遂派遣副使使西域诸国，颇与其人俱来。骞死以后，又曾发使抵安息、奄蔡、黎轩、条支、身毒。那时黎轩的善眩人也曾献入汉朝。这都是汉武帝前后时候的事。中国对于西域的知识已到俄属土耳其斯坦，里海同黑海中间的地方（**奄蔡见《史记·大宛列传》，系张骞在西域得之传闻，后又曾遣使相通的**），以及古波斯、叙利亚诸处，并且知道非洲北岸的亚历山大里亚城。当时遣使究到何处，现不甚可考，大约后汉时所谓大秦，在前汉时还不知道，也不曾到过。这是陆道一方面的情形。水道则自武帝平定南方，设置珠崖、儋耳诸郡，大都在今广东一带，地濒南海。那时设有译长，属黄门，并曾遣使往访海南，都元国、邑卢没国、谌离国、夫甘都卢国、黄支国、皮宗国、已程不国诸国，市明珠璧流离奇石异物。其中的国家，只黄支一国确知道是印度东岸的 Kanchipura，即后来唐朝玄奘三藏所记的建志补罗国。所以在前汉的时候，水道同西方的交通，大约以印度为最远了。那时在陆路上绾毂中西交通的要算敦煌，而在水道上为中外通商的总口岸的则是徐闻合浦，即今广东海康合浦二县之地。

到了后汉，情形又不同了。中国经王莽之乱，整理未遑，无暇旁骛，于是匈奴复霸西域，敛税重刻，诸国不堪命。后来匈奴一弱，莎车王贤攻灭诸国，贤死之后，西域又大乱，到了明帝的时候，中国已经休养生息，永元间北征匈奴以后，遂又重通西域，设置西域都护。到了班超平定西域，为都护，西域"五十余国悉纳质内属，其条支、安息诸国，至于海濒四万里外，皆重译贡献"。在这时候张骞所传闻的黎轩已知道是大秦国了。（这正同魏晋以降，中国高僧大德到印度鞠多王朝的国中去，以国都的名名其国，称之为华氏国是一样。）永元九年（公元 97 年）班超仰慕这极西大秦的富庶，要与之通使，因命甘英遍历西域诸国，至安息、条支，欲从条支渡海到大秦去。

那时中国同西亚波斯一带已交通甚盛。在公元前后两世纪时，安息的国势很强，西亚诸国，大概都为其臣属。中国同西方交往通商，丝绸一项尤其是西方国家所最欣慕的，而当时的安息就垄断了这项贸易。安息既然独占了中国的丝绸贸易，于是凡有西方国家要同中国通商往来，安息即横亘中途，遮断双方的交通。永元九年班超使部将甘英从条支渡海往大秦，其时条支为安息的属国，安息为着自己贸易起见，当然不许中国同远西的大秦有直接的交通，所以甘英到条支，临大海欲渡，而安息西界船人谓英曰，"海水广大，往来者逢善风，三月乃得度，若遇迟风亦有二岁者。故入海人皆赍三岁粮。海中善使人思土恋慕，数有死亡者"。英闻之乃止。大秦想同中国通使，也为安息所遮。两国东西遥遥相闻，而在公元后几十年间竟不能直接交通。

张骞通西域时所知道的黎轩，后来的犁靬、乌迟散，以及班超时的大秦，与夫唐代的拂菻，大概都指罗马讲。黎轩、犁靬、乌迟散，大约即是埃及的亚历山大里亚，古书所谓阿荔散国者即是。至于何以称罗马东徼为大秦，解释者纷纭其说，日本藤田丰八以为米索不达米亚的底格里斯河和幼发拉底河之间一片腴壤，汉时称为Daksina，传入中国，遂以其地代表罗马东徼全部，而译其国名为大秦了。这一说与实际大约还相去不远。

在公元初，中国同号称大秦的罗马虽未得直接交通，但是大秦国常与安息、天竺人交市海中（同印度的交通也很频繁），自然容易从海道与中国相通。到了汉桓帝延熹九年（公元166年），中国史书记载这一年有大秦王安敦遣使自日南徼外献象牙、犀角、玳瑁。所谓安敦，据说即是罗马皇帝Marcus Aurelius Antoninus（121—180年）。当公元162年到165年从Antoninus的部将Avidius Cassius率军征安息，奠定小亚细亚一带。中国史书上的安敦大约即是此时的事。近人以为此次安敦遣使乃是叙利亚的罗马商人经商安息、天竺海上，在交州弄了一些土产，假借大秦王的名义谋与中国通商。中国与西方的罗马属国从海道直接交通，始于此时。后来到孙权的黄武五年（公元226年）又有一位大秦商人名叫秦伦的来到交趾，交趾太守遣送诣权，其后秦伦复返本国。大秦同中国在海道之相通，这要算是第二次了。晋武帝太康时又遣使贡献一次，大约也是取的海道。按公元283年罗马皇帝Carus又攻入安息，这一次的使臣或者就是他所遣来的呢。

自张骞通西域以后，中国便已知道西方有极为富饶的大秦。大秦别名黎轩、犁靬，所指地域似因时不同，不过总不能出罗马东徼的属地，今地中海东岸的小亚细亚和埃及的北部一带，古罗马都护所护之地，中国书上的安都即是Antioch的古译。

中国同罗马的交通大致无疑。唐时杜环随高仙芝西征大食，兵败被虏，到阿拉伯波斯亲闻大秦国在苫国西数千里，苫国即今叙利亚。而那时中国人流寓大食的，杜环所见有汉匠作画者京兆人樊淑、刘泚，织络者河东人乐隈、吕礼。

汉以来中国同罗马帝国的交通，始终在若明若昧之中。不过中国同西方在文化上的交通，也有可以数说的。有人说中国先秦的天文学即传自希腊及巴比伦。这一说确否，还待深究，不过在公元前第六世纪时，中国正是春秋战国百家争鸣，印度则教学繁兴，希腊亦学术大盛，东海西海，同时并兴，这也是值得注意的一件大事。到了汉朝，中国的丝绸，确已传入罗马，而罗马的琉璃，也已传到中国，所以汉朝女人的耳珥有用玻璃为之者。匈奴人的遗物中有许多图案，也颇与希腊所有者相似。汉魏六朝时代的海马葡萄镜，乃是受西方影响的作品。

此外在美术方面，中国也曾间接地受了希腊的影响。希腊在公元前第四世纪时亚历山大东征之后，于印度的西北方建了不少的希腊小国。到公元一、二世纪之间，印度的佛教起了一次大变化，马鸣、龙树诸人所倡的大乘佛教即完成于此时，同时佛教美术中的犍陀罗派，也乘之兴起。犍陀罗派的佛教美术，全是受的希腊影响，于是佛的雕像，竟有如希腊的阿波罗像一样的了。印度的佛教美术在魏晋的时候入中国。至今新疆一带考古发现的佛像，还有不少是带有希腊风的犍陀罗式作品；虽然自犍陀罗东行，沿途受印欧民族的影响，不无蜕变，但是大致还可以看得出来。从新疆再往东，中国本部各处的佛像雕刻也约略可见一二，就是希腊式的柱头，在六朝时候，也间或采用。

汉魏六朝，中国同西域的交通既然兴了起来，中国同罗马帝国东徼通商，希腊式的美术传入中国，罗马帝国制的东西以及货币，中国也有得看见。不仅此也，就连罗马的传说也间有传到中国的。如《梁四公记》所说的大秦国西深坑产宝，以肉投之，鸟衔宝出的故事，原是罗马的一种传说，由罗马传到西亚，由西亚传到印度，由印度又传到中国。虽然与原来的传说已有许多不同，可是原来的型式，尚可以看见。举此一端，可见那时两国交通之概略了。

（原载向达：《中西交通史》，中华书局1934年版）

1899—1981

郑天挺：不断发展的丝绸之路

一、一二世纪时的丝绸之路

公元 73 年，东汉政府派班超使西域，西域复通中国，中间隔断六十五年。在中断的年代里，西域各国又被控制于匈奴贵族。"匈奴敛税重刻，诸国不堪命"，屡次遣使要求同东汉恢复关系。到公元 94 年，西域五十几国都通使于东汉。

公元一二世纪，东汉时期，关于西域通好和丝绸之路的情况，与公元前一二世纪，西汉时期，大致相似。有什么不同呢？最主要的有下面几点：

第一是东西大通道——丝绸之路更加扩大。交通路线是不断发展的，在公历纪元的前后，车师后王廷（车师后王廷又称车师后部，在今新疆吉木萨尔）就有新道通玉门关，既省里程又避开白龙堆沙漠。类似的情况是经常出现的。时代越晚新道越多。过去传闻的国家，到东汉清楚了或者直接通使了。"前世汉使""莫有至条枝者"（条枝或作条支，在今伊拉克，西汉时属于安息），而公元 97 年东汉甘英"抵（到）条枝"。西汉只知犁靬不知大秦，而东汉"都护班超遣甘英使大秦"，大秦就是犁靬。[大秦和犁靬都是中国对罗马帝国的译名。公元 395 年罗马帝国东西分立以后，中国史籍所记大秦事以东罗马帝国（拜占庭帝国）为多。] 西汉认为高附

（高附在今阿富汗国喀布尔）是大月氏的一部，而东汉认为它"所属无常"、"而未尝属月氏"，西汉所说"非其实也"。

第二是东西大通道——丝绸之路更加向西方推进。公元前西端只到达安息国东部，而公元后到达了安息国西部海滨，也就是今天伊朗和沙特阿拉伯之间的波斯湾；公元前没有到过在今天伊拉克的条枝，而公元后到达了；"前世汉使皆自乌弋以还"，或者"至皮山（皮山在今新疆皮山县）而还"，而在公元后的东汉已经是"穷临西海（这里的西海指波斯湾。穷是极，临是到，穷临西海就是极远到了西海波斯湾）而还"了。都说明到了公元一二世纪丝绸之路向西延长了很远。

第三是丝绸之路由陆运发展为海陆联运。罗马帝国是西方富饶大国，早想通商于汉，但是它与汉朝之间隔了安息这个大国。安息国东部连接丝绸大道，同汉朝的往来最繁，丝绸贸易最盛。安息人善贸易，在公元前后的一二世纪时是中亚与西亚之间通商的中介，始终是远西贸易的代表。大秦的商品要通过他们贩卖到东方，中国的丝绸也通过他们出售给大秦。安息想长远以中国丝绸同大秦作交易，所以不愿大秦使团经过安息直接到东汉，以免造成商业上的竞争，损害自己权益。因此大秦"遮（挡着）阂（隔阻不通）不能自达"（自己直接到中国），直到公元166年才由海道通使中国。为了这种对中国丝绸垄断的积怨（原因之一），公元162年至166年大秦同安息曾发生战争。公元97年，甘英出使大秦，到了波斯湾（据德国夏德《大秦国全录》考订，甘英所到之处应为今波斯湾北端幼发拉底河口附近，古代的于罗国）听说海路险远，需要携带三年的食粮，于是决定不渡海，可能也是受骗。这时，从安息"南乘（航）海乃通大秦"。中国丝绸主要从陆路通过丝绸之路运到安息，然后由海路运至大秦，成了海陆联运。在大秦安息战争前都是如此。

第四是各国围绕丝绸之路发展成为交通网。《后汉书·西域传》记载说，东汉和帝时（公元89年至105年），印度多次从西域通使中国，后来这条陆路发生障碍，159年才改从海道来，说明除了滇蜀以外，在西北丝绸之路上也有通印度的支路。西域各国有好几国，如罽宾（罽宾国在今印巴次大陆克什米尔）、皮山，都同印度邻近，都是丝绸之路上的国家，一定有支路通印度；其他乌弋山离国、安息国，一定也有通道。在缅甸，公元前后通中国的商业通道也不少，其中一道就沿着弥诺江经曼尼普尔通往阿富汗，同丝绸之路大道相衔接，是中国丝绸的交换中心（见哈威《缅甸史》，1957年修订汉译本第39页）。这都是以丝绸之路为主干，各国围绕它各自发展支路，成为交通网，使交通更加方便，商品运送行人往来更可以四通八达。

第五是各地商队来者日多。"商胡贩客，日款（求通）于塞下"，比起西汉频繁多了，因之丝绸的交换投赠也加多。公元41年，莎车遣使来，东汉政府赠以"黄金锦绣"，可见一斑。

第六是通使国家加多。在公元前中国西汉时，南道罽宾国附近，还有"不属汉之国四、五"，就是同汉朝不相交往的小国；而到公元后东汉时，"五十余国悉（全部）纳质内属"。另外，"远国蒙奇（蒙奇今地不详）、兜勒（兜勒在今印巴次大陆克什米尔）"，

"条支、安息诸国至于海滨","皆重译贡献"(重译就是辗转翻译几次)。这是当时形势的倾向,为西汉所不及的。然而也有在东汉往来中断的国度,例如乌孙,西汉时对它关心最切、往来最繁,到了东汉"而乌孙葱岭已西遂绝",情况变化是复杂的。

第七是东汉官吏乘机运售丝绸作生意。东汉时是否有中国商人径往西方,没有确实记载,然而出使人员携带丝绸作交换赠送之用,是不可避免的,官吏乘机运售丝绸也是常见的。东汉文学家班固(《汉书》作者)给他弟弟西域都护班超写有许多信,一信说,带去"白素(白色素绸)三百匹",让班超卖给月氏人(见《太平御览》卷八一四);一信说,窦宪(当时执政)托他带给班超"杂彩(各色丝绸)七百匹、白素三百匹",让班超在西域代买月氏的马、苏合香和毛毡(见《全后汉文》卷二十五)。东汉官吏利用机会参加对外的商业买卖,是不应该的,但也反映当时国外对丝绸需求的殷切。

以上这些事实,都说明丝绸之路自从形成以后,是不断发展的。因此它对各国人民之间以及各国政府之间的友好往来和经济文化交流所起的作用日益扩大,它的历史意义也就日益宏伟。这种发展和扩大,直到九十世纪还在继续有所增进。

二、三世纪通西域的三道

公元3世纪,中国三国时,西域只存二十国;通西域有三道。三国时著作《魏略西戎传》说:"道从敦煌玉门关入西域,前有二道,今有三道。"所谓"前有二道"是指汉代的南北道,"今有三道"就是当时的南道、中道和新道。

三国时的南道同汉代南道路线相同,三国的中道就是汉代的北道,三国的新道更在汉代北道之北,是新辟的,所以又称新北道。

这条新北道,出玉门关向西北走,沿着沙漠边缘到今哈密、吐鲁番,然后向西走。这样就避免穿越沙漠,要好走得多,也省一些路。新北道到今吐鲁番同中道(汉北道)合。

新北道发现于西汉元始(公元1—5年)中,但没有正式开辟,所以两汉只说通西域有两道,不说有三道。三国时才正式通行,这与北匈奴贵族势力日微向西方移徙(公元1世纪)有关,是新形势促成的。

公元399年,僧人法显由长安出发到印度,从玉门到葱岭走的是南道,越葱岭后向南经过今克什米尔的吉尔吉特河到印度,这是一条新道。

三、五世纪时通西域的四道

公元5世纪,中国南北朝时,通西域有四道。435年,北魏派董琬等出使西域,他回来时说:"出西域更为四道。"(《通典》卷一九一)可惜传留下来的记录很简略,看不出整个路线的起止和经过的地方。大体说,第一道出玉门向西到鄯善,相当于汉代南道的东段;第二道出玉门向北到车师,相当于三国时的新北道;第三道从莎车向西越葱岭,再向西到今阿富汗,相当于汉南北道会合后的西段;第四道从莎车向西南越葱岭再向西南到今克什米尔,相当于汉南道西段进向印巴次大陆的线路。

公元516年，北魏又派宋云使西域，522年回来，写过一本《行纪》。他从洛阳出发，没有出玉门关，而是从青海到新疆。他采取的路线同董琬又不同，只利用了一段丝绸之路。

四、七世纪时通西海的三道

7世纪初，中国隋炀帝时，各国从陆路来的商人以张掖为中心同中国交易，由裴矩管理其事。公元608年，裴矩写成《西域图记》，书已散佚，但是它的序还保存在《隋书·裴矩传》里。序里说："发自敦煌，至于西海，凡为三道，各有襟带。"这里所说西海，指的是地中海，三道就是北道、中道、南道。

7世纪的北道是从今天新疆天山南路的哈密到天山北路的木垒河，然后到中亚伊犁河流域，再向西南穿过楚河、锡尔河、阿姆河流域，西到东罗马帝国，以达地中海。这条北道，出玉门不穿沙漠直向西北，不越葱岭以达中亚，这是同过去的北道和新北道大不相同的。

7世纪的中道，经过今新疆吐鲁番、焉耆、库车到疏勒，越葱岭，又经过今中亚苏联的费尔干纳、乌腊提尤别、撒马尔罕、衣斯第干、喀沙尼亚、布哈拉、土库曼到伊朗，以达地中海。这条中道虽然同过去的中道大致相同，但是向西大大延长了。

7世纪的南道，经过今新疆婼羌、和阗、叶城、塔什库尔干越葱岭，这同过去汉代和三国时的南道一样，但越葱岭后向南经过阿富汗的瓦汉山、巴达克山、兴都库什山等地区以达印巴次大陆，又开辟了新路。不是越葱岭后向西南推进了。

在裴矩的记载中还说："其三道诸国亦各自有路，南北交通。"说明当时各国于丝绸之路干线外，还开辟了很多的支路，南北交通更加发达。

7世纪初，天山南路只存在鄯善（南道）、于阗（南道）、焉耆（中道）、龟兹（中道）、疏勒（中道）、车师后部（北道）几个大国，由西突厥（西突厥在中亚伊犁河流域及其附近，建立于6世纪下半叶，657年为唐所败）控制着；天山北路由西突厥和铁勒（铁勒，民族名，住今西伯利亚贝加尔湖南）控制着。

到了7、8、9世纪，中国唐代（618—907年），当时国际形势有了很大变化，北方的北突厥（东突厥）（东突厥又称北突厥，在今内蒙古自治区阴山山脉一带）、薛延陀（薛延陀，民族名，住铁勒北，今贝加尔湖南）、西突厥、高昌（高昌今新疆吐鲁番）等国，或衰或亡，咸海、里海以东，贝加尔湖以南，内属中国。天山南路较大的一城五国 [一城即伊吾城（今新疆哈密），后称伊州；五城即高昌，后称西州，焉耆（新疆焉耆、尉犁），龟兹，疏勒，于阗；前此都隶属西突厥]，参加了祖国大家庭，设立安西都护府。[658年唐徙安西大都护府于龟兹（新疆库车），下设龟兹、于阗、碎叶、疏勒四镇，称都督府。碎叶都督府后改焉耆都督府。]边境各地，大者称军，小者称守捉，或称镇。（唐在西域有名可考的府州，有四十五府，一百一十五州，多数是羁縻州。羁縻州以本地民族首领为长官，不派人直接进行统治。）政权统一，交通往来更加便利。汉、隋以来，向称要冲的且末、鄯善，由于沙漠的扩延，渐就荒僻。帕米尔（中国旧称葱岭）以西各国，同唐朝发生更密切的联系。

唐朝政府为了维护丝绸之路的畅通和各国的友好往来，作出了卓越贡献。

7世纪末，海上航路日益发达，各国商人和旅行家已多舍陆航海。9世纪阿拉伯记载中曾说，在波斯湾北岸港口看见不少中国海船（沙畹：《中国之旅行家》，见《西域南海史地考证译丛》八编）。说明陆路交通被海上航运分走了一部分。

8世纪末，唐代贾耽纪入四夷之路最要者有七［贾耽入四夷之路要者有七：（一）营州入安东道；（二）登州海行入高丽渤海道；（三）夏州塞外通大同云中道；（四）中受降城入回鹘道；（五）安西入西域道；（六）安南通天竺道；（七）广州通海夷道。见《新唐书》卷四十三下《地理志》。关于安西入西域道，法国沙畹《西突厥史料》有详细考释，中国有译本］，其中通海路的三道，通陆路的四道，而"安西入西域道"居其一。安西入西域道，就是从库车到西域东西大通道的丝绸之路。他所记很详细，具体反映了区段间支路的普遍情况。

629年唐代僧人玄奘往印度，他经过今吐鲁番、焉耆、库车等地，利用了一段丝绸之路；但他并没有循着这一东西大道的固定路线前进。他越过天山，到达西突厥统治区域，然后进入印巴次大陆。这说明当时交通路线的广泛发展，四通八达，不止一线。

（原载郑天挺：《探微集》，中华书局1980年版）

1909—1969

吴晗：郑和（三宝太监）下西洋

首先说明西洋是指什么地方。明朝时候把现在的南洋地区统称为东洋和西洋。西洋指的是现在的印度半岛、马来半岛、印度尼西亚、婆罗洲等地区；东洋指的菲律宾、日本等地区。在元朝以前已经有了东、西洋之分，为什么有这样的分法呢？因为当时在海上航行要靠针路（*指南针*），针路分东洋指针和西洋指针，因此在地理名词上就有"东洋"和"西洋"。郑和下西洋指的是什么地方呢？主要是指现在的南洋群岛。

中国人到南洋去的历史很早，并不是从郑和开始的。远在公元以前，秦朝的政治力量已经达到现在的越南地区。到了汉武帝的时候，现在的南洋群岛许多地区已经同汉朝有很多往来。这种往来分两类：一类是官方的，即政府派遣的商船队；一类是民间的商人。可是像郑和这样由国家派遣的船队，一次出去几万人、几十条大船（*这些船是当时世界上最大的船，也就是当时世界上最大的海军*），不但到了现在南洋群岛的主要国家，而且一直到了非洲。其规模之大，人数之多，范围之广，那是历史上前所未有的，就是明朝以后也没有。这样大规模的航海，在当时世界历史上也没有过。郑和下西洋比哥伦布发现新大陆早八十七年，比迪亚士发现好望角早八十三年，比达·伽马发现新航路早九十三年，比麦哲伦到达菲律宾早一百一十六年。比世界上所有著名的航海家的航海活动都早。可以说郑和是历史上最早的、最伟大的、最有成绩的航海家。

问题是为什么在15世纪的前期中国能派出这样大规模的航海舰队，而不是别的时候？这个问题历史记载上有一种说法，说郑和下西洋仅仅是为了寻找建文帝的下落。这种说法是不正确的。明成祖从北京打到南京，夺取了他的侄子建文帝的帝位。建文帝是明太祖的孙子，他做了皇帝以后，听信了齐泰、黄子澄等人的意见，要把他的一些叔叔——明太祖封的亲王的力量消灭掉，以加强中央集权。他解除了一些亲王的军事权力，有的被关起来，有的被废为庶人。于是燕王便起兵反抗，打了几年，最后打到南京。历史记载说燕王军队打到南京后，"宫中火起，帝不知所终"。"帝不知所终"这句话是经过了认真研究的，因为当时宫里起了火，把宫里的人都烧死了，烧死的尸首分不清到底是谁。于是就发生了一个建文帝到底死了没有的疑案。假如没有死，他跑出去了的话，那么，他就有可能重新组织军队来推翻明成祖的统治。从当时全国的形势来看是存在这个问题的。因为建文帝是继承他祖父明太祖的，全国各个地方都服从他的指挥。明成祖虽然在军事上取得了胜利，但是并没有把建文帝的整个军事力量摧毁，他的军事力量只是在今天从北京到南京的铁路沿线上，其他地方还是建文帝原来的势力范围。因此明成祖就得考虑建文帝到底还在不在？如果是逃出去了，又逃到了什么地方？他得想办法把建文帝逮住。于是他派了礼部尚书（相当于现在的内务部长）胡濙，名义上是到全国各地去找神仙（当时传说有一个神仙叫张三丰），实际上是去寻找建文帝。前后找了二三十年。《明史·胡濙传》说胡濙每次找了回来都向明成祖报告。最后一次向皇帝报告时，成祖正在军中，胡濙讲的什么别人都听不到，只见他讲了以后明成祖很高兴。历史学家们认为，最后这一次报告，可能是说建文帝已经死了。另外，明成祖又怕建文帝不在国内，跑到国外去了。所以他在派郑和下西洋的时候，要郑和在国外也留心这件事。这是可能的，但这不是郑和下西洋的主要目的。郑和下西洋主要是由于经济上的原因。

这里插一个问题，讲讲明成祖和建文帝之间的斗争说明什么问题。明成祖以后的各代对建文帝的下落一事也非常重视。万历皇帝就曾经同他的老师谈起这个问题，问建文帝到底到哪里去了，为什么经过一百多年还搞不清楚。当时出现了很多有关建文帝的书，这些书讲建文帝是怎么逃出南京的，经过些什么地方，逃到了什么地方。有的书说他到了云南，当了和尚，跟他一起逃走的那些人也都当了和尚。诸如此类的传说越来越多。此外，记载建文帝事迹的书也越来越多。这说明什么问题呢？说明一个政治问题。建文帝在位期间，改变了他祖父明太祖的一些做法。他认为明太祖所定下来的一些制度，现在经过了几十年，应该改变。当时建文帝周围的一些人都是些儒生，缺乏实际斗争经验，他们自己出的一些办法也并不高明。尽管如此，建文帝的这种举动还是得到了不少人的支持。但是明成祖起兵反对他。在明成祖看来，明太祖所规定的一切制度都是尽善尽美的。他不容许建文帝改变祖先的东西。因此，明成祖和建文帝之间的斗争就是保持还是改变明太祖所定的旧制度的斗争。在这个斗争中建文帝失败了。明成祖做了皇帝以后,把建文帝改变了的一些东西又全部恢复过来。一直到明朝灭亡,二百多年都没有变动。

在这种情况下,有不少的知识分子对明成祖的政治感到不满,不满意他的统治。他们通过什么方式来表达这种不满呢?公开反对不行,于是通过对建文帝的怀念来表达。他们肯定建文帝,赞扬建文帝。实际上就是反对明成祖。因此,关于建文帝的传说就越来越多了。现在我们到四川、云南这些地方旅行,到处可以发现所谓建文帝的遗址。这里有一个庙说是建文帝住过的;那里有一个寺院,里头有几棵树,说是建文帝栽的,有没有这样的事情呢?没有。明末清初有个文人叫钱谦益(这个人政治上很糟糕)写了文章专门研究这个问题。当时许多书上都说:当南京被燕兵包围时,城门打不开,建文帝便剃了头发,跟着几个随从的人从下水道的水门跑出去了。钱谦益说这靠不住,南京下水道的水门根本不能通出城去。他当时做南京礼部尚书,宫殿里的情况是很熟悉的。此外,还有很多不合事实的传说,他都逐条驳斥了。最后他做了这样的解释:假如建文帝真的跑出去了,当时明成祖所统治的地区只是从北京到南京的交通线附近,只要建文帝一号召,全国各地都会响应他,他还可以继续进行斗争。但结果没有这样。这就可以得出一个结论:建文帝是死在宫里了。但当时不能肯定,万一他跑了怎么办?所以就派人去找。我认为这样解释比较说得通。

现在我们继续讲郑和下西洋的问题。如果说郑和下西洋的主要目的是找建文帝，那是不合事实的；但也不能说完全没有这方面的动机。因为当时的怀疑不能解决，通过他出去访问，让他注意这个问题是可能的。那么，郑和下西洋的主要目的到底是什么呢？这就是上次所说的，是国内经济发展的必然结果。经过1348年到1368年二十年的战争，经济上受到了很大的破坏。但是经过洪武时期采取的恢复生产、发展生产的措施以后，人口增加了，耕地面积扩大了，粮食、棉花、油料的产量都提高了，人民的生活有了改善，政府的财政税收比以前多了。随之而来，对国外物资的需要也增加了。这种对国外物资需要的增加主要在两个方面：一方面是人民日常生活所需要的物资，主要是香料、染料。香料主要是用在饮食方面作调料，就是把菜做得更好一些，或者使某种菜能收藏得更久。像胡椒就是人民所需要的东西。胡椒从哪里来呢？是从印度来的，一直到现在还是如此。还有其他许多香料也大多是从南洋各岛来的。在南洋有个香料岛，专门出产香料。另一种是染料，为什么对染料的需要这样迫切呢？明朝以前，我们的祖先常用的染料都是草木染料，譬如蓝色是草蓝；或者是矿物染料。这样的染料一方面价钱贵，另一方面又容易褪色。进口染料就可以解决这些问题。朝鲜族喜欢穿白衣服，我们国内有些人也喜欢穿白衣服，为什么？原因很简单，因为买不起染料。封建社会里，皇帝穿黄衣服，最高级的官穿红衣服，再下一级的官穿紫衣服，穿蓝衣服，最下等的穿绿衣服。为什么用衣服的颜色来区别呢？也很简单，染料贵，老百姓买不起染料，只好穿白衣服。所以古人说"白衣"、"白丁"，指的是平民。这些封建礼节都是由物质基础决定的。因此就有向国外去寻找染料的要求。这一类，是人民的日常生活所需要的。另外一类是毫无意义的消费品，主要是珠宝。这是专门供贵族社会特别是宫廷里享受的。有一种宝石叫"猫儿眼"，还有一种叫"祖母绿"，过去谁也不知道是什么样子，只知道是宝石。最近我们在万历皇帝的定陵里发现了这两种东西。这些东西都是从外国买来的。除了珠宝以外，还有一些珍禽异兽。当时的人把一种兽叫作麒麟，实际上就是动物园里的长颈鹿。与对外物资需要增加的同时，由于国内经济的发展，一些可供出口的物资，如绸缎、瓷器（主要是江西瓷，其他地区也有一些）、铁器（主要生产工具）的产量也增加了。

除了经济上的条件以外，还有一个很重要的条件，就是当时中国对外的航海通商已有悠久的历史，从秦朝开始，经过唐朝，南宋到元朝，在这个漫长的时期内，政府的商船队、私人的商船队不断出去。有些私人商船队发了财。到了明朝，由于长期的积累，已经具备了丰富的航海知识和有经验的航海人员。有了这些条件，就出现了从明成祖永乐三年（1405 年）到他的孙子明宣宗宣德八年（1433 年）近三十年之间以郑和为首的七次下西洋的事迹。

郑和出去坐的船叫作"宝船"，政府专门设立了制造宝船的机构。这种船有多大呢？大船长四十丈，宽十八丈；中船长三十七丈，宽十五丈。当时在全世界再没有比这更大的船了。一条船可以载多少人呢？根据第一次派出的人数来计算，平均每条船可以坐四百五十人。每次出去多少人呢？有人数最多的军队，此外还有水手、翻译、会计、修船工人、医生等，平均每次出去二万七八千人。这样的规模是了不起的，后来的哥伦布、麦哲伦航海每次不过三四只船，百把人，是不能和这相比的。谁来带领这么多人的航海队呢？明朝政府选择了郑和。因为郑和很勇敢，很有能力。同时，当时南洋的许多国家都是信仰回教的，而郑和也是个回教徒（但他同时也信仰佛教），他的祖父和父亲都曾经朝拜过麦加。回教徒一生最大的愿望就是到麦加去磕一个头，凡是去过麦加的人就称为哈只。选派这样的回教徒到信仰回教的地方去就可以减少隔阂，好办事。在郑和带去的翻译里面也有一些人是回教徒，这些人后来写了一些书，把当时访问的一些国家的情况记载下来了。这些书有的流传到现在。有人问：郑和是云南人，他怎么成了明成祖部下的大官呢？这很简单，洪武十四年（1381年）的时候，明太祖派兵打云南，把元朝在云南的残余势力打败了，取得了云南。在战争中俘虏了一些人，郑和就是在这次战争中被俘虏的。他当时还是一个小孩，后来让他做太监，分给了明成祖。他跟明成祖出去打仗时，表现很勇敢，取得了明成祖的信任。因此明成祖让他担负了到南洋各国去访问的任务。

他们第一次出去坐了六十二艘大船，带了很多军队。这里发生了这样的问题：他们既然是到外国去通商，去访问，为什么要带这么多军队？这是因为当时从中国去南洋群岛的航线上有海盗，这些海盗不但抢劫中国商船，而且别的国家到我们这里来做买卖的商船也抢。郑和用强大的军事力量把海盗消灭了，这样就保证了航路的畅通。另外，为了防止外国来侵犯他们，也需要带足够的军事力量。郑和到锡兰的时候，锡兰国王看到中国商船队的物资很多，他就抢劫这些物资。结果郑和把他打败了，并把他俘虏到北京。后来明朝政府又把他放回去，告诉他，只要你今后不再当强盗就行了。可见为了航行的安全，郑和带军队去是必要的。郑和率领的军事力量虽然很强大，用现在的话来说，他带去了好几个师的军队，而当时南洋没有一个地区有这样强大的军事力量。但是郑和的军队只是用于防卫的。他所进行的是和平通商。尽管当时有这样的力量，这样的可能，但是没有占领别人的一寸土地。后来，比郑和晚一百年的西方人到东方来就不同了。他们一手拿商品，一手拿宝剑，把所到的地方都变成他们的殖民地。如葡萄牙人到了南洋以后就占领了南洋的一些岛屿。当然，在我们的历史上个别的时候也有占领别人的土地的事情。但总的来说，我们国家不是好侵略的国家，我们国家没有占领别国的领土，这和西方资本主义国家有本质的不同。根据当时保留下来的记载，可以看出郑和和南洋各国所进行的贸易是平等的，而不是强加于人的。交易双方公平议价，有些书上记载得很具体，说双方把手伸到袖子里摸手指头议价。现在我们国内有些地方还用这种办法。郑和所到的地区都有中国的侨民，有开矿的，有做工的，有做买卖的，各方面的人都有。有的地方甚至是以华侨为中心，华侨在经济上占主导地位。因此郑和每到一个地方都受到欢迎。

郑和每到一个国家，除了把自己带去的大量商品卖给他们外，也从这些国家带一些商品到中国来。从第一次出去以后，他就选择了南洋群岛的一个岛屿作为根据地，贮积很多货物，以此地为中心，分派商船到各地贸易，等各分遣船队都回到此地后，再一同回国。在前后不到三十年的时期中，印度洋沿岸地区他都走到了，最远到达了红海口的亚丁和非洲的木骨都束。木骨都束就是今索马里的首都，现在叫作摩加迪沙。

通过郑和七次下西洋，中国和南洋的航路畅通了，对外贸易大大地发展了，出国的华侨也就更多了。通过这几十年的对外接触，中国跟南洋这些地区的关系越来越深，来往也越来越多。由于华侨的活动，以及中国的先进的生产工具传入这些国家，这样，南洋地区的生产也越来越进步。所以，郑和下西洋的历史事实说明，我们这个国家有这样一个很好的传统：就是不去侵略人家。正因为这样，直到现在，尽管时间过去了五六百年，但是郑和到过的国家，很多地方都有纪念他的历史遗址。因为郑和叫三宝太监，所以很多地方都用三宝来命名。像郑和下西洋这样的事以往历史上是没有的，明朝以后也没有，这是明朝历史上一件很突出的事情。

现在要问：郑和第七次下西洋以后，为什么不去第八次呢？这里有客观的原因，也有主观的原因，客观原因是八十多年以后，欧洲人到东方来进行殖民活动，阻碍了中国和南洋诸国的往来。主观的原因有这几方面：第一，政治上的原因。明成祖死了以后，他的儿子做皇帝。这个短命皇帝很快又死了，再传给下一代，这就是宣宗。宣宗做皇帝时还是个八九岁的小孩，不懂事。于是宫廷里便由他的祖母当权；政府则由三杨（杨士奇、杨荣、杨溥）掌握。三杨在朝廷里当了二三十年的机要秘书。三个老头加上一个老太太掌握国家大权。这些人和明成祖不一样。明成祖有远大的眼光。他们却认为他多事，你派这么多人出去干什么？家里又不是没吃的、没喝的。不过明成祖在世时他们不敢反对，明成祖一死，他们当了家，就不准派人出去了。第二，组织这样的商队需要一个能代替郑和的人，因为郑和这时已经六十多岁，不能再出去了。第三，经济上的原因。从外国进口的物资都是消费物资，不能进行再生产。无论是香料还是染料，都是消费品，珠宝就更不用说了，更是毫无意义的东西。以我们的有用的丝绸、铁器、瓷器来换取珠宝，这样做划不来。虽然能解决沿海一些人的生活问题，但是好处不大，国家开支太多。所以，为了节约国家的财政开支，后来就不派遣商队出国了。正当明朝停止派船出国的时候，欧洲人占领了南洋的香料岛，葡萄牙人占领了我们的澳门。他们是用欺骗手段占领澳门的。开头他们向明朝的地方官说：他们的商船经常到这个地方来，遇到风浪把货物打湿了，要租个地方晒晒货物。最初还给租钱，后来就不给了，慢慢地侵占了这个地方。

从欧洲人到东方来占领殖民地以后，中国的形势就改变了。经过清朝几百年，特别是鸦片战争以后，许多帝国主义国家从几个方面包围中国：印度被英国占领了；缅甸被英国占领了；越南被法国占领了；菲律宾先被西班牙占领，后又被美国占领了；东方的日本走上了资本主义道路，向外进行侵略扩张活动。所以近百年的中国，四面被资本主义国家和帝国主义国家所包围，再加上清朝政府的日益腐败，就使中国逐步变成了半殖民地半封建的国家，进入了半封建半殖民地的社会。

（原载吴晗：《明史简述》，中华书局1980年版）

1903—1969

陈铨：东方文化对
　　　西方文化的影响

　　本文系根据德国亚可布教授一篇长文。载在 *Sinica. VIjahrgang Heft* 10。原文甚长，每一结论，都有详密的考据。兹仍用原作者口吻，述其大意，历史专家欲索本追源，可参考原著。

　　亚可布教授（Georg Jacob）为德国最有名东方学者之一。在克尔大学，任教多年，今已年过八十，告老退休。亚氏生平研究甚富，著作达二百余种。他的专门学问，是亚拉伯语言文学，但是因为研究亚拉伯语言文学，对于远东，亦发生极浓厚兴趣。亚氏博闻强记，尝瘁其毕生心力，作世界灯影戏史，后因发现中国为世界灯影最早发源地，又专心从事研究，出版《中国灯影戏》一书。亚氏对于东方，非常佩服，因为据他的研究，西方文化里边顶重要的事物，都直接间接受了东方的影响。这其中特别是中国贡献顶大，发明最多，欧洲人鄙弃东方人，是不应该的，中国人自己鄙弃自己，更不应该了。世界上最没有出息的人，就是自己认为自己没有出息的人。希望这一篇文章，能够提高民族自信的力量，追怀过去的光荣，努力将来的创造。中华民族是尽有自己领导自己的力量的！

在这一篇文章里，我们要证明，西方文化最重要的成绩，都直接间接，受了东方的影响。

没有一个人能够反对，近代文化不断地演进，要靠印刷术。印刷的观念。本来也不算稀奇，在东方更是上古就有。如像巴比仑就用黏土来印字，但是黏土同难得的纸草，珍贵的羊皮，一样地不方便。要发明印刷术，首先就要发明印刷的材料，印刷材料最重要的，莫过于纸。希腊罗马的人，从来没有想到纸的发明，我们还是靠中国人蔡伦的智慧，才能够享受现在这种便利。蔡伦生在约纪元后百年，他用树皮，麻，破布，滥网来造纸。751年（*唐玄宗天宝十年*）七月，亚拉伯一个国王齐亚德同中国皇帝遣来的军队打了一仗，把中国军打败，虏俘了好些中国能够造纸的军人，回到萨马康。这些中国人起首工作，不久羊皮和其他写字的材料，都没有用了。《*大方夜谭*》中有名的宰相加法尔的弟弟加亚，听说萨马康的纸好，就把这一个工业，移植到把格打德。他移植的主要原因，是因为许多案卷，在羊皮上容易改窜，在纸上不容易作假。从把格打德，那时回教世界的中心，造纸的工业，渐渐传到西班牙，西西利，再由那里传布到欧美。卡尔特还画了一张图，详细注明，中国造纸工业散布的时间次序。1391年才到德国的卢阴柏，1494年到英国，1690年到美洲。

由纸的发明，后来还有许多同纸相关的发明，在"光明时期"，欧洲许多的人，因此对于中国爱好崇拜。如像裱墙的纸，纸灯，纸笼纸剪的各种花样，在17世纪统由中国传到欧洲。到后来又加上报纸的印刷，最初的代表，还是中国的邸钞。还有纸币，以及其他的东西，最重要的，当然莫过于书籍印刷。

活版的印刷，他是在1041年到1049年中间，由中国毕昇发明，再从中国传到高丽与日本。我们现在虽然不能够明确地说出，活版印刷怎么样传到欧洲，但是最近在东亚又发现活版印的书籍还在古腾伯（西方旧以古腾伯为活版术发明者之一）以前。

关于纸币的发行，中国在807年，因为缺少金额，已经实行，不久就拿来印刷。波斯也学中国，在1147年发行每张值一"丁那"的纸币，1293年在德布锐兹，照中国的规模，设立纸币印刷所。波斯人直用中国名字"钞"，来叫这一种纸币。大家都知道，当然是《马可婆罗游记》中间，描写中国纸币事业，大家还不十分知道的恐怕是亚拉伯人巴图塔，他周游世界，他也曾经到过中国，他讲关于中国使用的情形。

中国人互相交易的时候，不用金银钱币，凡是到它本地的金银，上文已经说过，都镕铸成长条。他们买卖付给的媒介，只是纸张，有手版的大小，上面有皇帝的篆印。……如果这类的纸张在谁手里撕滥了，他可以把它带到一个公所地方去，那里就相当于我们的造币厂，就可以换得新的，把损坏了的交还，也用不着付他何种费用；因为管理这个事情的职员，有皇家一定的薪水。管理这个公所，皇帝委任了一位高级长官。如果一个人带起金银钱币，上市场，想买东西；谁也不收他的，谁也不理他，一直到他换成纸，他才能够买他想买的东西。

由纸币事业，亚拉伯人进一步发明兑换事业，希腊罗马是全没有想到的，在第十世纪还叫它作阿发尔 Aval，其实就是亚拉伯的变音。这种事业，不久就传到西班牙和意大利，再到欧洲。这当然表示商业方面各种相关而来的进步，如像邮票，也就是受了这种影响的结果。

欧洲邮政制度的先驱，蒙古的邮驿，总算一个，他们用预备了的马，一站送一站。1241年，蒙古胜利的军队，从希勒塞风驰云卷地赶回家，是因为他们本国皇帝易位。像这样伟大的帝国，当然需要严密的组织，迅速的训练，从亚拉伯作者那里，我们听说他们传达命令，是如何地迅速。在这种情形之下，产生了蒙古的邮驿，好几世纪以来都是最快的联络，最远的路程。同样的制度，巴图塔发现在印度、远东很早也有相类的组织。

巴图塔还讲到一个中国的制度，简直是欧洲警察像张本的先驱："这是他们的习惯，每一个经过他们的国境的人，都要画下一张图画。甚至于一个人作了什么事体，要逃出境外，中国人立刻把他的图画，分送到各省，严密搜查，捉住一个人，随时都可以拿这一张图画来比较。"

希腊罗马人也曾经想到用鸽子来传达消息，他们认为这是很好玩的事情。这一种联络的重要，他们却没有认识。一个有组织的鸽子邮传，是西方在十字军东征的时候，从东方学会的。第一个人认识这件事情的意义的，是中国的张九龄（673—740年）；他叫他传信的鸽子作"飞奴"。但是飞鸽传书，在中国是限于私人，大部分为商人，报告商业消息。在鸽子的尾上，中国人常常系一个叫子，在飞的时候，风吹起就叫起来，说是这一种声音，可以防止猛鸟的攻击。在印度很早的时候，就利用传书的飞鸽，在战争的时候，来报告军事消息。1171年苏丹卢锐丁建设官方的鸽邮，1179年加利弗拿西尔也在他的王国里，作同样的建设。至于用鸽子来运输货物，最早的要算加利弗亚济慈的首相瓜尔瓜乡地，想吃巴柏克的樱桃，他用六百个鸽子，从巴柏克飞到开罗，每一个鸽子带一个小口袋，里边装一个樱桃。

印度同北方航海的人很早就拿乌鸦，带在船上，让它们飞去，来定到陆地的方向。这一种最初的需要，有了罗盘针以后就用不着了。罗盘针是中国人最重要的发明，它放开我们的眼界，领导我们到世界主义。我们近代的世界观的形成，全靠深入异邦文化的精神，只有罗盘针的发明，才能够帮助我们到这种境界。希腊罗马的航行，只限于沿海，地中海那样一个小海，占据了四围的土地，人文主义者，就以为这是世界帝国了！

希腊罗马的人固然也知道磁石，但是不知它指定方向的力量。在它一方面，中国人在哥伦布很早以前，已经发现了磁针的方向，确定地在11世纪以后，或许在第八世纪以后，如果不更早一点，他们已经熟悉了。航海的罗盘针，在中国11世纪的末叶讲到（**故**

友张荫麟先生按：王充《论衡·是应》篇："司南之杓，投之于地，其柢指南。"是后汉初我国发明罗盘针之确证。东西学者，多不知此），在西方罗马到12世纪的末叶才知道。一个详细的描写，白若凡在13世纪初，在一首古法文诗里，可以找出。所谓罗盘针的发明者吉河亚生在14世纪。波斯和亚拉伯书上讲，磁铁作的中空的小鱼，东方航海的人，把它拿来审定方向，放它在水盆里边，它总是在南北方向游泳，就是现在航海的罗马针，磁针还是在流质中间游泳，有磁力的小铁鱼，中国玩具工业，还知道造作。照马可婆罗，中国人在13世纪，已经关于造船知道利用密水层，和两倍及多倍的底板。

就像西方的教育的基本，靠纸张印刷，西方的交通，靠方向的指定，西方战争的基本，也靠中国最初利用的火药，来奠定一个完全新式的基础，一直到煤气战争发明以后，才转了一个新世纪。古代希腊和中世纪，没有用炸药；希腊的火同这个没有关系，因为它不过是轻易燃烧的质料，就是石脑油，它的效果在希腊人以前，亚拉伯人早已经试验了。马库斯克勒库斯遗留下来一张制造火药的单子，上面的确有硝、煤、硫黄。以前大家错把马库斯当成第九世纪的人，所以引起许多误会，现在我们的的确确知道，他在1250年写这本书，并且还受了伯拉亚人的影响（故友张荫麟先生按：此点甚关重要）。又有人说，火药是希瓦慈1454年发明的，这也是错误。火药里边最主要的成分，硝，最初是中国发明的，但是顶早是在12世纪中叶，几被一般人知道的。关于中国人1232年在汴京，现在河南开封，勇敢地抵抗蒙古侵略的事情，中国史书上有明文记载，这里边我们第一次发现，用炸药来轰击敌人。在 12 世纪的时候，亚拉伯人也从中国那里知道火药了。他们叫火药作"中国的雪"，叫火药箭作"中国的箭"。在亚拉伯 1275 年至 1295 年出来一本讲火器的书，硝已经成了基本的成分。同一的作者，还是第一次描写鱼雷，巴黎的钞本上面，有一个图画。在东方最老大炮的形状，牛津大学图书馆钞本上也有一个描画。我们手用炸药的先驱，当然要算弩箭，弩箭在中国公元前 12 世纪已经发明，公元第四世纪，欧洲才有。

东方这些开新纪元的发明，欧洲人知道以后，许多顽固的人，心里很感觉不舒服。因为东方发明时间在先是没有法子辩驳，所以他们极力想法说明，东方虽然先发明，可是西方并不倚赖这些发明。但是因为东方学者，把一切倚赖的根根底底都搜罗出来，他们又想法子来安慰自己，说中国人固然撞着机会，发明了许多东西，但是他们没有本事，把发明的东西造成系统。但是在这里我们发现东方和希腊不同的地方。中国人能够成功地发明纸，火药，丝，瓷器，漆，墨，以及其他的东西，当然是因为他们能够勤勉忍耐地工作，不断地探讨自然，才有这样地结果。希腊人对于这一点，却随随便便地，就马虎过去。希腊精神最好的表示，就是柏拉图的哲学，把真实与抽象的关系，完全建筑在心里，对于现实的世界，他倒置之不理。亚里斯多德离开试验有多么远，我们从他相信，海水可以用蜡楒子去掉碱味，可以推想。哈勒大学教授利浦满，是我们现在化学历史的第一专家，他在一篇论战的文章里讲到柏拉图和亚里斯多德的化学理论，他说："对于科学和科学的应用，他们毫无贡献，没有任何结果，因为他们的基础不是经验，只是预先决定的意见……到科学化的路径，他们并没有开辟出来。"希腊人对于实际事物的发明，活像乞丐的穷，因为他们喜欢空想，空想比多年随时修正的工作，当然容易满足自己的骄傲。但是科学的发明，正要我们观察事实，不要我们只是空想。我们只消想，电气的发明进步，中间经过多少的辛苦艰难。一到黑格尔手里，立刻就变得非常容易，他相信只要几句话，几个哲学名词，立刻就可以把电气的一切，完全讲得干干净净："电气是形式的纯洁目的，自己对自己的形式求解放！"

同样地用空想方法，莱布尼慈也发明，安琪儿一定有圆球的形状，因为圆球代表最完美的形式。但是人类文化，并不靠安琪儿有没有圆球的形状，也不靠从脑子里边空想出来的哲学系统，这些系统，真是一文不值，东方的人，没有时间精力来闹这些玄虚。

这样的例，随手举来，不知道多少。我手边也有一本杂志，中间画一个希腊的神同一个狐狸，一只老鸦，画这个东西的人，当然认为这是动物里边美丽的代表。但是我们如果把希腊人画的动物来同东方的动物图画相比，我们立刻就会觉得，希腊人对于自然不亲切，东方人对于自然，深入其中，所以描写植物动物，都与希腊人的狂妄肤浅，全不一样。

这一种对于自然美丽的深入，尤其表现在东方人对于花的爱好。希腊国里边"花园"的名词，是从波斯得来的花的语言图案，东方各民族，都异常丰富，就拿中国剪的花样来说，已经令我们望尘莫及。我们再考究考究，我们平常最喜欢的花木，差不多大部分都是从东方来的。我们所有最高贵的玫瑰，都来自东方。希腊罗马人虽然也讲到玫瑰，但是是讲顶简单的野生玫瑰 Hunadrosen。我们不要以为是东方传来的玫瑰，特别是从中国传来的玫瑰，德文叫作 Tee-rose。紫杨花野生在华北和日本。还有山茶，百合花，菊花，都是从东方来的。至于种菊，在中国 12 世纪，方成大已经著得有一部专书。我们现在园林最喜欢的灌木，也是从中国来的。日本的樱桃，在欧洲也渐渐普遍。此外还有许多从东方来的花木果实，我们在这里不能够一一细数了。不过我们最不能忘记的就是茶叶，饮茶不但是拿来解渴还帮助人类把生活来美术化。它把人类的文化变进步，我们差不多不能想象，如果魏玛宫廷，若没有茶会，会减少多少的兴趣。所以有人说："茶叶和可可，把人类交际变文明了。"

我们家里养的鸡，生蛋比任何鸟类都多，大部分是从印度来的，但是也有好些是从远东来的。在 18 世纪的时候，欧洲许多人醉心于中国文化，从中国带回来的锦鸡，鲜明艳丽的颜色，使一般人惊异赞叹。北京的小狗，现在成了欧洲人普遍爱玩的东西。还有安南的可可颜色的猫，黑脸子，蓝眼睛，现在也变成了欧洲人珍贵的家畜。至于中国的金鱼，在德国已经得了他第二的家庭。

但是东方的影响，甚至于达到我们的家庭同我们生活的习惯。我们曾经喜欢的西班牙墙壁，是从日本模仿来的。从中国传来各种颜色花样糊墙壁的纸，渐渐代替了"巴若克"时代的皮帷和"若科科"时代的丝幔，它们在中国第四世纪就已经发明，第十六世纪由荷兰人，第十七世纪由英国人，介绍到欧洲。

至于讲到艺术和艺术工业，整个"若科科"时代的形式，没有东方的影响，简直不能明白。我们得感谢中国送给我们的丝织品和瓷器。但泽圣玛丽教堂著名的法衣，虽然上面写的亚拉伯字，实际上是从中国来的，因为它是在中国为埃及的苏丹做的。中国的瓷器，影响更大，它上面云样的花纹，引起当时其他艺术的模样。北欧的陶器工业，很久就把东方作为模范，但是他们的仿效，往往引起一些奇怪的误会。土耳其的人，至今还叫他们的青花瓷器为"中国的青花"，丹麦京城，专门制青花瓷器。不但丹麦，就是荷兰的瓷器，也根据东方，尤其是上面花木鸟兽的形状，都可以明白找出东方的影响。这一种影响，甚至于扩延到儿童读物上面去。

在17世纪18世纪，起初法国，后来全欧洲，都热心喜欢中国的时候，除了丝织品和瓷器以外，还有漆器，也占很重要的位置。现在东亚的漆器工业，还没有旁的地方赶得上。没有一个欧洲人，对于这种艺术完美的程度，能够想象。自然不能够拿欧洲工场大规模出的蹩货来相提并论。中国漆器工人，对于木料的选择，敷漆的手续，都考究到万分。中国漆器的工业，先传布到近东，到17世纪的末叶，传到法国，到18世纪的时候，在法国非常发达。大家把一切的用具上面，都画起中国的图样，家具，轿子，车子，手杖，无处不有。1763年伯即希城设立了漆器工厂，出产有名的鼻烟壶。

讲到纸的方面，剪纸的花样，要算中国有最完美的艺术。虽然他们自己不把它当成艺术，只把当成玩艺，但是他们的成绩，确是惊人。他们对于动植物深刻的观察，和蔼的体会，使我们在这一种完美艺术中间，发现自然主义和象征主义的调和。中国剪纸也同波斯土耳其的剪纸一样，利用和谐鲜明的颜色。欧洲方面，老是只有黑白色的影像，歌德已经很爱好的。

还有其他许多方面，东方文化，侵入我们的生活：游戏，运动，跳舞样式。欧洲差不多一切有价值的游戏，都来自东方。这一些贡献，不是文化上不重要的产业：因为它们不仅是拿来消磨无聊的时间，乃是一种健康的舒展，它们解除社会的冲突，生活的忧愁，增加家庭间彼此的信仰。自从中世纪以来，东方的游戏，就起首传布到西方，欧战后，中国的麻雀牌，胜利地传布到全世界，差不多每一个玩具铺子里边，都可以买。近代的跳舞，高尚的，都有印度的影响，爪哇跳舞也时髦起来了。日本的跳舞，自从日本军事胜利以来，在我们也变重要，但是这一种跳舞，在日本本国17世纪中叶已经发达。它基本的观念，是从中国伟大哲学家老子的"无为"教训那里得来；人类应该让他们争斗的力量，在直接冲突以前，发泄解散。现在我们顶喜欢的雪上赛跑，是一种西比利亚的发明。中国在唐朝已经讲到雪上赛跑的器具，称为"木马"，并且对于这种木马，有详细的描写。芬兰人首先把它带到欧洲，在19世纪的时候，雪上赛跑的游戏，才从斯干地那维亚传到南欧，作为冬日普通的游戏。但是在高原的国家，也用来达到军事的目的。

还有妇女常常变换的装束，也受东方女人的影响：睡衣，披衣，都有最平常的东方样子，西欧在15世纪，才知道用手巾，古代和中世纪都不知道，至于中国，很早就有了。

但是我们不要只顾去叙述东方物质文化对于西方的贡献，忘记了东方精神文化对于西方的影响，就在18世纪，欧洲人喜欢中国的时候，已经不仅喜欢它的艺术工业。欧洲那时的合理主义，在孔子哲学里边，发现了它的同志。福禄特尔和其他的人，都异常崇拜孔子，大家认为孔子是中国精神纯粹的表示，不知道中国精神，比孔子还更丰富，所以他们连老子都还没有给他地位。现在老子《道德经》无数的翻译，证明他已经开始影响我们了。

还得着更多人崇拜的，要算释迦牟尼。如果有人说，佛教只是东方人的宗教，那么基督教还不是一样地吗？一种宗教，如果能有伟大精深的教义，他一定有适合环境的能力，没有异方异俗，能够阻止他。至于基督多少教义，是依赖释迦牟尼得来的，学者的意见，不能一致，但是无论如何，在这两位解放世界的人中间，有许多思想的共鸣。释迦牟尼生长在基督的前面。我们固然用不着变作佛门的弟子,但是我们可以像瓦格勒那样,在释迦牟尼那里,学许多宝贵的思想。瓦格勒初年的作品,已经表示佛教强烈的影响了。瓦格勒的伟大歌剧《巴西法》,就是基督和佛教融合的结果。

还有替我们完全开一新世界,对于我们有永久价值的,就是东方的绘画。我现在只消讲中国的水墨画,格若塞认为绘画里边中国水墨画,包含的精神最丰富。他说:"东亚的水墨画,把材料工具,减少到最低限度,在它的影响中恰好形成欧洲油画的反衬:轻描的水墨画,显露图画的精神,不像一个沉重的物体,它启示我们,好像一个清明的躯体,精神从里边透射出来,就好像太阳从柔软的朝云里透射出来一样。"

东方的戏剧,近年来也起始对我们发生影响。克拉朋把在中国并没有什么注意的元剧《灰阑记》,改编成德文剧本,在德国剧台上表演,居然很受欢迎。只可惜柏林及其他模仿剧台,对于中国文化价值,毫无了解,用一种欧洲野蛮的布景,自以为把中国背景表现出来了。

关于东方文化对于西方发生的影响,如果要详细数来,决不是这一篇短文,所能胜任,人类每三个人中间,就有一个中国人,这一个民族,有伟大的文学,有艺术的创作,有文化上无尽的宝藏。研究的工作是这么艰巨,只可惜工作的人数,却这般地渺小。德国的大学,什么都研究,只有这一部分文化,却还有好些大学,简直置之不理。像夏德和劳弗尔那样好的中国学者,却不能不跑到美国去，这真是德国不幸的事情。现在世界交通，一天天的便利，东西的关系，一天天的密切，也许以后我们能够更加注意，从研究东方文化里边，得着一种新生命。

（原载《文化先锋》第 6 卷第 9、10 期合刊，1946 年 5 月）

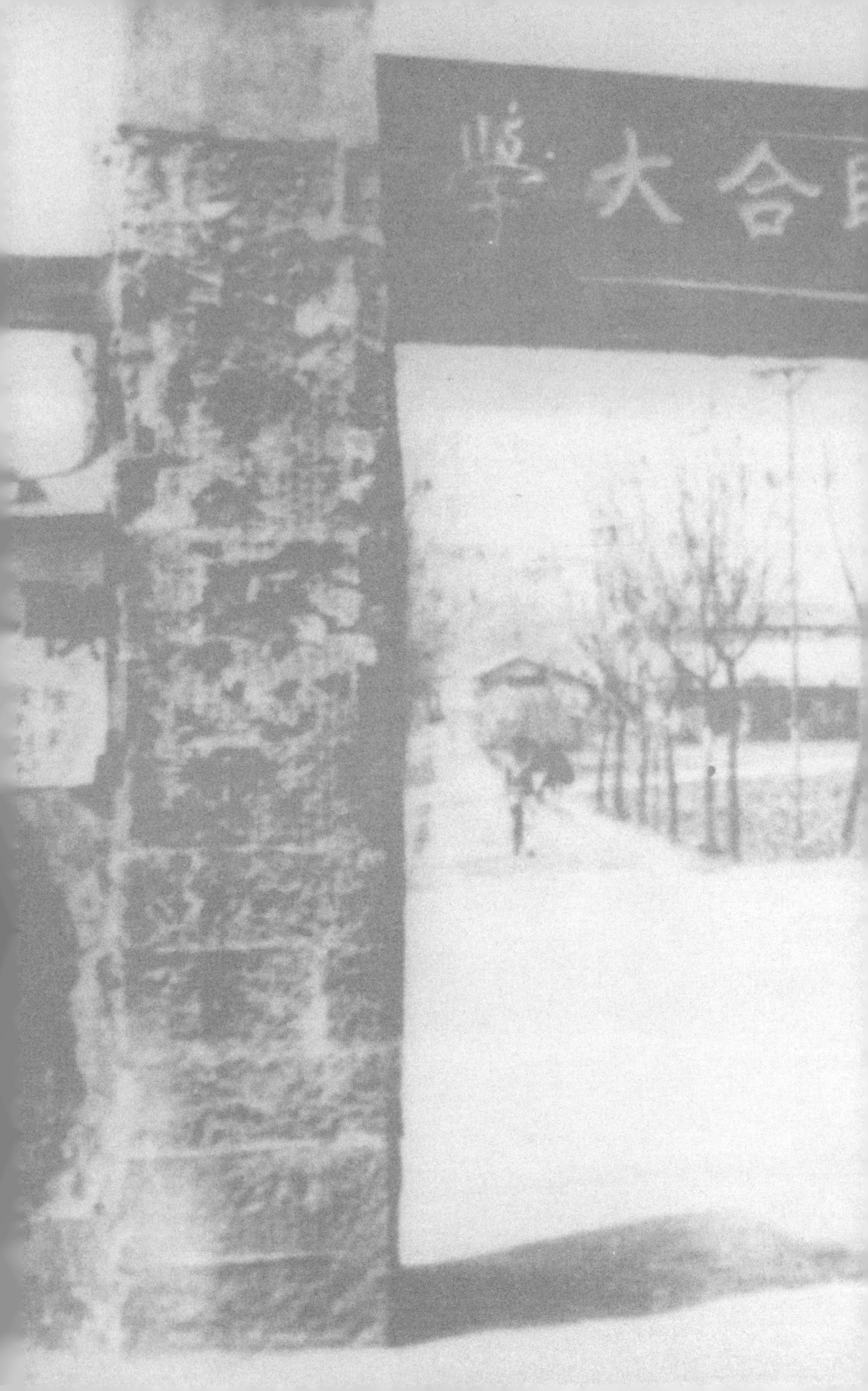
合大学

第七篇 成败之鉴

中国历代王朝盛衰五讲

1937—1946

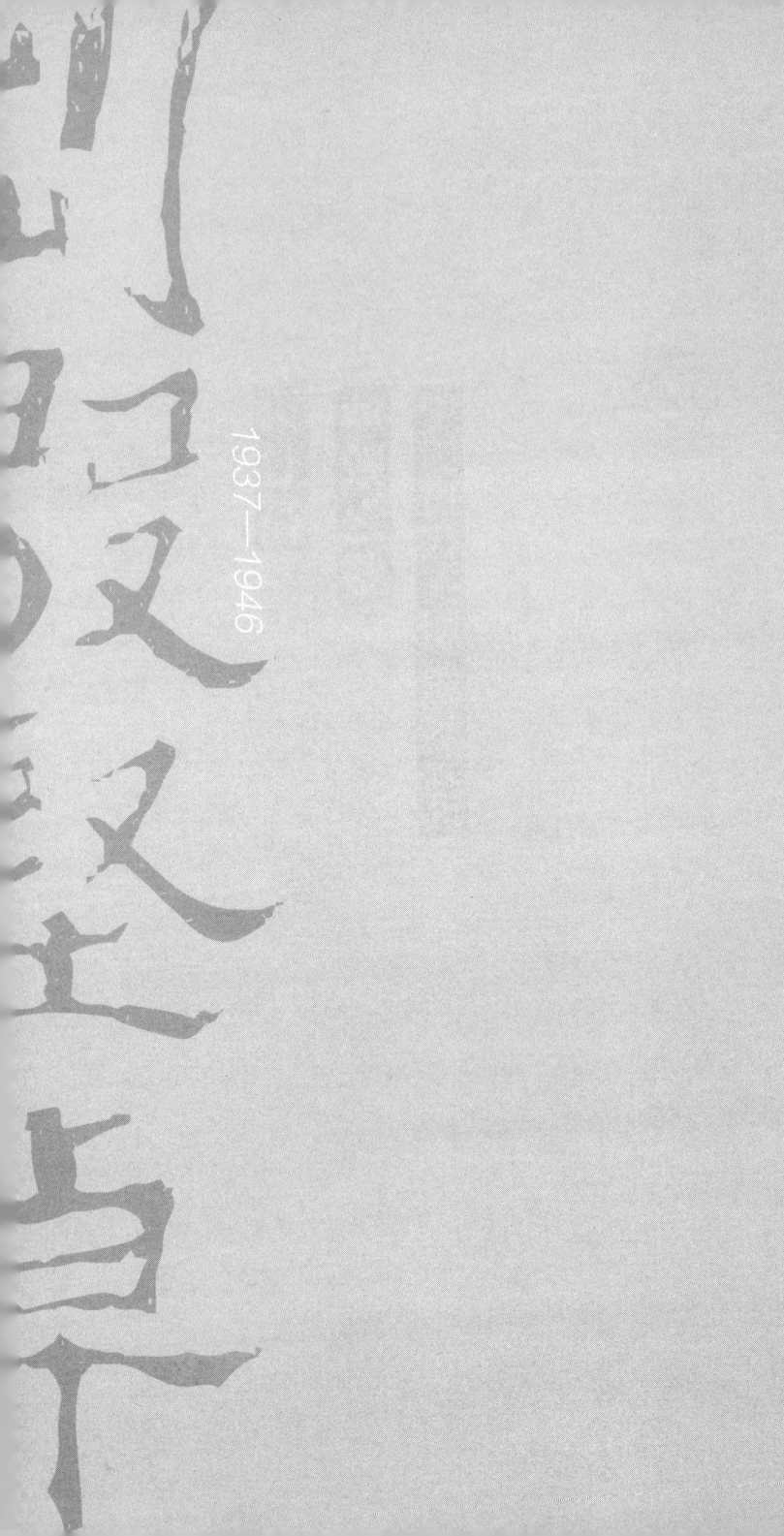

钱穆：如何研究中国史

1895—1990

一

因对中国史的观点不同，而所谓"如何研究中国史"的见解亦复相异。鄙意研究中国史的第一立场，应在中国史的自身内里去找求，不应站在别一个立场，来衡量中国史。

设一浅譬：如有一网球家与足球家，两人兴趣不同，成绩亦殊。今为网球家作传，自应着眼于其网球技术之进展上；而与为足球家作传的应有节目，断难肖似。近人好以西洋史学家讲论西洋史的节目来移用到中国史上，则殆如以足球家传中之节目移用于网球家也。

所谓从中国史自身内里找求者，今请先设一极似空洞而实为客观的目标，即研究中国史应先注意到中国史在那几方面是变动了。所谓变动，即是历史上划时代的特性，前一时代与后一时代绝然相异处。从此等相异处可以看出历史之变态与动向，再从此等变态动向里论求其系进步抑退步。余意如此研究，乍看虽似空洞，结果必较合客观之真相。故我谓研究中国史，应在中国史的自身内里找求，更应在中国史前后的变动处找求。

二

若从上述意见，我觉中国史之进步，似乎不重在社会经济方面，而重在其"政治制度"方面。若论经济状态，中国社会似乎大体上是停滞在农业自给的情况之下。由秦汉直到最近，二千多年，只有一治一乱，治则家给人足，乱则民穷财尽，老走一循环的路子，看不出中国史在此方面有几多绝可注意之变动与进步。然从政治制度方面看，则实在有其层累的演进。

三

中国史政治制度上的演进，由余意看之，约略可分为三阶段：

（一）由封建到统一。

（二）由军人政府到士人政府。

（三）由士族门第到科举竞选。

秦汉统一，是中国史上第一大进步。自此以下，直至今兹，统一是中国史的常态，分裂和割据是中国史的变态。近人常好说中国至今还未脱"封建社会"的性质。此种理论和看法，只好说是西洋史学家的理论和看法。中国史学家向来只认秦汉以前为封建时代，统一政府的产生，便是诸侯封建之消灭。自政治组织上看，实是中国史上一极大转变，亦可说是中国史上一绝大进步。

西周以来，依照宗法血统而为封建，那时社会显分两阶级：一贵族，一平民。然其界线至战国即渐趋毁灭。秦人尚首功，其实当时东方各国亦有此制，军人跃起而为新贵。至汉代定制，"非刘氏不得王，非有功不得侯"。而所谓"有功"者，大体只是军功；此看《史记》诸《功臣侯者年表》即知。而且当时皇帝以下的丞相，照惯例非封侯阶级不能担当。故汉初政府，一面固可说是一个"平民政府"，其实亦是一个"军人政府"。直到汉武帝用董仲舒、公孙弘，设立五经博士，又为博士置弟子员，每年考课，得补郎吏，又定地方守相逐年察举属吏之制度，而公孙弘径以士人为丞相封侯，打破汉代以前非封侯不拜相、非立军功不封侯之惯例。此为汉代政制上一大转变。直至汉宣以下，朝廷大臣，几乎全属儒生，非通经即不能拜相，即拜相亦不安其位而即去；军人政府渐渐转移为"士人政府"。从此以下，组织中国政府之主要分子，即以属于士人者为常态，以属于军人者为变态。至以宗族组织政府如西周封建制度者，则再难出现。此可谓是中国史上之第二大转变，亦不妨谓是中国史上之第二大进步。

东汉以下，士人逐渐得势，以累世之传经而变为累世之公卿，遂渐次造成一种新阶级，即历史上所谓"门阀"是也。门阀在政治上之地位，虽不能父子世袭，而迹近父子世袭，政治地位落到几乎限定的几个氏族手里，几乎可以说是古代贵族之变相的复活。然而其势并不久，隋唐以下，遂变为公开竞选之考试制度。此种制度，虽历代均有改进，而大体未变，直至清末，有千年以上的历史。由士族门第转到科举竞选，可以说是中国史上之第三大转变，亦可说是中国史上之第三大进步。

四

何以上述三种转变，我要说他为三种进步呢？因为此种转变，实在不能不说是一种合理的转变。合理的转变，自可称之为进步。何以称其为合理的转变？我认为由此三步之转变，可以看出中国史上一种共有之趋向，即可说是中国史上一种不断的进步。其趋向是何？简言之，曰，"王室与政府逐步分离"，"平民与政府逐步接近"。请先论王室与政府关系之转变。

五

西周封建，宗庙血统的亲疏，即是政府官位的高下。那时"王室"与"政府"，可谓二而一，一而二，朕即国家，殆无分别；整个天下便是姬姓、姜姓的天下。秦始皇虽说统一中国，然而自宰相下与嬴姓家庭即无关系。秦始皇确是中国有史以来第一个大皇帝，但秦始皇的家族，较之周武王、周成王的家族，在政治上的地位相去远了。何者？武王成王的子弟莫不分土封国，秦则除皇帝外其家属无异于庶人。秦始皇得天下，本来多靠东方游士的力量；秦始皇得天下后，至多亦只能夺下吕不韦的政权交付与李斯等手里，不能径把天下私诸一家。汉承秦弊，"封建"与"郡县"并行，非刘氏不得王，非有功不得侯，姓刘的政权与附会姓刘的一辈军人朋分。然而不久同姓王继异姓王而尽，封侯世袭的功臣，在政治上的地位也逐渐低落。到汉武帝以后，便渐渐有一个政府的势力，常和王室抗衡。当时的所谓"内朝"与"外朝"，即是从这个局势下产生。东汉的外戚和宦官，只是代表王室势力之一面；名士党人，则是代表另一个势力，而在政府里逐渐得势。东汉末年，可以说是王室势力一落千丈，士族门第则从东汉的名士和党人的集团里培养出来。所以魏晋南北朝，外戚宦官不再当路；王朝虽屡屡变换，政府还可一线相承。从这一点看，魏晋南北朝在大体上还是走在"王室"和"政府"逐渐分离的路上。隋唐以下，政府和王室之界线益见清明。除皇帝外，皇帝的家属及其私人，照例在政府的组织上并不能有任何地位和特权。所以隋唐以下，公开考试，士人以白衣为公卿，并无门第大族；而王室之权，转变较古代为减削。这不能不说是政治组织上的进步。

以上说的是王室与政府逐渐分离的一点。下面再说平民与政府逐渐接近之一点。

六

照理，中国史自秦汉以下，变成一个极大的统一政府，和以前小国寡民列土分封时不同，人民的地位应该和政府格外隔离了。而实际却不然。秦汉以下，平民参政的门路逐次开展，平民参政的权益逐次确定。自两汉的"察举"制，到魏晋的"九品中正"，自魏晋的"九品中正"制到隋唐以下的"进士科举"。总之是平民参政的机会逐渐加增与扩大，普遍到全国各地，在一个公开的规制之下，合标准的即可加入政府为其一员；而王室家族及其私人，转有种种限制，使其不能在政府里得到势力和权位。不注意到这一层，即绝对不能了解中国史。

七

让我们再从此推开一步,看一看中国史上的农民商人和兵士。

春秋封建时代,贵族武装起来,农民则受其统治。到战国,贵族阶级堕落,武装渐渐懈弛,而农民却渐渐地因贵族的需要而武装起来,又因军功而走上政治的高层。直到秦汉,兵役依然为农民所人人不可避免的一件事。然而农民亦只有从军始有走上政治层的希望。及武帝改制以后,政制逐渐转变,农民和兵役亦渐次分离,从唐代的"府兵制"直到宋代的"雇兵制",当兵渐渐成为一种志愿的职业,而与农民分离。农民可以毕生乃至累代不见兵革,随其一家生计状态之上升,而渐渐学习文学,参加考试,以图上进。

至于商人,因中国地大物博,得天独厚,自秦汉以下,既走上统一的路,国外贸易几乎不感需要。至于国内,则因政制的关系,所谓"遗金满籯,不如传子一经",自东汉时已然。理想的政治,始终是所谓"不患寡而患不均",所以重农抑商。商人受到种种限制,只要稍有生计,自然而然的走上文学经书的路上去。

故《史记》《汉书》里记下的货殖、游侠诸色人物,渐渐在社会里融化,而全变成儒林、文苑、独行、隐逸诸门,社会上的心思气力,大部分不去用在经商和从军上,而只用来讲究经义文学。这其间,政治与社会互为影响,因中国之环境,而渐次造成中国的社会政治和历史文化之传统之特殊性。

八

我上面所讲，虽嫌空洞，而大体已指出中国史之特征。所以中国从来虽无近代的交通，严明的法律，庞大的军队，与夫一种特殊阶级的势力；而自秦汉以下，居然能统治这样大的土地，这样多的人口，而不断地扩大，与永久的绵延。

若使中国社会不受别一种文化的侵迫，中国社会自身仍自有其进境，其趋向则大体如上述，王室与政府逐渐脱离，平民与政治逐渐接近；不讲富强而唯求和平，于文学、哲学、艺术、伦理诸方面亦追随前进，而中国民族逐次扩大。四围的民族，只要能接受中国这一套文化的，自然也能走上中国民族所走的路子而与中国民族相安于无事，如朝鲜、安南等，即其明例。

所以看中国史，并没有如西洋史一般如火如荼的宗教战争，掠夺海外殖民地的战争，革命大流血，阶级斗争等等，而自有其生命与进程。并非二千年如睡狮，只在朦胧打瞌睡。

九

我根据上述意见，希望有志研究中国史的，多注意于其历代政制的演变上。但我们要研究政治制度，不可不连带注意到其背后的政治理想；我们要研究某一时代的政治理想，又不得不牵连注意到其时一般学术思想之大体。所以我希望有志研究中国史的，应多注意于中国历代学术思想之演变。与制度、学术有关系的，我又希望能多注意于历代人物的活动。"学术"、"制度"、"人物"三者相互为用，可以支配一时代的历史。

十

治史虽在"知往"，然真能知往，自能"察来"。中国的前途，在我理想上，应该在中国史的演进的自身过程中自己得救。我不能信"全盘西化"的话，因为中国的生命不能全部脱离已往的历史而彻底更生。我认为照上面所述，中国最近将来，其果能得救与否，责任仍是在一辈社会的中层知识分子，即是历史上一脉相传的所谓"士人"身上。中国的将来，要望他们先觉醒，能负责，慢慢唤起民众。所谓"全民政权"与"阶级斗争"等等的话，似乎与已往历史及现在实况相去皆远。只要满清末年行省督抚擅权的局面不能革除，直至今日，中央统一的政权还未巩固。只因八股的病害而把推行一千年来的考试制度一手勾销，遂使近二十年来政府用人绝无客观的标准。如此之类，只求中国政治能改革近代之实病而走上轨道，则科学建设自有希望，到其时中国自有出路。乃知中国已往文化，并不是全部要不得，并不是定要全部毁灭已往文化始得更生。

（原载钱穆：《中国历史研究法》，九州出版社 2011 年版）

1902—1962

雷海宗：无兵的文化（节选）

著者前撰《中国的兵》，友人方面都说三国以下所讲的未免太简，似乎有补充的必要。这种批评著者个人也认为恰当。但二千年来的兵本质的确没有变化。若论汉以后兵的史料，正史中大半都有兵志，正续通考中也有系统的叙述，作一篇洋洋大文并非难事。但这样勉强叙述一个空洞的格架去凑篇幅，殊觉无聊。反之，若从侧面研究，推敲二千年来的历史有什么特征，却是一个意味深长的探求。

秦以上为自主、自动的历史，人民能当兵，肯当兵，对国家负责任。秦以下人民不能当兵，不肯当兵，对国家不负责任，因而一切都不能自主，完全受自然环境（如气候、饥荒等）与人事环境（如人口多少、人才有无、外族强弱等）的支配。

秦以上为动的历史，历代有政治社会的演化更革。秦以下为静的历史，只有治乱骚动，没有本质的变化，在固定的环境之下，轮回式的政治史一幕一幕地更迭排演，演来演去总是同一出戏，大致可说是汉史的循环发展。

这样一个完全消极的文化，主要的特征就是没有真正的兵，也就是说没有国民，也就是说没有政治生活。为简单起见，我们可以称它为"无兵的文化"。无兵的文化，轮回起伏，有一定的法则，可分几方面讨论。

一、政治制度之凝结

历代的政治制度虽似不同，实际只是名义上的差别。官制不过是汉代的官制，由一朝初盛到一朝衰败期间，官制上所发生的变化也不能脱离汉代变化的公例。每朝盛期都有定制，宰相的权位尤其重要，是发挥皇权的合理工具，甚至可以限制皇帝的行动。但到末世，正制往往名存实亡，正官失权，天子的近臣如宦官、外戚、幸臣、小吏之类弄权专政，宰相反成虚设。专制的皇帝很自然的不愿信任重臣，因为他们是有相当资格的人，时常有自己的主张，不见得完全听命。近臣地位卑贱，任听皇帝吩咐，所以独尊的天子也情愿委命寄权，到最后甚至皇帝也无形中成了他们的傀儡。

例如汉初高帝、惠帝、吕后、文帝、景帝时代的丞相多为功臣，皇帝对他们也不得不敬重。他们的地位巩固，不轻易被撤换。萧何在相位十四年，张苍十五年，陈平十二年，这都是后代少见的例子。萧何、曹参、陈平、灌婴、申屠嘉五个丞相都死在任上，若不然年限或者更长。

丞相在自己权限范围以内的行动，连皇帝也不能过度干涉。例如申屠嘉为相，一日入朝，文帝的幸臣邓通在皇帝前恃宠怠慢无礼，丞相大不满意，向皇帝发牢骚："陛下幸爱群臣，则富贵之。至于朝廷之礼，不可以不肃！"文帝只得抱歉地答复："君勿言，吾私之。"

但申屠嘉不肯放松，罢朝之后回相府，正式下檄召邓通，并声明若不即刻报到就必斩首。邓通大恐，跑到皇帝前求援，文帝叫他只管前去，待危急时必设法救应。邓通到相府，免冠赤足，顿首向申屠嘉谢罪，嘉端坐自如，不肯回礼，并声色俱厉地申斥一顿：

夫朝廷者，高皇帝之朝廷也。通小臣，戏殿上，大不敬，当斩！史今行斩之！

"大不敬"在汉律中是严重的罪名，眼看就要斩首。邓通顿首不已，满头出血，申屠嘉仍不肯宽恕。文帝计算丞相的脾气已经发作到满意的程度，于是遣使持节召邓通，并附带向丞相求情："此吾弄臣，君释之！"邓通回去见皇帝，一边哭，一边诉苦："丞相几杀臣！"

这幕活现的趣剧十足地表明汉初丞相的威风，在他们行使职权的时候连皇帝也不能干涉，只得向他们求情，后来这种情形渐渐变化。武帝时的丞相已不是功臣，因为功臣已经死尽。丞相在位长久或死在任上的很少，同时有罪自杀或被戮的也很多。例如李蔡、庄青翟、赵周、公孙贺、刘屈氂都不得善终。并且武帝对丞相不肯信任，相权无形减少。丞相府原有客馆，是丞相收养人才的馆舍。武帝的丞相权小，不能多荐人，客馆荒凉，无人修理；最后只得废物利用，将客馆改为马厩、车库或奴婢室。

武帝似乎故意用平庸的人为相，以便于削夺相权。例如田千秋本是关中高帝庙的卫寝郎，无德无才，只因代卫太子诉冤，武帝感悟，于是就拜千秋为大鸿胪，数月之间拜相封侯。一言而取相位，这是连小说家都不敢轻易创造的奇闻。这件事不幸又传出去，贻笑外国。汉派使臣聘问匈奴，单于似乎明知故问："闻汉新拜丞相。何用得之？"使臣不善辞令，把实话说出，单于讥笑说："苟如是，汉置丞相非用焉也，妄一男子上书即得之矣！"这个使臣忠厚老实，回来把这话又告诉武帝。武帝大怒，认为使臣有辱君命，要把他下狱治罪。后来一想不妥当，恐怕又要贻笑大方，只得宽释不问。

丞相的权势降低，下行上奏的文件武帝多托给中书谒者令。这是皇帝左右的私人，并且是宦官。这种小人"领尚书事"，丞相反倒无事可做。武帝晚年，卫太子因巫蛊之祸自杀，昭帝立为太子，年方八岁，武帝非托孤不可。于是就以外戚霍光为大司马大将军，领尚书事，受遗诏辅政。大司马大将军是天下最高的武职，领尚书事就等于"行丞相事"，是天下最高的政权。武帝一生要削减相权，到晚年有意无意间反把相权与军权一并交给外戚。从此西汉的政治永未再上轨道。皇帝要夺外戚的权柄就不得不引用宦官或幸臣，最后仍归失败，汉的天下终被外戚的王莽所篡。至于昭帝以下的丞相，永久无声无息，大半都是老儒生，最多不过是皇帝备顾问的师友，并且往往成为贵戚的傀儡。光武中兴，虽以恢复旧制相标榜，但丞相旧的地位永未恢复，章帝以后的天下又成了外戚、宦官交互把持的局面。

后代官制的变化，与汉代如出一辙。例如唐朝初期三省的制度十分完善。尚书省总理六部行政事宜，尚书令或尚书仆射为正宰相。门下侍中可称为副宰相，审查诏敕，并得封驳奏抄诏敕。中书令宣奉诏敕，也可说是副宰相。但高宗以下天子左右的私人渐渐用"同中书门下平章事"的名义夺取三省的正权，这与汉代的"领尚书事"完全相同。

唐以后寿命较长的朝代也有同样的发展。宋代的制度屡次改革，但总的趋势也与汉、唐一样。南渡以后，时常有临时派遣的御营使或国用使一类的名目，操持宰相的实权。明初有中书省，为宰相职。明太祖生性猜忌，不久就废宰相，以殿阁学士勉强承乏。明朝可说是始终没有宰相，所以宦官才能长期把持政治。明代的演化也与前代相同，只不过健全的宰相当权时代未免太短而已。清以外族入主中国，制度和办法都与传统的中国不全相同，晚期又与西洋接触，不得不稍微模仿改制。所以清制与历来的通例不甚相合。

历朝治世与乱世的制度不同，丞相的权位每有转移。其时间常发生一个有趣的现象：就是前代末期的乱制往往被后代承认为正制。例如尚书、中书、门下三省，乃是汉末魏晋南北朝乱世的变态制度；但唐代就正式定它为常制。枢密院本是唐末与五代的反常制度，宋朝也定它为正制。但这一切都不过是名义。我们研究历代的官制，不要被名称所误。两代可用同样的名称，但性质可以完全不同。每代有合乎宪法的正制，有小人用事的乱制。各朝的正制有共同点，乱制也有共同点；名称如何，却是末节。盛唐的三省等于汉初的丞相，与汉末以下演化出来的三省全不相同。以此类推，研究官制史的时候就不致被空洞的官名所迷惑了。

二、中央与地方

宰相权位的变化，二千年间循环反复，总演不出新的花样。变化的原动力是皇帝与皇帝左右的私人，与天下的人民全不相干。这在一个消极的社会是当然的事。

中央与地方的关系，秦、汉以下也有类似的定例。太平时代，中央政府大权在握，正如秦、汉的盛世一样。古代封建制度下的阶级到汉代早已消灭。阶级政治过去后，按理可以有民众政治出现；但实际自古至今在任何地方也没有发生过真正的全民政治，并且在阶级消灭后总是产生个人独裁的皇帝政治，没有阶级的社会，无论在理论上如何美善，实际上总是一盘散沙。个人、家族以及地方的离心力非常强大，时时刻刻有使天下瓦解的危险。社会中并没有一个健全的向心力，只有专制的皇帝算是勉强沙砾结合的一个不很自然的势力。地方官必须由皇帝委任，向皇帝负责；不然天下就要分裂混乱。并且二千年来的趋势是中央集权的程度日益加深。例如汉代地方官只有太守是直接由皇帝任命，曹掾以下都由太守随意选用本郡的人。南北朝时，渐起变化。隋就正式规定大小地方官都受命于朝廷，地方官回避乡土的制度无形成立。若把这种变化整个认为是由于皇帝或吏部愿意揽权，未免因果倒置。主要的关系恐怕还是因为一般的人公益心日衰，自私心日盛，在本乡做官弊多利少，反不如外乡人还能比较公平客观。所以与其说皇帝愿意绝对集权，不如说他不得不绝对集权。

　　乱世的情形正相反。帝权失坠，个人、家族与地方由于自然的离心力又恢复了本质的散沙状态。各地豪族、土官、流氓、土匪的无理的专制代替了皇帝一人比较合理的专制。汉末三国时代与安史乱后的唐朝和五代十国都是这种地方官专擅的好例；最多只维持一个一统的名义，往往名义上也为割据。例如唐的藩镇擅自署吏，赋税不解中央，土地私相授受，甚至传与子孙。这并不是例外，以前或以后的乱世也无不如此。在这种割据时代，人民受的痛苦，由民间历来喜欢传诵的"宁作太平犬，勿作乱世民"的话，可以想见。乱世的人无不希望真龙天子出现，因为与地方小朝廷的地狱比较起来，受命王天下的政治真是天堂。

　　宋以下好似不大见到割据的局面，但这只是意外原因所造出的表面异态，北宋未及内部大乱，中原就被外族征服。南宋也没有得机会形成内部割据，就被蒙古人吞并。这都是外来的势力使中国内部不得割据的例证。元末天下大乱，临时又割据起来。明末流寇四起，眼看割据的局面就要成立，恰巧清人入关，中国又没有得内部自由捣乱。清末民初割据的局面实际已经成立，只因在外族势力的一方面威胁、一方面维持之下，中国不得不勉强摆出一个统一的面目。所以在北京政府命令不出国门的时候，中国名义上仍是一个大一统的中华民国。最近虽略有进步，这种情形仍未完全过去。所以宋以下历史的趋势与从前并无分别；只因外族势力太大，内在的趋势不得自由活动而已。

三、文官与武官

文官、武官的相互消长也与治乱有直接的关系。盛世的文官重于武官，同品的文武二员，文员的地位总是高些。例如汉初中央三公中的丞相高于太尉，地方的郡守高于郡尉，全国的大权一般讲来也都操在文吏的手中。又如唐初处宰相地位的三省长官全为文吏，军权最高的兵部附属于尚书省，唐制中连一个与汉代太尉相等的武官也没有。

独裁的政治必以武力为最后的基础。盛世是皇帝一人的武力专政，最高的军权操于一手，皇帝的实力超过任何人可能调动的武力。换句话说，皇帝是大军阀，实力雄厚，各地的小军阀不敢不从命。但武力虽是最后的条件，直接治国却非用文官不可；文官若要合法地行政，必须不受皇帝以外任何其他强力的干涉支配；若要不受干涉，必须有大强力的皇帝作后盾。所以治世文胜于武，只是一般地讲；归结到最后，仍是强力操持一切。这个道理很明显，历史上的事实也很清楚，无须多赘。中国历史上最足以点破这个道理的就是宋太祖杯酒解兵权的故事：

乾德初，帝因晚朝与守信等饮酒。酒酣，帝曰："我非尔曹不及此，然吾为天子殊不若为节度使之乐，吾终夕未尝安枕而卧！"

守信等顿首曰："今天命已定，谁复敢有异心？陛下何为出此言邪？"

帝曰："人孰不欲富贵？一旦有以黄袍加汝之身，虽欲不为，其可得乎？"

守信等谢曰："臣愚不及此，惟陛下哀矜之！"

帝曰："人生驹过隙尔，不如多积金帛田宅以遗子孙，歌儿舞女以终天年，君臣之间无所猜嫌，不亦善乎？"

守信谢曰："陛下念及此，所谓生死而肉骨也！"明日皆称病，乞解兵权。帝从之，皆以散官就第，赏赉甚厚。

宋初经过唐末五代的长期大乱之后，求治的心甚盛，所以杯酒之间大军阀能将小军阀的势力消灭。此前与此后的开国皇帝没有这样便宜，他们都须用残忍的诛戮手段或在战场上达到他们的目的。

乱世中央的大武力消灭，离心力必然产生许多各地的小武力。中央的军队衰弱，甚至消灭，有力的都是各地军阀的私军。这些军阀往往有法律的地位，如东汉末的州牧都是朝廷的命官，但实际却是独立的军阀。唐代的藩镇也是如此。此时地方的文官仍然存在，但都成为各地军阀的傀儡，正如盛世的文官都为大军阀（皇帝）的工具一样。名义上文官或仍与武官并列，甚或高于武官；但实情则另为一事。例如民国初年各省有省长，有督军，名义上省长高于督军；但省长的傀儡地位在当时是公开的秘密。并且省长常由督军兼任，更见得省长的不值钱了。

乱世军阀的来源，古今也有公例。最初的军阀本多是中央的巡察使，代中央监察地方官，本人并非地方官。汉的刺史、州牧当初是巡阅使，并非行政官。唐代节度使的前身有各种的监察使，也与汉的刺史一样。后来设节度使，兵权虽然提高，对地方官仍是处在巡阅的地位；只因兵权在握，才无形中变成地方官的上司。这种局面一经成立，各地的豪强，土匪以及外族都可趁火打劫而成军阀。如汉末山贼张燕横行河北诸郡，朝廷不能讨，封为平难中郎将，领河北诸山谷事，每年并得举孝廉。唐末天下大乱，沙陀乘机发展，以致引起后日五代时期的沙陀全盛局面。这些新军阀都是巡察官的军阀制度成立后方才出现的。

四、士大夫与流氓

在一盘散沙的社会状态下，比较有组织的团体，无论组织如何微弱或人数如何稀少，都可操纵一般消极颓靡的堕民。中国社会自汉以下只有两种比较强大的组织，就是士大夫与流氓。

士大夫团体的萌芽，远在战国时代。古代的贵族政治破裂，封建的贵族被推翻，在政治上活动的新兴人物就是知识分子，在当时称为游说之士。但在战国时代百家争鸣，游说之士并非一个纯一而有意识的团体。这种团体的实现是汉武帝废百家，崇儒术，五经成为做官捷径后的事。隋唐以下，更加固定的科举制度成立，愈发增厚士大夫的团结力量。儒人读同样的书，有同样的目标，对事有同样的态度，并且因为政治由他们包办，在社会上他们又多是大地主，所以他们也可说有共同的利益。虽无正式的组织，他们实际等于一个政党，并且是唯一的政党。由此点看，一党专政在中国倒算不得稀奇！皇帝利用儒人维持自己的势力，儒人也依靠皇帝维持他们的利益。这些士大夫虽不是一个世袭的贵族阶级，却是唯一有共同目标的团体，所以人数虽少，也能操纵天下的大局。

但士大夫有他们特殊的弱点。以每个分子而论，他们都是些文弱的书生，兵戎之事全不了解，绝对不肯当兵。太平盛世他们可靠皇帝与团体间无形的组织维持自己的势力。天下一乱，他们就失去自立自主的能力，大权就移到流氓的手中。士大夫最多只能守成，并无应付变局的能力。每次天下大乱时士大夫无能为力的情形就暴露无遗。乱世士大夫的行为几乎都是误国祸国的行为，古今绝少例外。他们的行为不外三种。第一，是无谓的结党误国。东汉末的党祸，宋代的新旧党争，明末的结党，是三个最明显的例子。三例都是在严重的内忧或外患之下的结党营私行为。起初的动机无论是否纯粹，到后来都成为意气与权力的竞争；大家都宁可误国，也不肯牺牲自己的意见与颜面，当然更不肯放弃自己的私利。各党各派所谈的都是些主观上并不诚恳、客观上不切实际的高调。

乱世士大夫的第二种行为就是清谈。一般的高调当然都可说是清谈，但典型的例子却是魏晋时代的清静无为主义。胡人已经把凉州、并州、幽州（略等于今日甘肃、山西、河北三省）大部殖民化，中国的内政与民生也到了山穷水尽的时候，一些负政治责任的人与很多在野的人仍在谈玄，这可说是一种逃避现实的行为。今日弄世丧志的小品幽默文字，与一知半解地抄袭西洋各国的种种主义与盲目的号呼宣传，可说是两种不同的20世纪式的清谈。

乱世士大夫的第三种行为就是做汉奸。做汉奸固然不必需要士大夫，但第一等的汉奸却只有士大夫才有资格去做。刘豫与张邦昌都是进士出身，洪承畴也是进士，近年的例可无须列举了。

流氓团体与士大夫同时产生。战国时代除游说之士外，还有游侠之士。他们都肯为知己的人舍身卖命，多为无赖游民出身；到汉代皇帝制度成立后，费了九牛二虎之力才把侠士太公开的自由行动大致铲除。但这种风气始终没有消灭，每逢乱世必定抬头。由东汉时起，流民也有了组织，就是宗教集团。最早的例子就是黄巾贼[①]。松散的人民除对家族外，很少有团结的能力。只有利用宗教的迷信与神秘的仪式才能使民众团结。由东汉时代起，历代末世都有类似黄巾贼的团体出现。黄巾贼的宣传，提出"苍天已死，黄天当立；岁在甲子，天下大吉"似通不通的神秘口号。唐末黄巢之乱，也倡出黄应代唐的妖言。元末白莲教盛行一时，明代（尤其明末）历批的流寇仍多假借白莲教或其他邪教的名义。清朝末季的白莲教、天理教、八卦教以及义和团都是这类的流氓、愚民与饿民的团体。流氓是基本分子，少数愚民被利用，最后饿民大批入教。一直到今日，在报纸上还是时常发现光怪陆离的邪教在各地活动。但二千年来的流氓秘密组织是否有一线相传的历史，或只是每逢乱世重新产生的现象，已无从稽考了。

---

① 此说法有其历史局限性，本书尊重作者表述，此类问题不一一指出，请读者审慎看待。——编者注

太平时代，流氓无论有组织与否，都没有多大的势力。但唯一能与士大夫相抗的却只有这种流氓团体。梁山泊式劫富济贫、代天行道的绿林好汉，虽大半是宣传与理想，但多少有点事实的根据。强盗、窃贼、扒手、赌棍以及各种各类走江湖的帮团的敲诈或侵略的主要对象就是士大夫。流氓的经济势力在平时并不甚强，但患难相助的精神在他们中间反较士大夫间发达，无形中增加不少的势力。

流氓团体也有它的弱点。内中的分子几乎都是毫无知识的人，难成大事。形式上的组织虽较士大夫为强，然而实际也甚松散。《水浒》中的义气只是理想化的浪漫故事。真正大规模的坚强组织向来未曾实现过，所以在太平时代，流氓不能与士大夫严重对抗，并且往往为士大夫所利用：大则为国家的武官或捕快，小则为士大夫个人的保镖。由流氓团体的立场来看，这是同类相残的举动，可说是士大夫"以夷制夷"政策成功的表现。

但遇到乱世，士大夫所依靠的皇帝与组织失去效用，流氓集团就可临时得势。天下大乱，大则各地割据的土皇帝一部分为流氓头目出身，小则土匪遍地，官宪束手，各地人民以及士大夫都要受流氓地痞的威胁与侵凌。人民除正式为宫廷纳税外，还须法外地与土匪纳保险费，否则身家财产都难保障。士大夫为自保起见，往往被迫加入流氓集团，为匪徒奔走，正如太平时代士大夫的利用流氓一样。以上种种的情形，对民国初期的中国人都是身经、目睹或耳闻的实情，无须举例。

流氓虽然愚昧，但有时也有意外的成就。流氓多无知，流氓集团不能成大事；但一二流氓的头目因老于世故，知人善任，于大乱时期间或能成伟人，甚至创造帝业。汉高祖与明太祖是历史上有名的这类成功人物。但这到底是例外，并且他们成事最少一部分须靠士大夫的帮助，成事之后更必须靠士大夫的力量保守成业，天下的权力于是无形中又由流氓移到士大夫的手里。

五、朝代交替

"话说天下大势，分久必合，合久必分。"谁都知道这是《三国演义》的开场白，也可说是二千年来中国历史一针见血的口诀。一治一乱之间，并没有政治社会上真正的变化，只有易姓王天下的角色更换。我们在以上各节所讲的都是治世与乱世政治社会上各种不同的形态，但没有提到为何会有这种循环不已的单调戏剧。朝代交替的原因或者很复杂，但主要的大概不外三种，就是皇族的颓废、人口的增长与外族的迁徙。

第一种是个人的因素，恐怕不很重要；但因传统的史籍上多偏重这一点，我们不妨略为谈及。皇族的颓废化是一个自然的趋势，有两方面：一是生物学的或血统的，一是社会学的或习惯的。任何世袭的阶级，无论人数多少，早晚总要遇到一个无从飞渡的难关，就是血统上的退化。从古至今没有一个贵族阶级能维持长久，原因虽或复杂，但血统的日趋退化必是一个很重要的原因。法国革命前的贵族都是新贵，中古的贵族都已死净或堕落。今日英国的贵族能上溯到法国革命时代的已算是老资格的了。至于贵族中的贵族（王族或皇族）因受制度的维护，往往不至短期间就死净或丧失地位，但血统上各种不健全的现象却无从避免。百年战争时代（14世纪与15世纪间）的法国王族血统中已有了深重的神经病苗。今日欧洲各国的王族几乎没有一个健全的；只因实权大多不操在王手，所以身体上与神经上的各种缺陷无关紧要。但中国自秦、汉以下是皇帝专制的局面，皇帝个人的健全与否对于天下大局有很密切的关系。低能或愚昧的皇帝不只自己可走错步，他更容易受人包围利用。中国历代乱时几乎都有这种现象。至于血统退化的原因，那是生物学与优生学的问题，本文无须离题多赘。

皇族的退化不只限于血统，在社会方面皇帝与实际的人生日益隔离，也是一个大的弱点。创业的皇帝无论是否布衣出身，但总都是老经世故、明了社会情况的领袖，所以不至受人愚弄。后代的皇帝生长在深宫之中，从生到死往往没有见过一个平民的面孔，对人民的生活全不了解。例如晋惠帝当天下荒乱，百姓饿死的时候，曾说："何不食肉糜？"法国革命时巴黎饿民发生面包恐慌，路易第十六世的美丽王后也曾问过："他们为何不吃糕饼？"这样的一个皇帝，即或身心健全，动机纯粹，也难以合理地治理国家，必不免为人包围利用；若再加上血统的腐化，就更不必说了。

皇族的退化只是天下大乱的一个次要原因。由中国内部的情形来讲，人口的增长与生活的困难恐怕是主要的原因。这个问题非常重要。由外部的情形来讲，气候的变化与游牧民族的内侵是中国朝代更换的主要原因。大地上的气候似乎是潮湿期与干燥期轮流当位。潮湿期农产比较丰裕,生活易于维持,世界上各民族间不致有惊人的变动。干燥期间土著地带因出产减少,民生日困。并且经过相当长的潮湿期与太平世之后,人口往往已达到饱和状态,农收丰裕已难维生,气候若再忽然干燥,各地就立刻要大闹饥荒。所以内在的因素已使土著地带趋向混乱。同时沙漠或半沙漠地带的游牧民族因气候骤变,生活更难维持;牛羊大批地饿死,寄生的人类也就随着成了饿殍。游牧民族在平时已很羡嫉土著地带的优裕生活,到了非常时期当然要大批地冲入他们心目中的乐国。古今来中国的一部分或全部被西北或东北的外族征服,几乎都在大地气候的干燥时期。这绝不是偶然的事。

[原载《社会科学(北平)》第 1 卷第 4 期,1936 年 12 月]

1905—1942

张荫麟：汉帝国的中兴与衰亡

一

当新莽之世及建武初二十年间，匈奴不断侵扰中国的边境。但这时期匈奴的强梁只是他将届末日之前的"回光返照"。约在建武二十年以降，"匈奴中连年旱蝗，赤地数千里，草木尽枯，人畜饥疫，死耗大半"。二十四年，匈奴复分裂为南北。南单于复称"呼韩邪单于"，以所主南边八郡众四五万人降汉。汉朝听他们入居云中。其后南匈奴与北匈奴战失利，汉朝又让他们入居西河美稷（今山西汾县离石一带）。南单于派所部分驻北边的北地、朔方、五原、云中、定襄、雁门、西河及代八郡，为郡县侦逻耳目，以防北虏。汉廷在西河置官监督匈奴，并令西河长史领骑二千，驰刑五百人，以卫护匈奴，冬屯夏罢，岁以为常。这是建武二十六年（公元50年）的事。

直至明帝永平十六年（公元73年）以前，东汉对匈奴一向取容忍羁縻的态度。是年，明帝始大发缘边兵，遣将分道出塞，会合南匈奴，挞击北虏。北虏闻风渡大沙漠远去，汉军未得和他们的主力接触。只取了伊吾卢的地方。不数年后，北匈奴内部复起分裂，党众离叛，南匈奴攻其前，丁零攻其后，西域攻其右，鲜卑攻其左，内忧外患之余，加以饥蝗。章和二年（公元88年）章帝（东汉第三帝）死，和帝继位，窦太后临朝，南单于上书请求乘机灭北匈奴。适值窦太后兄窦宪犯了重罪，请求击匈奴赎死。乃拜窦宪为车骑将军，耿秉为副，将汉兵、南匈奴兵及其他外夷兵伐匈奴。次年，汉将所领的南匈奴兵与北单于战于稽落山，大破之，敌众溃散，降者八十一部二十余万人。宪等登燕然山，立石刻铭而还。铭文的作者即著《汉书》的班固，为东汉一大手笔，是役以中护军的资格从行。兹录铭文如下：

惟永元元年秋七月，有汉元舅曰车骑将军窦宪，寅亮圣明，登翼王室，纳于大麓，惟清缉熙。乃与执金吾耿秉，述职巡御，理兵于朔方。鹰扬之校，螭虎之士，爰该六师，暨南单于、东乌桓、西戎氐羌，侯王君长之群，骁骑三万。元戎轻武，长毂四分，云（一作雷）辎蔽路，万有三千余乘。勒以八阵，莅以威神。玄甲耀日，朱旗绛天。遂陵高阙，下鸡鹿，经碛卤，绝大漠，斩温禺以衅鼓，血尸逐以染锷。然后四校横徂，星流彗扫，萧条万里，野无遗寇，于是域灭区单，反斾而旋。考传验图，穷览其山川。遂逾涿邪，跨安侯，乘燕然，蹑冒顿之区落，焚老上之龙庭。上以摅高、文之宿愤，光祖宗之玄灵；下以安固后嗣，恢拓境宇，振大汉之天声。兹所谓一劳而久逸，暂费而永宁者也。乃遂封山刊石，昭铭上德。其辞曰：铄王师兮征荒裔，剿匈虐兮截海外，夐其邈兮亘地界，封神丘兮建隆嵑，熙帝载兮振万世。

次年，宪方遣班固等招降北匈奴，而南匈奴深入追击，北单于大败，受伤遁走，其阏氏及男女五人皆被虏。宪见北胡微弱，便想趁势把他灭掉。次年遣耿夔将精骑八百出居延塞，直奔北单于廷于金微山。汉兵凌厉无前，斩杀五千余级。单于领数骑逃亡，他的珍宝财畜尽为汉兵所得。夔等追至去塞五千余里而还。单于远走，当时汉人不知其下落。近今史家或疑4世纪末叶侵入欧洲而引起西方民族大移徙之"匈人"，其前身即此次北单于率以远遁之残众云。但据《后汉书·耿夔传》，是时从北单于逃亡的不过"数骑"，其后裔如何能成为偌大的势力？故吾人于此说不无疑问。北单于既走，其余众降汉，后复叛，为汉所破灭。

耿夔灭北匈奴之后三年，即永元六年（公元94年），班超亦把西域完全平定。班超，平陵（今陕西兴平）人，班固之弟。超之始露头角是在永平十六年伐匈奴之役。是役超为"假司马"，领兵击伊吾卢，战于蒲类海，斩虏很多，因被朝廷赏识。东汉自取伊吾卢后，乃开始经营西域，因派班超往使鄯善（即楼兰）。班超初到，鄯善王敬礼备至，后来忽然疏懈，超料定北匈奴有人派来，鄯善王因而动摇，考问服侍的胡奴，果得其实。于是把他关起来，尽召随从的吏士三十六人共饮，酒酣，说道："你们和我都身在绝域，想立大功以取富贵。现在虏使才到了几天，鄯善王的态度便大变，假如他奉令要把我们收送匈奴，又为之奈何？"吏士都道："现今处在危亡之地，死生从司马。"班超便道："不入虎穴，不得虎子。为今之计，只有趁夜放火袭攻虏使，他们不知我们人数多少，必然大起恐慌，可以杀尽。把房使一行诛灭，鄯善破胆，便功成事立了。"是夜班超领众直奔房舍，适值有大风。他令十人携鼓藏房舍后，约定一见火起即擂鼓呐喊，其余的人尽持刀剑弓弩，夹门埋伏。于是乘风放火，前后鼓噪。房众慌乱。班超亲手格杀三人，吏士斩房使并从士三十余级，余下的一百人左右通通烧死。明日，班超传召鄯善王，拿房使的首级给他看。鄯善全国震怖，即纳王子为质，归服汉朝。事变的经过奏上朝廷，朝廷便令超继续往使其他诸国，以竟前功，并要给他增兵。他说：原有的三十六人就够了，倘有不测，人多反而为累。

是时于阗新破莎车，雄霸天山南路，而服属匈奴，匈奴遣使监护之。超离鄯善，西至于阗，其王待他甚冷淡。于阗俗信巫。巫者说：神怒于阗王向汉，要他取汉使的骐马来献祭。他便向班超求马。超秘密探知这事的详情，便答应他，却要那巫者亲自来取。一会儿巫者果到，班超立即把他斩首，拿他的首级送给于阗王，并责备他。他早已知道班超在鄯善的伟绩，见了巫者血淋淋的首级，更加惶恐，便攻杀匈奴的使者而投降于班超。超厚赏王以下，优加抚慰。

永平十七年，汉使复置西域都护。是年班超去于阗，从间道至疏勒。先是，龟兹倚仗匈奴的威势，雄踞天山北路，攻破疏勒，杀其王，而立龟兹人兜题以代之。超既至疏勒，先派属吏田虑去招兜题，并嘱咐他道："兜题本非疏勒种，国人必不替他出死力，他若不降，便把他拘执。"兜题果然无意归降，田虑便乘他无备，把他缚了，他左右的人惊骇而散。班超赶到，召集疏勒将吏，宣布龟兹无道之状，改立旧王的侄子忠为王，疏勒人大悦。忠和官属请杀兜题，班超却把他放了，遣送回国。

永平十八年，明帝去世，章帝继位，龟兹和焉耆乘中国的大丧，攻杀都护陈睦，于是班超孤立无援。龟兹、姑墨屡次出兵攻疏勒，班超率着那三十几个吏士，协同疏勒王拒守了一年多。章帝初即位，见他势力单薄，怕蹈陈睦的覆辙，便召他回国，疏勒都尉见留他不住，拔刀自刎。他行到于阗，于阗的王侯以下号泣留他，抱住他的马脚。他于是复回疏勒。时疏勒已有两城降于龟兹，和尉头国连兵。班超捕斩叛徒，击破尉头，杀了六百多人，疏勒复安。

章帝建初三年（公元78年），班超率领疏勒、唐居、于阗和拘弥兵一万人攻破了姑墨（时姑墨附龟兹，其王为龟兹所立）的石城，斩首七百级。班超想趁势平定西域诸国，上疏请兵。五年，朝廷派弛刑及应募千人来就。先是，莎车以为汉兵不出，降于龟兹，而疏勒都尉番辰亦反叛。援兵既至，超击番辰，大破之，斩首千余级，获生口甚众。超欲图龟兹，建议先联乌孙，朝廷从之。八年，拜超将兵长史。九年，又给他增兵八百。超于是征发疏勒、于阗兵击莎车。莎车秘密勾结疏勒王忠，啖以重利，忠遂反叛。超改立疏勒王，率效忠的疏勒人以攻忠，相持半年，而康居派精兵助忠，超不能下。是时月氏新和康居联婚，相亲善。超派人带了大批的锦帛送给月氏王，请他晓谕康居罢兵，果达目的。忠势穷，被执归国。其后三年，忠又借康居兵反，既而密与龟兹谋，遣使诈降于超。超知道他的奸谋，却装着答应他。他大喜，亲来会超，超暗中布置军队等待他。他到，设筵张乐款待他。正行了一轮酒，超呼吏把他缚起，拉去斩首。继击破他的部众，杀了七百多人，疏勒全定。次年，超征发于阗等国兵二万五千人复击莎车，而龟兹王遣左将军征发温宿、姑墨、尉头兵合五万人救莎车。超召集将校和于阗王等商议道："现在我们兵少，打不过敌人，计不如各自散去，于阗军从这里东归，本长史亦从这里西归，可等夜间听到鼓声便分途进发。"同时暗中把夺得的生口放了。龟兹得到这消息大喜，自领万骑在西界拦截班超，而命温宿王领八千骑在东界拦截于阗军。超探知他们已出发，密令诸部准备，于鸡鸣时突袭莎车营。敌军大乱四窜。追斩五千多级，获马畜财物无算。莎车穷蹙纳降，龟兹等各自散去。班超由此威震西域。

和帝永元二年（公元90年）超又定月氏。先是，月氏以助汉有功，因求汉公主，为超所拒绝，因怀怨恨。是年派其副王领兵七万攻超。超的部众自以人数单少，大为忧恐。超晓谕军士道："月氏兵虽多，但越过葱岭，经数千里而来，并无运输接济，何须忧惧呢？我们只要把粮食收藏起来，据城坚守，他们饥饿疲困，自会投降，不过几十天便了结。"月氏攻超不下，抄掠又无所得，超预料他们粮食将尽，必向龟兹求援。于是伏兵数百，在东界等候。果然遇到月氏派去龟兹的人马，带着无数的金银珠玉。伏兵把他们解决了。班超把使人的首级送给月氏副王。他看了大惊，派人请罪并求放他生还。班超答应了他。月氏由此慑服，每年纳贡。永元三年，即耿夔灭北匈奴的一年，龟兹、姑墨、温宿皆向班超投降。朝廷拜超为西域都护。超设都护府于龟兹，废其王拘送京师，而另立新王。是时西域五十多国，除焉耆、危须、尉犁因从前曾攻杀都护，怀着贰心外，其余尽皆归附汉朝。其后，永元六年这三国亦为班超所平定。

二

自北匈奴为耿夔击败，逃遁无踪，其部众瓦解，本居于辽西、辽东塞外的鲜卑，乘机而进，占取北匈奴的土地。是时北匈奴余众尚有十余万落，皆自号为鲜卑。鲜卑由此强盛，自和帝永元九年（公元97年）至顺帝阳嘉二年（公元133年）凡三十七年间，平均每隔一年，入寇一次，先后杀渔阳、云中及代郡太守。此后鲜卑忽然敛迹了二十年，而檀石槐兴起。檀石槐在鲜卑民族史中的地位，仿佛匈奴的冒顿。他把散漫的鲜卑部落统一，尽取匈奴的旧地，建一大帝国，分为三部：东部从右北平至辽东，接夫余、濊貊，中部从右北平以西至上谷；西部从上谷以西至敦煌。每部置一大人主领。他南侵中国，北拒丁零，西击乌孙，东侵夫余以至倭国。他有一次俘了倭人一千多家，迁到"秦水"上，令他们捕鱼，以助粮食。他死于灵帝光和四年（公元181年），溯自桓帝永寿二年（公元156年），他开始寇掠云中以来，他为中国患凡二十二年。在这期间，鲜卑几于年年入寇；有时连结乌桓及南匈奴，为祸更烈。北边州郡东起辽东，西至酒泉，无不遭其蹂躏。桓帝延熹九年（公元

166年），遣使持印绶封檀石槐为王，想同他讲和，给他拒绝。灵帝熹平六年（公元177年），曾派三万多骑，三路（高柳、云中、雁门）并进，讨伐鲜卑；结果，三路皆惨败，三将各率数十骑逃归，全军覆灭了十七八。汉廷对于鲜卑，盖已和战之策两穷。幸而檀石槐死后，鲜卑帝国旋即分散。

（原载《思想与时代》月刊第30期，1944年1月）

陈寅恪：清谈与清谈误国

清谈一事，虽为空谈老庄之学，而实与当时政治社会有至密之关系，决非为清谈而清谈，故即谓之实谈亦无不可。

曹孟德以微贱出身，遽登高位，是以不重名教，唯好辞章。至司马氏篡魏，而名教与自然之争以起。盖司马氏本来东汉世家，极崇名教，故佐司马氏而有天下者如王祥等，皆以孝称。晋律，亦纯为儒家思想，非若汉律之自有汉家家法也。至是，凡与司马氏合作者，必崇名教；其前朝遗民不与合作者，则竞谈自然，或阴谋颠覆。此二者虽因政治社会立场各异，有崇名教与尚自然之分，而清谈实含有政治作用，决非仅属口头及纸上之清谈，从可知矣。

竹林七贤，清谈之著者也。其名七贤，本《论语》"贤者避世"、"作者七人"之义，乃东汉以来，名士标榜事数之名，如三君、八厨、三及之类。后因僧徒"格义"之风，始比附中西，而成此名。所谓"竹林"，盖取义于内典之 Venu-vana，非其地真有此竹林，而七贤游谈其下也。《水经注》中所引竹林古迹，乃后人附会之说，不足信。

七贤中之嵇康，为一绝对之清谈人物。其与山涛绝交，即因涛为司马氏宗室与卒出山林而仕。其所以见杀，则由与魏宗室有婚姻之好，而又"非汤武薄周孔"，为崇名教之司马氏所不容也。

阮籍虽一行作吏，口不论人过，而仍几不免为何曾所欲杀者，即由不孝得罪名教故也。

凡此，皆名教自然之事，有以致之。至王戎、王衍，遂思调和此二者，而使名教与自然同一。故戎（或衍）问阮修（或瞻）："圣人贵名教，老庄明自然，其旨同异？"阮答以"将无同"，王即辟为掾，时人谓之"三语掾"。自是，名士多以清谈猎取高官，高官好以清谈附庸名士，而清谈误国者，遂比比皆是矣。故此时清谈，一以自然为体，名教为用，自然为本，名教为末。即散见诗文者，亦莫不歌咏自然与名教为同一也。

嵇绍，嵇康子。欲为仕，以询山涛。涛答以"天地四时，犹有消息，况于人乎！"意即谓"天可变节，人亦可变"。易言之，即自然可与名教同一也。其后裴希声撰《嵇侍中碑》云："忠孝，非名教之谓也，孝敬出于自然。"与谢灵运诗："事为名教用，道以神理超。"皆是此意。至经史家则唯袁宏《后汉纪》好言自然与名教同一；若范宁、杜预，则俱重春秋名分，故范宁尝谓"王何之罪，浮于桀纣"也。

降至东晋末，清谈之风稍戢。唯北朝河西，仍存西晋遗风。盖由其地较为安全，故西晋名士之未能南渡者，多乐往归焉。

陶渊明之好自然，则为不欲与刘宋合作。其思想之最后发展，可于《形影神》诗中见之：形曰养身，重自然也；影言立善，贵名教也；神则谓二者皆非，任化而已。其非自然亦非名教之旨，实可代表当日思想演变之结束，自后遂无复有此问题矣。虽渊明别有一新自然说，然仍可以之为主张自然说者也。

总之，清谈之与两晋，其始也，为在野之士，不与当道合作；继则为名士显宦之互为利用，以图名利兼收而误国。故清谈之始义，本为实谈；因其所谈，无不与当日政治社会有至密切之关系。其后虽与实际生活无关，仍为名士诗文中不可不涉及者，学者固不可以其名为清谈而忽之也。

（1943年7月陈寅恪讲于坪石中大，张为纲记）

笔记附言：

本篇系民国三十二年七月陈寅恪先生在坪石中大文科研究所所讲之两个专题之一。记者幸得参听末座，遂就兴之所至，为之略记一二。以非专于此道，又未经陈先生过目，故未尝敢以示人。然友好中知有斯稿者，每从而索阅，实不胜其烦。乃特为誊正，公诸世人，或亦治史者所乐读也。……

关于王戎或王衍问阮修或阮瞻此一问题，陈氏则谓："此个性之真实虽不可知，但通性之真实则可推定，治史者固不必斤斤于此也。"

三十七、九、二十、石牌

（原载《星岛日报》，1949年1月26日）

1895—1990

钱穆：宋代兵役制度与国防弱点

宋代军队分两种：一称禁军，一称厢军。宋代兵制算是中国历史上最坏的兵制了。然而也有其因缘来历，我们仍不能过分来责备宋人。

在唐末五代时，藩镇骄横，兵乱频仍；当时社会几乎大家都当兵，读书人像要没有了。开头军队还像样，以后都变成了老弱残兵。军队不能上阵打仗，便把来像罪犯般当劳役用。其时凡当兵的，都要面上刺花字，称为"配军"，防他逃跑。如《水浒传》里的宋江、武松一类人，脸上刺了字，送到某地方军营中当兵作苦工，人家骂他"贼配军"。这事远从五代起，直到宋朝，没有能彻底改。这样的军队，当然没有用。其实这些军队，在汉是更役，在唐则是庸。而宋代之所谓役，在汉代却是地方自治之代表。此种转变，极不合理。只因积重难返，宋太祖也只能在这种军队中挑选一批精壮的，另外编队，就叫禁军。禁军的挑选，身长体重都有规定，起先用一个活的兵样，后来用木头做成一人样子，送到各地方各队伍；合这标准的，就送中央当禁军。因此禁军比较像样。不合这标准的，留在地方做厢军。"厢是"城厢之义，"厢军"是指驻在各地方城厢的。这些兵，并不要他们上阵打仗，只在地方当杂差。地方政府有什么力役，就叫他们做。

照理，宋代开国第一件该做的事，便是裁兵复员。而宋代却只照上面所说的这样裁，至于复员则始终复不了。这也因宋代得天下，并未能真个统一了全国，他们的大敌辽国，已经先宋立国有了五十多年的历史。所谓"燕云十六州"，早被石敬瑭割赠辽人。当时察哈尔、热河、辽宁乃及山西、河北的一部分疆土，都在辽人手里。北方藩篱尽撤，而宋代又建都开封。开封是一片平地，豁露在黄河边。太行山以东尽是个大平原，骑兵从北南下，三几天就可到黄河边。一渡黄河，即达开封城门下。所以宋代立国是没有国防的。倘使能建都洛阳，敌人从北平下来，渡了河，由现在的陇海线向西，还须越过郑州一带所谓京索之山，勉强还有险可守。若从山西边塞南下，五台山、雁门关是那里的内险，可算得第二道国防线；要一气冲到黄河边，还不容易。所以都洛阳还比较好。若能恢复汉唐规模，更向西建都西安，那当然更好。但宋太祖为何不建都洛阳、西安，而偏要建都开封呢？这也有他的苦衷。因为当时国防线早经残破，燕云失地未复，他不得不养兵。养兵要粮食，而当时的军粮，也已经要全靠长江流域给养。古代所谓大河中原地带，早在唐末五代残破不堪，经济全赖南方支持。由扬州往北有一条运河；这不是元以后的运河，而是从扬州往北沿今陇海线西达开封的；这是隋炀帝以来的所谓通济渠。米粮到了开封，若要再往洛阳运，那时汴渠已坏。若靠陆路运输，更艰难，要浪费许多人力物力。宋代开国，承接五代一段长期混乱黑暗残破的局面，没有力量把军粮再运洛阳去。长安一片荒凉，更不用提。为要节省一点粮运费用，所以迁就建都在开封。宋太祖当时也讲过，将来国家太平，国都还是要西迁的。

在当时本有两个国策：一是先打黄河北岸，把北汉及辽打平了，长江流域就可不打自下。这个政策是积极进取的，不过也很危险。假使打了败仗，连退路都没有。一个是先平长江流域，统一了南方，再打北方，这个政策比较持重稳健。宋太祖采了第二策，先平南方，却留着艰难的事给后人做。所以宋太祖临死，听他母亲话，传位他弟弟赵匡义，这是宋太宗。太宗即位，曾两次对辽亲征，但都打了败仗。一次是在今北平西直门外直去西山颐和园的那条高粱河边上交战；这一仗打败，他自己中了箭，回来因创死了。在历史上，这种事是隐讳不讲的。只因宋代开国形势如此，以后就不能裁兵，不能复员，而同时也不敢和辽国再打仗。因为要打就只能胜，不能败。败了一退就到黄河边，国本就动摇。

在这种情形下，宋代就变成养兵而不能打仗，明知不能打仗而又不得不养兵。更奇怪的，养了兵又不看重他们，却来竭力提倡文治。这也未可厚非，宋代究因刻意提倡文治，才把晚唐五代一段中国历史的逆流扭转过来了。在宋人只想把这些兵队来抵御外患；一面提倡文治，重文轻武，好渐渐裁抑军人跋扈，不再蹈唐末五代覆辙。因此养兵而愈不得兵之用，以后就愈养愈多。《水浒传》说林冲是八十三万禁军教头，实际上太祖开国时只有二十万军队，太宗时有六十六万，到仁宗时已经有了一百二十五万。所以王荆公变法行新政，便要着手裁兵。裁兵的步骤，是想恢复古代民兵制度，来代替当时的佣兵。但民兵制度，急切未易推行到全国，遂有所谓"保甲"制，先在黄河流域一带试行。保甲就是把农民就地训练，希望临时需要，可以编成军队，而又可免出钱养兵之费。

论到"募兵制"，本来也非全要不得。在某种地方某种情形下，募兵也很有用。但须有一确定的敌人做目标，而且非打不可，在几年内，定要把敌人解决；在这种情形下，募兵可以刻意训练，及锋而试，或许比全国皆兵制还好些。东晋的"北府兵"便是募兵，也曾建了奇功。但宋代的国防精神是防御性的，不敢主动攻击，用意始终在防守。把募兵制度与长期的防守政策相配合，这却差误了。一个士兵募了来，轻易不脱行伍，直养到六十岁，还在军队里，其间只有二十岁到三十岁这十年可用。三十岁到六十岁这三十年，他已老了。而且在军伍十年，精神也疲了。这样的军队，有名无实，于是只有再招新的。因此军队愈养愈多，纪律又不好。队伍多了，虽不易捍御外侮，却很能引起内乱。宋人最怕唐末五代以来的骄兵悍卒，但宋代依然是兵骄卒悍。国家不能不给他们待遇，而且须时时加优，否则就要叛变。政府无奈何，加意崇奖文人，把文官地位提高，武官地位抑低。节度使闲着没事做，困住在京城，每年冬天送几百斤薪炭，如是种种，把他们养着就算。养了武的又要养文的，文官数目也就逐渐增多，待遇亦逐渐提高。弄得一方面是"冗兵",一方面是"冗吏",国家负担一年重过一年,弱了转贫,贫了更转弱,宋代政府再也扭不转这形势来。

在宋太祖时,因防兵卒骄惰,又规定禁军分番戍守之制。地方兵厢军是摆着无用的,各边防守,全须派中央禁军去。但亦不让其久戍:譬如今年戍河北的,隔一年调中央;又隔些时再调到山西。这又与汉唐戍兵退役不同。宋代是没有退役的,不在边防,即在中央,仍是在行伍中。如是则一番调防,在军人只感是一番劳动,因此又要多送他们钱。因此宋代虽连年不打仗,而经费上则等于年年动员,年年打仗。军队老是在路上跑。并且又把将官和军队分开了,军队一批批调防,将官还是在那里不动。如是则兵不习将,将不习兵。这也是怕军人拥兵自重,然而缓急之际,兵将不相习,也难运用。所以整个宋代,都是不得不用兵,而又看不起兵;如何叫武人立功?宋代武将最有名的如狄青,因其是行伍出身,所以得军心,受一般兵卒之崇拜,但朝廷又提防他要做宋太祖第二,又要黄袍加身,于是立了大功也不重用,结果宋代成为一个因养兵而亡国的朝代。

然而宋代开国时,中国社会承袭唐末五代,已饱受军人之祸了;所以宋代自开国起就知尚文轻武。宋太祖临死有遗嘱告诉他后人说:你们子孙相传,绝对不能杀一个读书人。他们牢守此家训,都知尊重文臣士大夫。直到南宋,还是守着不杀士大夫的遗训。岂止不杀,宋王室实在是懂得优奖文人的。因此过了百十年,能从唐末五代如此混乱黑暗的局面下,文化又慢慢的复兴。后代所谓宋学，又称"理学"，就是在宋兴后百年内奠定基础的。这一辈文人，都提倡"尊王攘夷"，明夷、夏之分，又提倡历史传统；所以中国还能维持，开辟出自宋以下的下半部中国史，一直到现在。正因宋代人那样尚文轻武，所以"好铁不打钉，好男不当兵"的话头，也就从那时传下来。我们今天从历史上平心评论，只能说宋代人为了补救唐代人的毛病，而并没有完全把毛病纠正过来；我们却不能轻怪宋人。须知有许多毛病，还该怪唐代人。唐代穷兵黩武，到唐玄宗时，正像近代所谓的帝国主义，这是要不得的。我们只能说罗马人因为推行帝国主义而亡国，并且从此不再有罗马。而中国在唐代穷兵黩武之后仍没有垮台，中国的历史文化依然持续。这还是宋代人的功劳。我们不能因他太贫太弱，遂把这些艰苦一并抹杀。

再说到国防资源问题。这也是宋代一个最大的缺憾。中国的地理形势，到了黄河流域，就是大平原。一出长城，更是大平原。所以在北方作战，一定得要骑兵。而中国之对付北方塞外敌人，更非骑兵不可。而骑兵所需的马匹，在中国只有两个地方出产：一在东北，一在西北。一是所谓蓟北之野，即今热察一带。一是甘凉河套一带。一定要高寒之地，才能养好马。养马又不能一匹一匹分散养，要在长山大谷，有美草，有甘泉，有旷地，才能成群养，才能为骑兵出塞长途追击之用。而这两个出马地方，在宋初开国时，正好一个被辽拿去，一个被西夏拿去，都不在中国手里。与马相关联的尚有铁，精良的铁矿，亦都在东北塞外。这也是宋代弱征之一。王荆公行新法，一面想训练保甲，一面又注意到养马。但在中国内地养马不方便。据当时人估计，养一匹马所需的草地，拿来种田，可以养活二十五个人。这是在农业社会里要准备战争一大缺点。王荆公不得已，订出保马政策，让民间到政府领马养。把马寄养在私家，一匹一匹分散养，平时民间可以利用领养之马，遇到战争需要，再临时集合。这种事，民间当然情愿做，领一匹马来，平时作牲口用；却不晓得马在温湿地带饲养不易，很容易生病死亡。但马死了要赔钱。于是农民把养马看作苦事。政府却要挨派，于是"保马"变成一秕政。其实这一方法，纵使推行有效，遇到战事，一群羸弱之马，也未必真有用。在这一制度上，也可告诉我们宋代国防上所遭遇的大难题。

再说当时长城内险，自居庸关到山海关一带，都已在辽人手里；辽人倘向南冲来，又怎样办呢？真宗时澶渊之盟，即由此形势下逼成。自宋、辽两国讲和以后，宋朝的国防形势是很可怜的。两国既不正式开战，中国人也不好正式布置边防。只奖励民间种水田，多开渠道，于渠旁多植榆杨。万一打仗，可以做障碍，稍稍抵御辽人之大队骑兵。这可说是无法中的办法。这真是极顶可怜的办法。但这办法纵可怜，辽人也懂得，还是时时不许中国开沟渠，种水田。又在冬令时，放队四出小掠，把中国边境农村烧杀破残了，让中国永久不能有沿边的防御线，他们可以随时入侵。如是威胁着中国只好保持和议。算只有山西一面，太原向北，还有一道雁门关内险，这就是"杨家将"杨老令公、杨六郎等守御的一条线。不过这是次要的一线，主要的还是在河北。此线无险可守，主要的国防线算是拒马河，已在涿州附近，这是宋代中国不得已的一条可怜的国防线。由此一退下来，就直叩首都开封之国门。再退始是淮南、淮北丘陵地带，渐渐和黄河流域中原大平原不同。至于过了长江，形势更不同。所以南宋还能守江、淮。这是宋代国防上的先天弱点，我们也不能一一怪宋人。

自然，宋代若能出一个大有为之主，就国防根本条件论，只有主动的以攻为守；先要大大的向外攻击，获得胜利，才能立国；才能再讲其他制度。现在是以防御来保国家，而且是一种劣势的防御，迟早总要失败。再迁就这一形势来决定其他制度，自该无一是处了。其实中国自古立国，也没有不以战斗攻势立国的。秦始皇帝的万里长城，东起大同江，西到甘肃兰州黄河铁桥；较之宋代这一条拒马河，怎好相提并论呢？况且纵使是万里长城，也该采用攻势防御。所以终于逼出汉武帝的开塞出击。宋代军队又完全用在消极性的防御上。这固然是受了唐代的教训深，才矫枉过正至于如此。进不可攻，退不可守。兵无用而不能不要兵，始终在国防无办法状态下支撑。幸而还是宋代特别重视了读书人，军队虽未整理好，而文治方面仍能复兴；以此内部也还没有出什么大毛病。其大体得失如是。

（原载钱穆：《中国历代政治得失》，九州出版社 2011 年版）

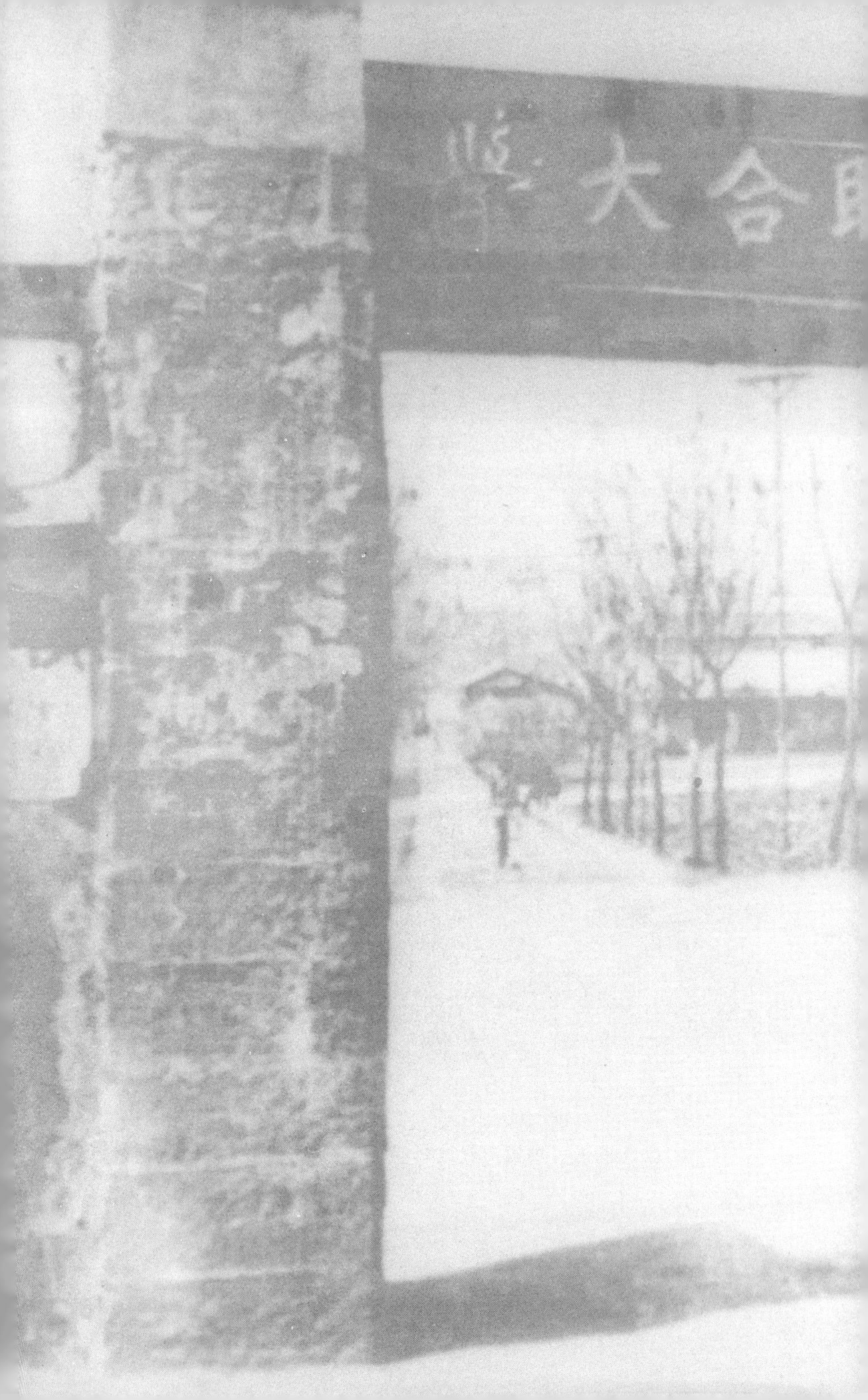
合大学

第八篇 读史阅世
历史、社会与人生五讲

1937—1946

1937—1946

1902—1962

雷海宗：论中国社会的特质

我们普通所谓传统的中国政治社会，是秦汉时代的产物，先秦的中国与后世大不相同，可以不论。我们一般人所认识的中国，是秦，西汉，新朝，东汉中兴，前后三百年间所建立的一个局面。这个局面一经定型之后，永远不再改变。二千年间只有治乱兴衰，而无政治社会的革命。治乱是人民生活比较内定或比较痛苦的问题，革命是生活方式改变的问题。由秦汉到清朝，我们的生活方式始终未变，最治的盛世与最衰的乱世之间，并无根本的分别。大体上讲，一般的人民，俗话所谓"老百姓"，是完全消极的，除了个人或家族的直接生活问题外，对于任何事务都不感兴趣：他们没有公众利益的观念，对于政治更是不愿过问，在不得已的纳税当差之外，他们只求为政的人少干涉他们，他们对于政府是取一种敬鬼神而远之的态度，无为而治的政府是他们心目中最理想的政府。

但所谓政府，或可能参加政府的，或虽非政府而可能行使治权的，又为何人？二千年来，在一盘散沙的社会中，有两种人是比较有组织的，就是士大夫与帮团。两种人的组织都不严密，但在整个无组织的中国社会，他们些微的组织已足使他们操持一切。两种人相违相抗，相生相成，颇合阴阳消息之理。普通所谓治世，就是士大夫得势的时代，此时帮团销声敛迹，只在秘密中存在。普通所谓乱世，就是帮团比较得势的时代，此时他们由秘密而公开，最少是半公开，与士大夫分庭抗礼，有时士大夫要向他们低头，甚至向他们屈服，也加入帮团的组织，以求保全。

太平治世，皇帝是士大夫的领袖，军政大权都操在皇帝一人之手，士大夫在这个最高威权之下为官治国，维持一个大体安定的大一统局面，皇帝的治权可以稳固，士大夫的社会地位与经济利益可以保障。此时不仅一般老百姓为顺民，连帮团分子也只有作顺民。士大夫在朝为官吏，在野为乡绅，在朝在野都是维持全局的上层阶级。

所谓乱世，都是在帮团分子，或大部在帮团分子领导之下，在各地起兵，在各地割据的时代。由汉代的黄巾之乱，到清朝的义和团之乱，多数的大乱都有民间带有宗教性的秘密团体在背后主动。乱象普遍之后，皇帝失去军政的统治大权，各地的官吏与擅自起兵的人都可各自为政，一群土皇帝取代一个大皇帝的地位。在丧失了大皇帝的护符之后，士大夫不能维持过去比较超然独立的地位，必须与各地的割据分子拉拢，身家性命方有保障。同时，大一统的控制力削弱之后，秘密的帮会出头活动，本与他们有关的割据势力不必说，即或是不由帮会出身的小朝廷，多多少少也要与帮会周旋，方能保证地方的稳定。一般的士大夫更无善策，或为割据势力及帮团势力奔走，或积极参加他们的活动，也成为推动大乱的一个力量。不肯如此合流的人，只有闭户读书，或隐遁山林，再不然就只有自杀。

此种一治一乱的循环，原因究竟何在？问题当然极为复杂，但根本的原因或者不外两种：一为人口的过剩，一为人才的过剩。在大家族主义下，中国的人口总是趋向于急剧的增加的。治世都是人口少的时代，土地财富的分配即或不够，但大多数的人总可求得温饱，社会中没有生活恐慌的心理。一般人心地坦然，社会的空气自然是一片祥和。但在所有的男女无不结婚、无不尽量生儿育女的制度下，人口很快的就要达到饱和点，土地财富即或最平均的分配，大家也只能在饥饿线的上下旋转，若略有不均，再加上必不可免的水旱之灾，每年总有些地方总有些人连最低限度的温饱也不可得。至此弱者死于沟壑，强者铤而走险，走险群中当初即或分子单纯，不久必有秘密社会的势力渗入，由无目的的求食运动变为有目的的割据作乱。正统的政府当然看这些人为乱民，有时也可把几批乱民平定。但在人口过剩的根本问题不能解决之前，总是一波未平，一波又起，剿不胜剿，抚不胜抚，非到天下割据，各地混战，怕砍相杀几十年以至百年不可。

人口过剩，食口太多，问题已够严重，与此并行的还有一个人才过剩官瘾难偿的同样严重的问题。太平盛世，不只整个的人口少，人口中的人才或以人才自居的人也少。按中国的习惯，人才的出路只有做官，在人才少的治世，每个人都可得到安插，少数不能安插的人在家作乡绅，在生活普遍安定以下，也可不致感到太无聊赖，况且随时尚有一官半职的希望。但太平日久之后，随着人口的增加，读书人也增加，有出身的人也增加，想做官的人也增加，求官而不得的人也当然增加。所以在一般人求温饱而不可得的时候，也是读书人中失意分子日愈加多的时候。秀才造反，诚然是三年不成，但秀才若与别人联合起来造反，其力之大却不可轻视。历代的乱事，发起的虽非读书人，但事后谋划而使乱事扩大的都是读书人。民国初期的军阀内战，每次都有读书人从中挑拨，这是人所尽知的一个近例，其他较远或更近的摸鱼之例，可以无须列举。人口过剩与人才过剩必定造成大乱，大乱的结果必是人口的大批杀死、饿死与病死。等到人口减到相当的程度之后，减到财富分配即或不均也无饥寒危险的时候，天下就又太平了。二千年来，我们就是在过这种千篇一律的，社会一治一乱，人口一少一多的单调生活。

今日中国是在乱世，这是毋庸讳言的，人口的过剩与人才的过剩都远迈前代。由近代国家的标准讲，我们的人才或仍贫乏的可怜，但由中国现有的条件讲，我们社会中求官而不得的人，实在是太多了。至于我们的人口，是由任何的标准看，都已多到没有办法的程度。所以若按过去二千年的史例衡量，中国今日的混乱可说是再自然不过的一个趋势，过去乱世的角色，今日都已齐全。政府大体仍然代表求治的士大夫的势力。但也如一切乱世，已不能维持单纯的士大夫型。各地有许多的半秘密半公开的组织，也有许多割据或想要割据的离心势力。唯一好似新奇的角色，就是□□□，其实□□□若剥去外来的一些名词与口号，不过是一个半秘密半公开的，带有宗教性的，以饿民为基础的割据势力。它的唯一真正特点，就是依附外力与否认国家民族，这也是它始终不能取得其他秘密团体的信赖与合作的基本原因。由此点言，中国今日的局面可说较过去任何的乱世更为复杂，但根本的形态仍是历来乱世的形态。

今日与过去乱世的最大不同，不是内在的，而是外来的。假定今日我们仍能把大门关起，那我们就必再费几十年以至百年的时间去痛痛快快的砍杀一场，以求传统形式的解决。但我们的大门显然的是关不起，我们今日根本已经没有大门可关，到处都是外力可以长驱直入的通道。外力今日正在直接的或间接的，拙笨的或巧妙的，用敌意的姿态或用友情的姿态，来尽量利用我们的弱点，使我们既不能安定，也不能彻底大乱一场；所谓"求生不能，求死不得"，正是外力玩弄之下的中国的绝好写照。然而事在人为，我们尚未到绝望的时候。人口问题，今日不能用过去黄巢、张献忠的方法去解决。但我们若尽量利用近代知识，使农业科学化，在可能范围内发展工业，使财富的分配比较合理，同时最重要的，设法使人口绝对不再增加，我们仍可实现一种小康的局面；必须先有小康，才有回旋余地，容我们策划长治久安的百年大计。但这一切都要假定人才问题同时解决。每当乱世，读书人的捣乱，起哄，与发狂，是中国历史上所独有的现象。遍阅人类史乘，任何其他民族或其他文化的读书人，其乱世的表现都不像中国这样令人痛心疾首而莫可奈何的。自私自利的与热衷无耻的一群固然祸国，所谓正人君子，其祸国殃民的罪行往往也不在邪僻小人之下。远事不论，专看今日：今日的读书人集全世美名巧言之大成，而实际在毫无自觉中所作的是义务的替外力分裂中国，搅乱中国，削弱中国的地位——这在全部人类历史上恐怕将成为最不可解的怪谜。

  传统的社会已经不能继续维持，中国的文化已经到了非变不可的时候，同时外力的威胁也是前所未见的。我们不能只注意自己的内部，而忽略门外的局势，尤其要防备被外人催眠，以致对全局发生错觉。先求小康，后求大定，是中国社会、国家与文化的唯一出路。对于外来的阴谋，叫我们为任何一种莫须有的大定而放弃可以把握的小康，我们全国人士必须提高警觉，密切提防！

（原载北平《周论》第 2 卷第 10 期，1948 年 9 月 17 日）

钱穆：历史与人生

一

历史乃人生之记载，亦即人生之写照。人生乃历史之方然，历史则人生之既然。中国人称"史鉴"，既往之历史，乃如当前人生一面镜子。人不能自见其面貌，照镜可见。亦如人不能自知其当前之生，鉴于以往之历史，乃如揽镜自照。由镜见己，亦如读以往之史而知己当前之生。其间实无大相异处。

汤之《盘铭》曰："苟日新，日日新，又日新。"汤乃商代开国之君，自铭其晨起盥洗之盘如此。实则不仅每日晨起始见面貌之日新而又新，人之为生，无时无刻，无瞬无息，乃无不见其身之日新而又新。身如此，家国天下皆然。使非新，何谓生？既云生，斯必有新。周人则谓："周虽旧邦，其命维新。"此犹扩大汤之《盘铭》而言。

新旧犹言动静。俗言"命运"，亦言"天运"，此则犹其言"气运"或"运气"。天命、天气皆有转动义，非一归于静定。动静亦一体之两端，仍贵其执两用中，未可定于此而舍弃彼。今人依西方语，惯言平等、自由、独立。此三语，中国自古相传亦皆有之，但皆在相对中。即如夫妇、父子、君臣，非不有其相互间之平等、自由、独立处。若言绝对方面，则断无平等、自由、独立三者之可言。今西方人乃专以个人之绝对自由、平等、独立言。中国传统中断然无之。此又双方文化一大相异处，当加明辨深思。

中国人言"常"与"偶"，论其字义，若相反，实相成。历史一大常，实积群偶而成。中国有五伦，"伦"即相偶义。孝弟忠信，亦皆无独必偶。郑玄释"仁"为"相人偶"，此即见偶义与群义相通。故曰："君子无入而不自得。"所谓"入"即其相偶处。宁有不群无偶，而可有自由、平等、独立之可言？则其偶然亦即其常然。故中国以夫妇为人伦之始，一夫一妇之为偶，但偶而必常。西方人抱个人主义，于是其自由、平等、独立虽亦谓之常道，而皆无偶可言。但以历史情实言，无偶又何得而有常。此又中西文化双方一大相异处，又当深思而明辨之。

中国夫妇又称"佳偶"。大群中男女相配，虽曰父母之命，媒妁之言，但实皆偶然相值，故中国人谓之"佳偶天成"。西方人则必言自由恋爱，若有人而无天，有性而无命。独凭己力，无有天意。是西方文化乃求无偶之必常，而不知其乃陷入仅偶无常之困境中。西方人苦于不自知。其实即如其历史进程，如希腊，如罗马，乃至如现代国家，如英、法、德、意，乃至今当前之美、苏，亦尽属偶然，又何尝有常道之可循？若果有常，则何得复有此诸变？

西方人以恋爱为人生之自由，又以婚姻为恋爱之坟墓。是即西方人知有偶不知有常之一证，亦可谓人知之至拙矣。中国人所谓"天命"，皆其偶然，亦是一变，而积变成常。故曰："素富贵行乎富贵，素贫贱行乎贫贱，素夷狄行乎夷狄，素患难行乎患难。"素位而行，亦皆是偶然。唯其偶然，乃成常然。相反相成，其义如此。

夫妇属人伦，而父子则为天伦。以舜之父顽母嚚，而终成大孝。此真可谓偶而不常之至矣。中国人之所谓"天伦"，天即是偶，伦即是常，其义当如此。

故凡中国人所谓之常道，实积偶然不寻常而成。圣贤之嘉言懿行，何一非偶然，又何一非常道？此则读全部中国《二十五史》而可知。

中国人又谓"直道而行"。其实凡其所值，又何尝必先有一直道在其前？行不由径，斯即谓之直道。凡君子所行，则皆成直道。如舜之父顽母嚚，而舜之孝则亦直道。《中庸》言"诚则明"，其心诚，则其道斯直；何尝先有一直道使人可循。后知后觉，乃始知觉此直道，而仍由彼自知自觉之。此又不可不明辨。

是则中国之人生大道，亦常有"曲直"两端，犹之其有"偶"与"常"之两端。如周公之大义灭亲，诛管叔，流蔡叔，非曲而何，亦非偶而何？则曲道正亦是一偶道，由君子之正心诚意而行之，则又何由而见其非常道。此所以有贵于学，而学则必归之一心。人生大道乃在此。中国之道德，乃一甚深甚高之艺术。扼要言之，仍当辨以新旧。

二

人生唯一新，历史亦同然。但其新转瞬即成为旧。生之存其旧者，占十之九，开新仅十之一。正因其有旧，乃始成其生。故中国人又曰："人惟求旧，物惟求新。"物无生，乃可唯新是求。人有生，则唯旧是保。历史即人生之旧，人生乃历史之新。故历史必本于人生，乃始为真历史。人生必源自历史，乃见为真人生。史必真而成其古。生必传而见其今。一属天，一属人。太史公《史记》谓"究天人之际，通古今之变"，其大义乃在此。

中国乃一农业民族，五谷亦同有生，故唯中国人能通此义。自有历史以来，已达五千年之久，其生乃日悠久日广大。希腊人乃一商业民族，商业仅知重物质之移转，非有生命，故希腊人不知有历史。西方历史著作，乃起近代两三百年间，远不得与中国为伍。全世界人类亦唯中国史为最悠久，最广大，举世莫能匹。此唯中国人"历史"与"人生"之合一，乃始有其然。

人生不仅有"新旧"相毗，更重大者乃有"死生"相毗。有生即有新，但同时即有旧。如中国人言盛衰、起伏、治乱、兴亡，皆必同时举其两端而言之。独对死生，则先言死后言生，一若死犹在生之先。苟非生，又何来有死？但苟非死，亦何来复有生？而死之意义与价值，则若较之生为更本源更重要，故言生乃先言死。孔子父叔梁纥，孔子后生，叔梁纥先死。使非先有死者之叔梁纥，又何有生者之孔子。故后稷为周人始祖，而后稷仍有父，唯其父则名不传。亦如后人仅重孔子，不重叔梁纥。先后死生间之轻重有如此。

故中国人言"历史人生"，不言"人生历史"。此亦犹言"死生"，死之一义，若较之生，意义价值为更重要更新鲜。其言"古今"亦然。今人一意慕西化，乃仅言新不言旧，仅言今不言古，仅言生不言死。不知无死何有生，无古何有今，无旧又何有新？一切有生必有死，有今又必有古，有新又必有旧。故西方历史终不得不上溯之希腊。但希腊衰而有罗马，罗马亡而有现代国家之兴起。现代国家中，英法又转衰，而始有今日之美苏。如以历史进程言，美苏又焉得一盛不衰？使美苏可以一盛不衰，则西方已往历史皆成废物，一无可信，又何来而再得有史学？中国则自汉代时，已有"自古无不亡之国"之名言。此为中国人对历史人生一种极深湛之真知灼见。

西方人信宗教，宗教非历史。信科学，科学亦非历史。又信哲学，哲学同非历史。中国人治学，分经、史、子、集。经即古代之史，子与集皆后起之史。使不成为史，即不得成其为经、子、集三部。中国人言人生，必期其可久。可久而后可大。四部之学首经，经即常道，即古之可传而久者，始得成为经。故经必旧，必非新。其实一切学问，如史、如子、如集，皆可传可久而必旧。今人言唯变唯新，即违人生，亦非历史。唯在宗教、科学、哲学中或庶有之，但在人生与历史中皆不可寻。

三

今日科学发达，世界交通相互如一家。但西方人仅知有"国际观"，乃无"天下观"。今日联合国组织，已有一百五十余国之多。但国与国间，互争交讧，迄无宁日。计量其相争之主要渊源，则尽在其以前之历史，更要于在当前之人生。美、苏间，英、法、德、意欧陆诸邦间，姑不论。即如阿剌伯、印度诸民族，乃如非、澳、南美各地，到处相争，莫不以其民族传统之相异为背景，即是以已往历史为背景。无以往之历史，即不能有今日之人生。而今日之新人生，则莫不以往日之旧历史为基础、为渊源。事态鲜明，又谁得加之以非议，又谁得与之以调和？

其舍己之田，耘人之田，忘其民族本初，而独以其他民族为宗为尚者，则唯有当前之中国。因中国人独抱有一"天下观"。其实此观念乃仍自华夏之祖先来，不从西方民族来。苟唯西方民族是尊是尚，亦不当有此一天下观。今日中国人相互之争，乃争在崇苏、崇美，若唯知西方之是尚。则试问中国既本是一中国，即本有一传统，又何必有崇苏、崇美之争。甚至一国分为两国，乃若不可复合。此之谓"现代化"。

今平心言之，当前中国之一切为崇，仍在中国之古人，仍在中国之历史。不得有人生而不成为历史，亦不得有历史而不演为人生。今日中国人虽唯新唯变之是求，而终不能一变而成为不杂有中国旧传统之新民族，此则天命所在。今日之中国人，纵虽怨天恨地，但不当独于五千年来之祖宗古人加以诟病。此则尤为今日国人求变求新者之所当戒、所当知。

或谓尚古守旧，岂能独立自存于当前之世界？此又不然。如英、如法、如德、如意、如欧陆诸邦，无不有其旧，无不有其已往之传统。虽迭经战祸，而终各自独立。仅得成为一商业联盟，而不得和合为一国。其他阿拉伯民族，印度民族，非、澳民族，南美民族，莫不皆然。在中国，独唯孙中山先生创立"三民主义"，乃以"民族主义"为之首。其实今日盈天下各国间，莫不各抱有一民族主义。此即历史即人生、人生即历史之真凭据真事实、真意义真价值所在。但中国人不肯加之以信奉。其信奉中山先生三民主义者，仍必改以民有、民治、民享说之。此所谓"三民"，亦未在中国历史上出现过。故今日中国人必抱求新求变一观念，实求变天地、变人生。即在西方今日，亦尚无此科学，尚无此哲学，不知吾国人其终将何途以达此？

四

今日国人又盛称自由、平等、独立，奉为人生之三大原则。则尚何夫妇、父子、兄弟、君臣、朋友中国旧传五伦之可言！曰"孝弟"，曰"忠恕"，曰"尊亲"，曰"规矩"，皆将失其原有之意义，又何得复有中国传统之人生！今日人生之莫大诟病，则曰不自由、不平等、不独立。不知若果人人各自自由、平等、独立，又何以在大群中为人？又何以有父子、兄弟、夫妇之家庭？又何以有一国之君臣与社会之朋友？此则仍当恳切真挚以求之，而我国家民族千古相传历史与人生之真际，乃始可以达到。幸吾国人其深思之。

《中庸》言："天命之谓性，率性之谓道。"中国人意见，人能尊天奉命，率性成道，乃为人生最大之自由，即天人之合一。而西方人则天人对立，不相融合。战胜自然，征服自然，乃有人生之自由。西方人所尊不在天，乃尊天堂中一上帝。上帝有一独生子即耶稣，耶稣又仅有父而无母。人能信奉此上帝及其独生子耶稣，死后灵魂可得重归天堂，不再降谪为人。但必待世界末日，尽人乃得自由。故人生实非自由。宗教与科学貌若相反，情实相通。今日中国人既慕天堂，又慕科学，但又乌得而有西方人创此宗教与科学之真情所在。故慕效西方自由人生，必相争相杀无宁日。

又西方有"天演论"，有"优胜劣败，适者生存"之说。此义当亦为中国古人所首肯。但中国古人认为忠恕之道乃为优者同情劣者，又出己力相助，则优劣不相争，乃相和以为道；故曰"忠恕违道不远"。物竞天择，人尽竞于忠恕，斯又何为有争？故西方人重商业，中国人则以信义通商，斯商业又何害？西方人重战争，中国人则以止戈为武，斯武力又何害？

孔子言："执其两端，用其中于民。"今试以中华与西欧文化为两端，果能一体视之，而善求其中道，则科学即中国之所谓"艺"，宗教亦中国之所谓"信"。善加运用，宜可相通而不相左矣。

故中国人不仅贵"率性"，又兼贵"修道"。不贵"后天而奉天时"，更贵"先天而天弗违"。不问收获，但问耕耘。不责之天，而仅守于己，则己亦即天。此可谓自由、平等、独立最高阶层之至矣，其他更复何言。孔子曰"天生德于予"，则己而即天矣。岂如西方人所谓灵魂有罪，上帝降谪乃始为人乎？故中国则天人相通，西方则天人相背。科学则以人而变天，宗教则以天而变人。此又其大相异处。

故中国人之学，贵能由史以通经。史事其变，经道其常。又贵由史以成子，则即在事变中先知先觉以成其一家之言。至于集部，则其内容精要处，舍却经、史、子三部外，当更无所有。此则中国学问皆由人生与历史来，其道自可知。更无舍却历史与人生而别有所谓学问。中国之人生大道即在此，其他又复何言。

五

《论语》孔子曰："质胜文则野，文胜质则史，文质彬彬，然后君子。"以今语言之，史前为野蛮人，史后为文明人。但文明人不能忘弃其原始野蛮之本质。苟其忘弃,则人而非人,历史亦将告中断,无路前进,人生亦已不足贵。如欧洲之希腊罗马,乃及近代之英法,皆"文胜质"。其以前经过之历史,非不斐然成章。但究其当时,实已忘弃其本。亦即如炉灶另起,俨已失其本始之来历。一时昌盛,乃不能继续持久。深论之,当并野人而不如。因原始野人自有其无穷之前途,自可永存于将来,岂即遽尔而绝。孟子曰:"大人者,不失其赤子之心者也。"原始野人,即不失其赤子之心。

《论语》又言:"先进于礼乐,野人也。后进于礼乐,君子也。如用之,则吾从先进。"以今语言之,"先进"乃旧时代之人物,亦可谓之先进化民族。"后进"则犹言新人物,亦可谓之后进化民族。进化在先,当前则如未进化,故乃如朴野之人;进化在后,则正在进化中,故谓之文明之君子。此言先进,犹如言历史上之古人;此言后进,犹如言历史上之今人。今谓之"开化人",又谓"现代化人"。但孔子若用以经世,则宁愿用先进朴野之人,不愿用后进之文明人。何以故?依现代西方物质文明言,英法当已为先进,美苏尚较后进。而今世则竟效美苏,不再用英法。此宁得谓是孔子之意?

今日之中国人,则被视为一未开发国家、未开发民族,当更为先进。但倘有深识厚见如孔子其人者出,来运用此一世,以共进于理想之文明,则当前之中国人,依孔子意,不啻当更为有大加任用之希望。其故真可深长思矣。

孔子因鲁史作《春秋》,乃曰:"《春秋》,天子之事。"是则当时周天子派遣史官分赴诸侯,各报其当地时事以达于周天子,并分报于列国者,其书其文,当早已谓之《春秋》。可见《春秋》

一名，孔子亦述而不作，非由孔子创之。天子颁正朔于天下，一年分春、夏、秋、冬四季，独名"春秋"，不及夏冬，此乃省文，犹云逐年。"春秋"之用意，亦犹孔子之所谓："执其两端，用其中于民。"乃就其一切行事起讫之两端，即人生之大全体，而择其可师法警戒者随后用之。举"春秋"即如言一年四季之全体。是则"天时"与"人生"二而一，一而二。则上自天时，下讫人生，凡属历史，皆通天人；仍必会合和通以求，乃始有当。

太史公《史记·自序》所谓"究天人之际"者，即此义。继之曰"通古今之变"，此则专指人生史事一方面言。但亦可谓天时同包含在内，因天时亦即有古今之变也。唯天时之变实多定于人生。如当前一切天文气象之变，岂不均由人事而定？是则"天时"、"人生"之与"历史"，乃亦可谓三而一，一而三。太史公所谓"究天人之际"者，人亦可以变天；俗称"人定胜天"即此义。中国传统，无文无俗，无不涵有深义。

中国人"天人"并言，又称"天命之谓性"，其义深长，岂可舍其一而专言其他之一？西方则分宗教、科学为人生之两极端，而不得相互会通和合以用其中。此则又是中西文化之大相异处。当由今国人深思而明辨之，而岂专家之各自分隅，所得通其义而得其全？此则贵于我国当前可畏之后生加以领略勉为之。

（本文为钱穆 1986 年 7 月在"台湾史学会"的讲稿，曾载《联合报》。后重加修正，并增添第五节。收入《中国史学发微》，九州出版社 2011 年版）

1902—1962

雷海宗：君子与伪君子
——一个史的观察

　　观察中国整个的历史，可能的线索甚多，每个线索都可贯串古今，一直牵引到目前抗战建国中的中国。"君子"一词来源甚古，我们现可再用它为一个探讨的起发点。

　　"君子"是封建制度下的名词。封建时代，人民有贵贱之分，贵者称"士"，贱者称"庶"。"君子"是士族阶级普通的尊称；有时两词连用，称"士君子"。士在当时处在政治社会领导的地位，行政与战争都是士的义务，也可说是士的权利。并且一般讲来，凡是君子都是文武兼顾的。行政与战争并非两种人的分工，而是一种人的合作。殷周封建最盛时期当然如此，春秋时封建虽已衰败，此种情形仍然维持。六艺中，礼乐书数是文的教育，射御是武的教育，到春秋时仍是所有君子必受的训练。由《左传》、《国语》中，可知当时的政治人物没有一个不上阵的。国君也往往亲自出战，晋惠公竟至因而被虏。国君的侄兄弟也都习武。晋悼公的幼弟杨干最多不过十五岁就入伍；因为年纪太轻，以致扰乱行伍而被罚。连天子之尊也亲自出征，甚至在阵上受伤。如周桓王亲率诸侯伐郑，当场中箭。当兵绝非如后世所谓下贱事,而是社会上层阶级的荣誉职务。平民只有少数得有入伍的机会,对于庶人的大多数,当兵是一个求之不得的无上权利。

在这种风气之下,所有的人,尤其是君子,都锻炼出一种刚毅不屈,慷慨悲壮,光明磊落的人格。"士可杀而不可辱",在当时并非寒酸文人的一句口头禅,而是严重的事实。原繁受郑厉公的责备,立即自杀。晋惠公责里克,里克亦自杀。若自认有罪,虽君上宽不责,亦必自罚或自戮。鬻拳强谏楚王,楚王不从;以兵谏,楚王惧而听从。事成之后,鬻拳自刖,以为威胁君上之罪罚。接受了一种使命之后,若因任何原因不能复命,必自杀以明志。晋灵公使力士锄麑去刺赵盾,至赵盾府后,发现赵盾是国家的栋梁,不当刺死,但顾到国家的利益,就不免违背君命;从君命,又不免损害国家。所以这位力士就在门前触槐而死。以上不过略举一二显例,类此的事甚多,乃是当时一般风气的自然表现。并且这些慷慨的君子,绝不是纯粹粗暴的武力。他们不只在行政上能有建树,并且都能赋诗,都明礼仪,都善辞令,不只为文武兼备的全才。一直到春秋末期,后世文人始祖的孔子,教弟子仍用六艺,孔子自己也是能御能射的人,与后世的酸儒绝非同类的人物。

到战国时,风气一变。经过春秋战国之际的一度大乱之后,文化的面目整个改观。士族阶级已被推翻,文武兼备的人格理想也随着消灭。社会再度稳定之后,人格的理想已分裂为二,文武的对立由此开始。文人称游说之士,武人称游侠之士。前者像张仪以及所有的先秦诸子，大半都是凭着三寸不烂之舌，用读书所习的一些理论去游说人君。运气好，可谋得卿相的地位；运气坏，可以遭受奇辱。张仪未得志时，曾遭楚打过一顿，诬他为小偷。但张仪绝不肯因此自杀，并且还向妻子夸口：只要舌头未被割掉，终有出头露面的一天。反之，聂政、荆轲一类的人物就专习武技，谁出善价就为谁尽力，甚至卖命。至于政治主张或礼仪文教，对这些人根本谈不到。所以此时活动于政治社会上的人物，一半流于文弱无耻，一半流于粗暴无状。两者各有流弊，都是文化不健全的象征。

到汉代，游侠之士被政府取缔禁止。后世这种人在社会上没有公认的地位，但民间仍然崇拜他们，梁山泊好汉的《水浒传》就是民间这种心理的产品。

汉以后所谓士君子或士大夫完全属于战国时代游说之士的系统。汉武帝尊崇儒术，文士由此取得固定不变的地位。纯文之士，无论如何诚恳，都不免流于文弱，寒酸与虚伪；心术不正的分子，更无论矣。唯一春秋以上所遗留的武德痕迹，就是一种临难不苟与临危授命的精神。但有这种精神的人太少，不能造出一个遍及社会的风气。因为只受纯文教育的人很难发挥一个刚毅的精神，除非此人有特别优越的天然秉赋。可惜这种禀赋，在任何时代，也是不可多得的。

至于多数的士君子，有意无意中都变成伪君子。他们都是手无缚鸡之力的白面书生。身体与人格虽非一件事，但一般的讲来，物质的血气不足的人，精神的血气也不易发达。遇到危难，他们即或不畏缩失节，也只能顾影自怜的悲痛叹息，此外一筹莫展。至于平日生活的方式，细想起来，也很令人肉麻。据《荀子》记载，战国时代许多儒家的生活形态已是寒酸不堪。后世日趋愈下。汉代的董仲舒三年不涉足于自己宅后的花园，由此被人称赞。一代典型之士的韩愈，据他的自供，"年未四十，而视茫茫，而发苍苍，而齿牙动摇"。这位少年老成者日常生活的拘谨迂腐，可想而知。宋明理学兴起，少数才士或有发挥。多数士大夫不过又多了一个虚伪生活的护符而已。清初某理学先生，行步必然又方又正，一天路上遇雨，忽然忘其所以，放步奔避。数步之后，恍然悟到行动有失，又回到开始奔跑的地方，重新大摇大摆地再走一遍。这个人，还算是诚恳的。另外，同时又有一位理学先生，也是同样地避雨急走，被旁人看见指摘之后，立刻掏腰包贿赂那人不要向外宣传！这虽都是极端的例子，却很足以表现一般士君子社会的虚伪风气。这一切的虚伪，虽可由种种方面解释，但与武德完全脱离关系的训练是要负最大的责任的。纯文之士，既无自卫的能力也难有悲壮的精神，不知不觉中只知使用心计，因而自然生出一种虚伪与阴险的空气。

我们不要以为这种情形现在已成过去，今日的知识阶级，虽受的是西洋传来的新式教育，但也只限于西洋的文教，西洋的尚武精神并未学得。此次抗战这种情形暴露无遗。一般人民，虽因二千年来的募兵制度，一向是顺民，但经过日本侵略的刺激之后，多数都能挺身抵抗，成为英勇的斗士。正式士兵的勇往直前，更是平民未曾腐化的明证。至于知识阶级，仍照旧是伪君子。少数的例外当然是有的，但一般的知识分子，在后方略受威胁时，能不增加社会秩序的混乱，已是很难得了。新君子也与旧君子同样地没有临难不苟的气魄。后方的情形一旦略为和缓，大家就又从事鸡虫之争；一个炸弹就又惊得都作鸟兽散。这是如何可耻的行径！但严格讲来，这并不是个人的错误，而是根本训练的不妥。未来的中国非恢复春秋以上文武兼备的理想不可。

征兵的必要，已为大家所公认，现在只有办理方法的问题。目前的情形，征兵偏重未受教育或只受低级教育的人，而对知识较高的人几乎一致免役。这在今日受高深教育的人太少的情况之下，虽或勉强有情可原，但这绝非长久的办法。将来知识分子不只不当免役，并且是绝对不可免役的。民众的力量无论如何伟大，社会文化的风气却大半是少数领导分子所造成的。中国文化若要健全，征兵则当然势在必行，但伪君子阶级也必须消灭。凡在社会占有地位的人，必须都是文武兼备，名副其实的真君子。非等此点达到，传统社会的虚伪污浊不能洗清。

（原载昆明《今日评论》第 1 卷第 4 期，1939 年 1 月 22 日）

1909—1969

吴晗：论奴才
——石敬瑭父子

奴才之种类甚多。就历史上已有的材料而论，大体上可以分作两大类。一类是形逼势紧，国破家亡，身为囚虏，到了这步田地，不肯做也得做，做了满心委屈，涕泪交流，有奴才的形式而未曾具备或者养成奴才的心理的。这一类例子，如南宋亡国，太皇太后谢道清领着小孙子，寡妇孤儿，敌人兵临城下，军队垮台了，大臣跑了，大势已去，没奈何只得向元将伯颜递降表，一家儿被押送到北方，朝见忽必烈大汗。也幸亏是寡妇孤儿，免去了告庙献俘那一套。可是，如词人汪元量《水云词》所说，"臣妾签名谢道清"，这滋味也就够了。又如西晋末的怀、愍二帝，北宋末的徽、钦二帝，这两对历史人物，真是无独有偶。都作过皇帝，相同一也；都亡国被俘，相同二也；被俘后都被逼向新主人青衣行酒（穿上奴才的服装，服侍主子喝酒），相同三也；而且新主子都是被发左衽的外族（即外国人），相同四也；而且，都有看了受不了，跳起来把外国人骂一顿，因而被杀的忠臣，不肯作外国奴才的随从，相同五也。读史的人总是悲天悯人，同情弱者、失败者的，虽然自有其该被诅咒被清算的道理在，不过软心肠的人，读了这些翔实刻画的记载，还免不了一把眼泪一把鼻涕，冲淡了亡国君主的罪恶，替他们想想，倒也上算。

另一种则是很不好听的了。一心想作主子，奴役众多的人民，而又先天不足，后天失调，做事不得人心，夺取或者维持政权的武力又不大够，于是只好掸掸土，打点青衣，硬跪在外国人面前，写下甘结，卖身为奴。偏偏外国人有的是俘虏，愿做奴才可做奴才的甚多，一两打也不在乎。于是，只好更进一步，硬装年轻，拜在脚转弯下，做干儿子，做干孙子，具备了丰富了奴才的全部的一切的心理形态，求得番兵番械，杀向本国，当然还得有番顾问番将军指挥提携，圆满合作，完成了统一大业，坐上金銮宝殿。对内是大皇帝，对外呢，当然是儿皇帝、孙皇帝了。这一类的例子也有的是，著例是晋高祖石敬瑭父子。

当然，那时代的世界不很大，契丹、女真之外，实在也找不出别的列强。要不然，价钱讲不好的时候，多少也还可以撒一下娇，由冯道一流人物，用委婉的口气，诉说假如再不支持我，那么，我只好重新考虑什么什么之类的话。不幸而历史事实确是如上所说，无从考虑起，真也是无可奈何的事。

石敬瑭的脸谱是值得描画一下的，《旧五代史》卷七十五《晋高祖纪一》说：

清泰三年（公元936年，晋天福元年）五月，（唐末帝）移授

（敬瑭）郓州节度使（敬瑭原为太原节度使，驻晋阳）……降诏促赴任……（敬瑭）遂拒末帝之命……寻命桑维翰诣诸道求援，契丹遣人复书约以中秋赴义。九月辛丑，契丹主率众自雁门而南，旌旗不绝五十余里。是夜（敬瑭）出北门与戎王相见。戎王执敬瑭手曰，"恨会面之晚"。因论父子之义。十一月戎王会敬瑭于营，谓敬瑭曰，"我三千里赴义，事须必成，观尔体貌恢廓，识量深远，真国主也。天命有属，事不可失，欲徇蕃汉群议，册尔为天子"。敬瑭饰让久之。既而诸军劝请相继，乃命筑坛于晋阳城南，册敬瑭为大晋皇帝。(《辽史·太宗纪》，十一年冬十月甲子，封敬瑭为晋王，十一月丁酉册敬瑭为大晋皇帝，薛史及《通鉴》、欧阳史俱不载先封晋王事。)文曰："维天显九年岁次丙申十一月丙戌朔十二日丁酉，大契丹皇帝若曰……咨尔子晋王神钟睿哲，天赞英雄……尔惟近戚，实系本枝，所以余视尔若子，尔待予犹父也……是用命尔当践皇极，仍以尔自兹并土，首建义旗，宜以国号曰晋。朕永与为父子之邦，保山河之誓。"……

石敬瑭生于唐景福元年二月二十八日，景福元年为公元892年，到清泰三年是四十五岁。他的"干爸爸"辽太宗耶律德光呢，生于唐天复二年，公元902年，到清泰三年是三十五岁，整整比他的儿皇帝小十岁。父亲三十五，儿子四十五，无以名之，学现代名词，称之为政治父子吧！

干爸爸支持干儿子做皇帝，君临中国人民的代价："是日，帝言于戎王，愿以雁门以北及幽州之地为戎王寿，仍约岁输帛三十万，戎王许之。"也就是历史上著称的燕云十六州，包括现在以北平和大同为中心东至榆关北迄内蒙的一片广大地区，更主要的是长城原为中国国防险要，这片地一割，契丹军力驻在长城以南，北宋建国，北边就无险可守了。辽亡，这片地归金，金亡归元，一直要到1368年，明太祖北伐，才算重归故国，统计起来，沦陷了差不多四百三十二年！

闰十一月甲子戎王举酒言于帝曰："予远来赴义，大事已成，皇帝须赴京都。今令大详衮勒兵相送至河梁，要过河者任意多少，予亦且在此州，俟京洛平定，便当北辕。"执手相泣，久不能别。脱白貂裘以衣帝，赠细马二十匹，战马一千二百匹，仍诫曰，子子孙孙，各无相忘。

由这一史料说明，敬瑭入京都主要的军力是契丹军，也就是援晋军，契丹资助物资最主要的是战马。至于执手相泣，有人说是矫情，其实并不见得。何以知之？因为一个是平白做了中国皇帝的父亲，喜欢得掉眼泪；另一个呢，凭着干爸爸平步登天做皇帝，"庙堂初入"，皇基大奠，又怎能不感激涕零呢！

作了七年儿皇帝，石敬瑭死时年五十一岁。

编历史的人——史臣对石敬瑭是不同情的，旧史不同情他召外援，残中国，说："然而图事之初，召戎为援，契丹自兹而孔炽，黔黎由是以瘅殃。迨至嗣君，兵连祸结，卒使都城失守，举族为俘，亦犹决鲸海以救焚，何逃没溺，饥鸩浆而止渴，终取丧亡，谋之不臧，何至于是！"

其实，做人家的干儿子，奴颜婢膝称臣纳贡，到底也不是什么痛快事。表面上石敬瑭恭恭敬敬侍候恩人大契丹皇帝，到清夜扪心，良心发作时，也还是不快活的。《旧五代史》卷八十九《桑维翰传》说："高祖召使人于内殿，传密旨于维翰曰，朕比以北面事之，烦懑不快。"可是自作自受，无法翻悔，也不敢翻悔。到了下一代，受不了这口气，就不能不变卦了。

敬瑭死，侄子重贵即位，称为少帝。景延广当国执政。《旧五代史》卷八十八《景延广传》："朝廷遣使告哀契丹，无表。致书去臣称孙。契丹怒，遣使来让。延广乃奏遣契丹回国使乔荣告诫王曰：先帝则北朝所立，今上则中国自策，为邻为孙则可，无为臣之理。且言晋朝有十万口横磨剑，翁若要战则早来，他日不禁孙子，则取笑天下，当成后悔矣。由是与契丹立敌，干戈日寻。"原来少帝和景延广的看法，称臣和称孙是有区别的，当干孙子是自家人称谓，耻辱只是石氏一家的事。称臣则是整个晋国，包括大臣和人民在内的耻辱，就不免于国体有关了。

晋辽战争的结果，开运三年（公元946年）十二月晋军败降，契丹军入大梁。少帝奉降表于戎王道："孙男臣重贵言：擅继宗祧，既非禀命，轻发文字，辄敢抗尊，自启衅端，果贻赫怒，祸至神惑，运尽天亡……臣负义包羞，贪生忍耻，自贻颠覆，上累祖宗，偷度晨昏，苟存食息。翁皇帝若惠顾畴昔，稍霁雷霆，未赐灵诛，不绝先祀，则百口荷更生大德，一门衔无报之恩，虽所愿焉，非敢望也。"皇太后也上降表，署名是晋室皇太后媳妇李氏妾言，谢罪求生，大意相同。次年正月辛卯，契丹封少帝为负义侯，黄龙府安置，其地在渤海国界。十八年后，宋太祖乾德二年（公元964年）少帝死于建州。史臣说他"委托非人，坐受平阳之辱，旅行万里，身老穷荒，自古亡国之丑，无如帝之甚也，千载之后，其如耻何。伤哉！"算算年头看，今年是1947年，刚好是一千年！

细读五代史，原来养干儿子，拜干爸爸是这个时代的风气，尤其是蕃人，当时的外国人。薛居正《旧五代史·晋高祖纪》还替晋高祖说谎，说是什么本太原人，卫大夫碏汉丞相奋之后，一连串鬼话。欧阳修《新五代史》便无需回护了，老实说："高祖圣文章武明德孝皇帝，其父臬捩鸡，本出于西夷，从朱邪入居阴山，臬捩鸡生敬瑭，其姓石氏，不知其得姓之始也。"朱邪是沙陀族，石家是沙陀世将，那么，石敬瑭自愿做契丹主的干儿子，石重贵愿做干孙子而不愿称臣的道理，也就可以明白了。

隔了一千年，读石敬瑭的记载，似乎还听得见看得见石敬瑭的面貌声音，石敬瑭左右的谈话和声明，援助，救济，军火，物资，哀求声，恫吓声，撒娇声，历历如绘。

（原载《论南北朝》，1947年6月28日）

1895—1990

钱穆：历史上的许多无名英雄

一个人只要能对他当时的历史有贡献，他即便是一个历史人物，在群众中不失为一英雄。但够得上历史人物的资格的，却不一定人人名登史籍。而名登史籍的，又不一定便是历史人物。我们必先明白得此义，才能来检讨历史，衡量人物。

历史上有许多无名英雄，他们的姓名虽未明白载入史籍，但他们确对历史已尽了莫大的贡献。我此篇却想先举出几个在史籍上有姓名的人来作例。他们亦可归纳在我所称的无名英雄之行列中。

我此刻所想说的，是汉末时代人人尽知的徐庶。徐庶本是个寒苦家庭出身，青年时专好击剑武艺，打抱不平，为人报仇。有一次，他杀人犯法，白垩涂面，披发逃奔，终于被捕者追获。查问他主使人，他闭口不言。遂在车上立柱，把他高高缚上，打鼓行街，预备一刀刀把他斩割处死。幸而经他的朋辈把他劫走。这以后他才改行求学，学舍诸生知道他以前是一个杀人悍贼，避不相亲。但徐庶格外卑躬服劳，日常早起，为诸生打扫讲堂，终于学成。后来作客荆州，与诸葛亮特相友善。及刘先主屯新野，徐庶往见，先主对他很器重。徐庶便推荐孔明说："此君乃卧龙也，将军愿见之乎？"

先主听徐庶言，嘱与俱来。庶云："此人可往见，不可召致。"先主竟往诣亮。有名的"三顾草庐"，正由徐庶一席话引起。当知刘备乃天下枭雄，那时尚未与孔明见面，三顾之诚，并不是信孔明，却是信徐庶。徐元直虽在后来历史上并无表现，但他先与诸葛友善，后得刘先主敬信，只此两节，已见徐庶为人，决非寻常。此后中国鼎足三分，即是徐庶一席话对历史上的大贡献。后来曹操大军南下，徐庶、诸葛亮随刘备南奔，庶母为操所获，徐庶指心语先主说："本欲与将军共图王霸之业，所赖在此方寸之地。现在老母被擒，我心已乱，于事无益，请从此别。"刘备不能留，遂赴操营。

曹操爱才如渴，徐庶乃当时特出人才，但到曹操处，却终身没没无闻，仅任一微职，从此湮灭。陈寿《三国志》，也并未为他立传，只有鱼豢《魏略》却有如下的一段记载，说：诸葛亮后来北出陇右，闻徐元直在魏仅做一小官，叹曰："魏殊多士耶？何以徐某竟不见用。"这一节话却是鱼豢偏袒曹魏，故意下此曲笔，并非信史。我不得不为徐元直细细剖辨。

徐元直早年杀人，宁受极刑，不肯吐露主使人姓名，足见其义烈。后来折节读书，不耻劳役，卒成学问，亦足见其涵养。当其在荆州与诸葛亮交游，想必有一番王霸大略，平常互相讨论。诸葛孔明《出师表》曾说："苟全性命于乱世，不求闻达于诸侯。"这是何等胸襟？当时孔明躬耕陇亩，自比管仲乐毅，这是何等抱负？却何以又说苟全性命于乱世，不求闻达于诸侯呢？原来曹操在当时，虽名汉相，实为汉贼，其存心并不忠于汉室，而一时群雄像袁绍、袁术兄弟，一样想帝王自居；孙氏兄弟，割据江东，志在自王其地，也并不在为王室着想。汉代宗室像刘表、刘焉又尽属庸才。天下滔滔，无可希望。当知无才的算不得英雄，有了才藏不得的，还是算不得英雄。只有诸葛亮虽自负有管乐匡济之略，但见当时如此黑暗，并无可插手处，宁愿隐姓埋名，终老南阳，再不想一献身手。徐庶和他为友，那有不知他这一番志节？而诸葛与徐庶相善，想来徐庶也与诸葛志气相孚，同样的不愿随便出头露面。后来刘备到荆州，他是汉宗室，又较有为，所以徐庶特地往见，又推荐诸葛，所谓"求欲与将军共图王霸之业"者，正指的是复兴汉室而言。而老母见掠，不得已舍刘从曹，此决非徐庶所愿。所以徐庶一到北方，宁愿不发一言，不献一计，不表一长，不立一功，此正是诸葛《出师表》所谓苟全性命于乱世，不求闻达于诸侯。这是曹操所无奈何的事。曹操不能用徐庶，这是徐庶之大节，我们从这上，仍见徐庶之义烈与其涵养，而经过一番学问，更能在大处见精神。徐庶在魏仕宦不达正是徐庶之最伟大最不可及处，此层曹操必然懂得，诸葛亮也必然懂得。鱼豢为魏粉饰，不仅隐没了徐庶志节，而且亦把诸葛亮写得太不成话，这是我们后代读史的，应该独具只眼处。

我从如此写来，可见我们要认识一有名英雄已难，要认识一无名英雄更难。换言之，我们要做一有名英雄已难，要做一无名英雄更难。然而若此人不能做一无名英雄的，也决做不成真正的有名英雄。有名当从无名做起。无名才是英雄的本质，英雄的天真。有名只是英雄的机缘，英雄的际遇。我们必明白得此点，才能来检讨历史，衡量人物。

我们往往轻易随便的读过了《出师表》，把"苟全性命于乱世，不求闻达于诸侯"两句忽略了。你若想，若使刘先主不三顾草庐，难道诸葛孔明也还东奔西跑，见刘表，见孙权，投曹操，胡乱卖弄本领，挤进任何一个圈子中去，这还算得是卧龙，算得是管、乐吗？我们能如此想来，可知历史上无名英雄必然埋没得不少，此刻幸而有一徐庶可以作证，其实何尝只有徐庶一人。即在当时，如庞德公、司马德操辈，何尝不是苟全性命于乱世，不求闻达于诸侯呢？

而且无名英雄，也不就止于"苟全性命于乱世，不求闻达于诸侯"之一类，其余的让我慢慢再谈吧！

作于1951年

（原载钱穆：《中国文化丛谈》，九州出版社2011年版）

后　记

西南联大作为近代以来扎根中国大地办教育的一个典范,其历史功绩已载入史册,她所蕴含的精神至今仍熠熠生辉。目前,社会各界关注西南联大者越来越多,有关西南联大的研究渐成"显学"。历史是时代前行最好的坐标,我们走得再远都不能忘记来时的路。多年来,西南联大博物馆坚定当好西南联大精神的守护者、传承者和实践者,持续不断地挖掘、整理和利用西南联大历史资料,在此基础上进行展览展示、宣传教育、研究阐释等诸多工作,传承和弘扬西南联大精神,讲好西南联大教育救国故事。

"西南联大名师课"丛书是西南联大博物馆与东方出版社共同策划、勠力打造的挖掘、整理西南联大历史资料的一项成果。在整套丛书的编纂过程中,西南联大博物馆的李红英、朱俊、铁发宪、祝牧、张沁、王欢、李娅、姚波、马艺萌等老师参加了各册的选编、审校工作,博物馆其他同志也为编纂提供了保障支持,这是本套丛书顺利面世的重要保障。

高山仰止,景行行止。西南联大名家荟萃,大师们的学识博大精深。编纂这套丛书,我们一方面深感意义重大,另一方面也感到责任重大。由于时间仓促、水平有限,本丛书难免存在遗漏或不当之处,尚望联大校友及其亲属、专家学者和读者朋友批评指正。还有少量作者的亲属未联系上，敬请见到本套丛书后发邮件至1071217111@qq.com，与我们取得联系，我们将按照国家相关规定支付稿酬、奉送样书。

编　者